U0578978

权威·前沿·原创

皮书系列为
"十二五""十三五""十四五"时期国家重点出版物出版专项规划项目

BLUE BOOK

智 库 成 果 出 版 与 传 播 平 台

四川人社蓝皮书

BLUE BOOK OF SICHUAN HUMAN
RESOURCES & SOCIAL SECURITY

四川人力资源社会保障发展报告
（2023~2024）

ANNUAL REPORT ON DEVELOPMENT OF HUMAN RESOURCES
AND SOCIAL SECURITY OF SICHUAN (2023-2024)

主　编／赵华文
副主编／杨　晞　　王建伟　　朱敏慧
　　　　王飞云　　李光复　　唐　青

社会科学文献出版社
SOCIAL SCIENCES ACADEMIC PRESS (CHINA)

图书在版编目（CIP）数据

四川人力资源社会保障发展报告. 2023-2024 ／ 赵华
文主编；杨晞等副主编. --北京：社会科学文献出版
社，2024.12. --（四川人社蓝皮书）. --ISBN 978-7
-5228-4842-6

Ⅰ. F249.277.1；D632.1

中国国家版本馆 CIP 数据核字第 20241LT812 号

四川人社蓝皮书

四川人力资源社会保障发展报告（2023~2024）

主　　编／赵华文
副 主 编／杨　晞　王建伟　朱敏慧　王飞云　李光复　唐　青

出 版 人／冀祥德
责任编辑／张文茜　胡庆英
责任印制／王京美

出　　版／社会科学文献出版社·群学分社（010）59367002
　　　　　地址：北京市北三环中路甲 29 号院华龙大厦　邮编：100029
　　　　　网址：www.ssap.com.cn
发　　行／社会科学文献出版社（010）59367028
印　　装／三河市东方印刷有限公司

规　　格／开 本：787mm×1092mm　1/16
　　　　　印 张：18.25　字 数：269 千字
版　　次／2024 年 12 月第 1 版　2024 年 12 月第 1 次印刷
书　　号／ISBN 978-7-5228-4842-6
定　　价／168.00 元

读者服务电话：4008918866
▲ 版权所有 翻印必究

编委会名单

主　任　赵华文

副主任　杨　晞　　王建伟　　朱敏慧　　王飞云　　李光复
　　　　　唐　青

撰稿人（按姓氏笔画排序）

丁　娟　　马　杰　　王　祎　　王心杨　　王汉鹏
王建伟　　邓　文　　邓晶晶　　邓皓楠　　尹　晓
卢　于　　叶　华　　伍晓伟　　向和频　　池未央
刘　玥　　刘　峰　　刘　鑫　　刘佳昊　　阳　琴
杜　蝉　　杜云晗　　杨虹蝶　　李　健　　李光复
里　昕　　汪晨雨　　宋文甫　　张　涛　　张　瑾
张　霞　　张开荣　　张艺瀚　　张鸣鸣　　陈井安
陈　财　　陈怡君　　陈耿宣　　陈莉莹　　范　丹
周　利　　赵华文　　赵利梅　　赵鹏飞　　胡建川
胡耀文　　钟秀丽　　段太光　　饶　风　　姚　鹏
柴剑峰　　徐　瑛　　郭　洪　　高喜梅　　宴　琦
宴　巍　　唐　青　　韩　琪　　彭昌林　　傅新悦
童　峰　　曾旭晖　　魏忠孝

主编简介

赵华文　四川省人力资源和社会保障科学研究所所长，先后获民政部授予的全国农村留守儿童关爱保护和困境儿童保障工作先进个人称号，省委、省政府授予的四川省农业丰收奖先进个人称号，记个人三等功2次。主持完成人社部两院委托重点课题"四川省专业技术人才结构特征与空间分布研究"等，主持完成省级人社重大课题"我省公益性岗位政策绩效评估及完善建议""《四川省人民政府办公厅关于印发促进返乡下乡创业二十二条措施的通知》绩效评估报告""城乡融合背景下四川省农民工基本公共服务体系建设思考""四川数字人社建设情况报告""四川低收入群体权益保障问题及对策研究"等，主持完成地方人社课题"德阳高质量充分就业评价指标体系编制""宜宾市公共就业创业服务质量提升路径研究""绵阳市农村劳动力转移就业研究""安宁河流域高质量发展调研报告"等。

摘　要

《四川人力资源社会保障发展报告（2023~2024）》汇集了2023~2024年四川省人力资源社会保障事业发展现状及趋势的优秀研究成果。这些报告涵盖劳动就业、人事人才、社会保险、劳动关系、农民工工作、收入分配以及数字人社等方面，是四川省理论工作者与实践工作者一起针对目前人社领域面临的重大问题及热点难点问题开展的调查研究和研判分析，旨在为推动人社事业实现高质量发展提供有力支撑。本书由总报告和七个专题篇组成，共24个报告。

本书回顾了党的二十大以来四川省人力资源社会保障事业发展取得的主要成效，综合分析当前及今后一段时期面临的主要形势，及就业促进、社会保障、人才人事、劳动关系、收入分配等对四川省人社工作的贡献，并从全力稳定和扩大就业、完善社会保障和收入分配、加强人事人才工作、构建和谐劳动关系、持续打造"温暖人社"、奋力谱写中国式现代化四川人社事业高质量发展新篇章等方面提出下一步人社事业发展的总体思路和对策建议。

总报告指出四川在落实就业优先政策、改善重点群体就业、提升人社服务质量和推进数字化改革等方面成效显著，但同时面临国内外局势变化、经济区域发展和转型等带来的不确定性与不稳定性，提出要在充分把握人社工作内在规律的基础上，推动人社事业稳步向前，不断在创新就业创业政策和人力资源服务上下功夫。

劳动就业篇共5个报告，指出当前省内就业领域存在的一个普遍问题是劳动年龄人口规模缩小以及供求结构失衡，大学生"慢就业""缓就业"现

象明显，应着力围绕就业指导、人才培育、职业技能培训等做好文章，同时新业态就业成为普遍现象，未来包括工伤保险、劳动关系认定等在内的人社工作需与时俱进，不断适应新的就业形态与市场机制。

人事人才篇共3个报告，重点研究四川省流动人员人事档案管理服务现状、四川省专业技术人才结构特征与空间分布、流动党员教育管理情况分析与对策建议。研究发现，四川流动人员、流动党员管理方面的工作机制与组织架构有失耦合，高效快捷处置不足，信息化建设推进较慢，应加快推进工作模式、管理方式和运行机制创新，持续提升信息化数字化管理水平。在人才发展方面，四川专业技术人才存在对产业支撑能力不强、人才头雁效应较弱等问题，需要在建立完善专业技术人才统计体系基础上强化人才政策设计，增强人才引育用效能，优化人才发展环境。

社会保险篇共1个报告，主要研究了攀枝花地区失业保险待遇多发追退问题，研究发现，信息整合联动、政策不清晰和社保领域失信惩罚机制不健全等是主要原因，强调要在规范法律文书、建立部门内外协同、整合信息资源等方面着手，逐步化解消除失业保险待遇追退难的问题。

劳动关系篇共3个报告，重点聚焦构建四川特色和谐劳动关系生态体系。研究发现，四川劳动基准执行情况总体良好，休息休假、女职工权益保障、劳动保护和工资支付等方面措施有力、保障有序，但同时也存在加班保障权益受损、青年群体休假不足、女职工权益保障不平衡等实际情况，应在加快有关法律修订、完善定期调查制度、推动劳动仲裁工作数字化转型和创新调解仲裁工作等方面谋思路、出对策。

农民工工作篇共5个报告，研究探讨了四川农民工就业形势、返乡创业政策绩效和就业途径与方式等。研究发现，四川促进返乡下乡创业政策绩效显著，在降本增效、融资支持、人才吸引等方面成绩斐然，就农民工就业中出现的技能供需不匹配、公共服务标准不统一、老龄化与县域回流人数增加等问题，未来应设计和实施有针对性的政策举措。

收入分配篇共3个报告，主要研究了公益性岗位政策实施情况和农民工工资等问题。关于公益性岗位的研究发现，当前公益性岗位制度执行中过度开发、认定不准、考核不严、退出不清等仍是顽疾，应从完善政策对象认定办法、健全退出机制、控制总量和强化考核等方面予以矫正。关于农民工工资的研究发现，欠薪在建筑行业仍不断出现，应从市场管理规范、企业资金监管、责任主体划分和农民工权益保护意识强化等环节着手防范化解欠薪问题。

数字人社篇共3个报告，研究了四川数字人社建设、人社财务管理及内部控制信息化建设情况，分析了四川人社舆情风险数字化防控手段，强调了数字人社建设对提高人社治理能力和实现高品质公共服务的重要性，同时也指出数字人社领域线多、面广、复杂性强，提升内部信息化建设管理水平、监测化解网络舆情仍是重要举措。

关键词： 劳动就业　社会保障　劳动关系　收入分配　数字人社　四川省

目 录

I 总报告

II 劳动就业篇

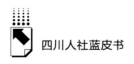
Ⅲ 人事人才篇

Ⅳ 社会保险篇

Ⅴ 劳动关系篇

Ⅵ 农民工工作篇

Ⅶ 收入分配篇

Ⅷ 数字人社篇

皮书数据库阅读**使用指南**

总 报 告

B.1

2023年四川省人力资源社会保障事业
发展报告

赵华文　杜云晗*

摘　要： 党的二十大以来，四川省人力资源社会保障事业发展取得了巨大成效。全省就业形势稳中向好，社会保障制度持续完善，人事人才事业不断发展，和谐劳动关系体系越发健全，收入分配制度更加完善，数字化人社发展步伐逐步加快。各方面事业全面向好，助力人力资源社会保障体系改革进一步深化，极大地促进了四川省经济高质量发展，推动了社会和谐。本报告从劳动就业、人事人才、社会保险、劳动关系、农民工工作、收入分配以及数字人社等方面综合分析了四川省人力资源社会保障事业发展的重要举措和显著成效，对当前及今后一段时间面临的新形势和新要求进行分析研判，针对进一步推动人社事业高质量发展提出了总体思路和对策建议。

---

* 赵华文，四川省人力资源和社会保障科学研究所所长，长期从事劳动就业、农民工问题和社会保障等领域的理论研究和政策研究；杜云晗，博士，四川省人力资源和社会保障科学研究所助理研究员，主要研究方向为人口与经济发展。

关键词： 数字化人社　人力资源　社会保障　四川省

高质量发展是全面建设社会主义现代化国家的重要任务。党的二十大以来，四川省人力资源和社会保障工作紧紧围绕高质量发展，统筹推进社保、就业、人才人事、劳动关系、收入分配等工作，为四川省经济社会发展做出了重要贡献。当前，人力资源和社会保障事业正处在高质量发展的关键时期，全省要坚持以习近平新时代中国特色社会主义思想为指导，深入学习贯彻习近平总书记对四川工作和人社工作的系列重要指示精神，认真落实党中央、国务院决策部署和省委、省政府工作要求，着力推动高质量发展，全力稳定和扩大就业，完善社会保障和收入分配制度，加强人事人才工作，构建和谐劳动关系，持续打造"温暖人社"服务品牌，奋力谱写中国式现代化四川人社事业高质量发展新篇章。

一　四川省人力资源和社会保障事业发展现状

深入实施就业优先战略，积极稳妥推进养老保险制度改革，深化收入分配制度改革，实施人才发展体制机制改革，加快完善人社公共服务平台和标准化体系建设，全面实施四川人社"五大行动"，切实兜住、兜准、兜牢民生底线。

（一）就业优先政策加快落实

全面贯彻落实四川省委、省政府决策部署，坚持把促就业、稳就业、保就业作为重大政治任务，强化落实就业优先政策，开展护航就业行动，推进农民工工作战略性工程，推动县、乡、村三级劳务服务体系建设，出台建设培育"川字号"特色劳务品牌22条措施，全方位做好就业创业服务。2022年，城镇新增就业99.6万人（见图1）。2023年，城镇新增就业104.02万人，失业人员再就业30.43万人，城镇调查失业率控制在5.5%以内，全省就业形势保持总体稳定。

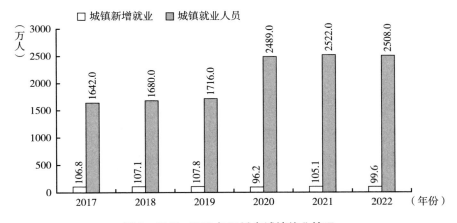

图1 2017～2022年四川省城镇就业情况

资料来源：2017～2022年四川省人力资源和社会保障事业发展统计公报。

（二）重点群体就业状况持续改善

四川省坚持把高校毕业生等青年就业摆在突出位置，推动出台促进高校毕业生等青年就业创业"35条"，全年提供政策性岗位超30万个；针对"四类重点人群"开展"3+1"结对帮扶，2023届川籍离校未就业高校毕业生帮扶就业率达94.2%，"四类重点人群"联系成功率、结对帮扶率、有就业意愿的实现就业见习率均达100%。开展农民工就业促进专项行动，健全完善县、乡、村劳务服务体系，积极推进返乡入乡创业。2022年，全省农村劳动力转移就业达2629.8万人（见图2），新增返乡创业人数8.29万人，新增返乡创业产值158.2亿元（见图3）。

（三）人社服务质量不断提升

帮助实现就业、择业和流动近2000万人次，人力资源服务产值达2200亿元。全面推进"三支一扶"计划，招募人员同比增长102%。实施重点群体创业推进行动，带动就业61.3万人。扎实开展"春风行动"暨就业援助

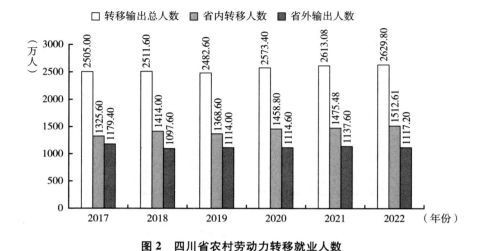

图2 四川省农村劳动力转移就业人数

资料来源：2017~2022年四川省人力资源和社会保障事业发展统计公报。

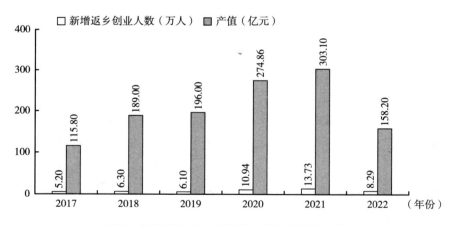

图3 四川省农民工新增返乡创业人数及产值

资料来源：2017~2022年四川省人力资源和社会保障事业发展统计公报。

月等专项活动，举办招聘会7600余场。2022年，四川省开展补贴性技能培训99.6万人次（见图4）。

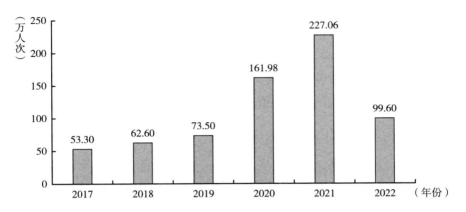

图4 四川省开展补贴性技能培训情况

资料来源：2017~2022年四川省人力资源和社会保障事业发展统计公报。

（四）全民参保计划深入实施

2022年，四川省养老保险、失业保险、工伤保险参保人数分别达6498.47万人、1179.02万人、1544.80万人（见图5）。养老保险方面，严

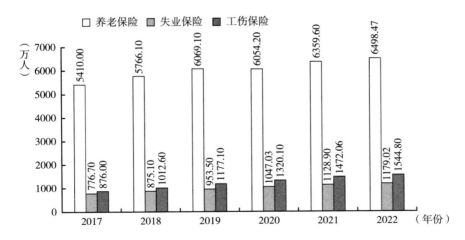

图5 四川省养老保险、失业保险、工伤保险参保人数

资料来源：2017~2022年四川省人力资源和社会保障事业发展统计公报。

格按国家要求优化调整退休人员养老待遇，企业退休职工人均基本养老保险金不断增长（见图6）。持续为200.59万困难群体代缴城乡居民养老保险费，清缴被征地农民养老金96亿元，实现省政府确定的三年清零目标。持续推进职业伤害保障试点，参保人数达105万人次。职业年金投资规模超过1300亿元，收益水平居规模相当的省份前列。

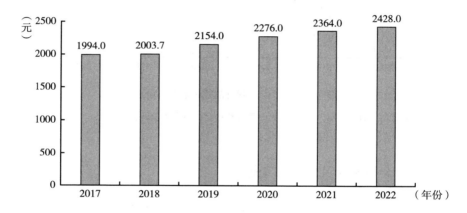

图6　四川省企业职工养老保险月人均养老金水平

资料来源：2017~2022年四川省人力资源和社会保障事业发展统计公报。

（五）数字化改革积极推进

四川省大力实施通办服务、智慧服务、优质服务三大行动，织密"城区15分钟+乡村5公里"服务网，服务事项90%以上实现"最多跑一次"、85%以上实现全程网办；出台人社数字化转型实施方案，加快省级政务云人社数据中心建设，推动集中信息系统建设，着力构建一体化平台、精准化服务、智能化监管、科学化决策新格局。

（六）人才支撑持续强化

分系列（专业）修订完成职称评价标准27个，在40家医疗卫生机构、民营企业等单位开展高级职称自评试点。完成享受政府特殊津贴人员选拔推荐、第十四批省学术和技术带头人及后备人选选拔、第四批"天府学者"特聘专家选聘工作。大力开展"智兴天府专家行"活动，新设博士后科研流动站比上一轮增长 1 倍，博士后研究人员入选国家"博新计划"同比增长 40%。全省专业技术人才总量达 438 万人，其中高级职称 55 万人。全省技能人才总量达 1098.03 万人，其中高技能人才 238.54 万人。

（七）分配制度改革创新

积极推进人事工资制度改革，制定出台中小学岗位设置及聘用管理九条措施、紧密型县域医共体"八统一"管理指导意见。加强事业单位人员公开招聘和流（调）动人员工作，全省 5.5 万个事业单位 130 万名工作人员纳入信息系统集中管理，核准聘用专业技术二级岗 294 人。深化事业单位收入分配制度改革，出台四川省深化公立医院薪酬制度改革实施方案，核增医务人员一次性绩效工资总量 14 亿元，核定临时性工作补助 26 亿元。完成艰苦边远地区津贴和高海拔折算工龄补贴调标工作。规范开展表彰奖励工作，高质量推动大运会赛后表彰，批准设立更高水平"天府粮仓"等省级以下表彰项目和创建示范项目共 810 项。

持续推进劳动报酬增长。继续实施企业薪酬调查与人工成本监测制度，强化企业工资收入分配公平、合理。2022 年四川省城镇全部单位就业人员平均工资为 84912 元，比上年增加 3492 元，增长 4.3%，扣除物价因素后实际增长 2.2%。城镇非私营单位就业人员平均工资为 101800 元，比上年增加 5059 元，增长 5.2%，城镇私营单位就业人员平均工资为 59121 元，比上年增加 1722 元，增长 3.0%（见图 7）。

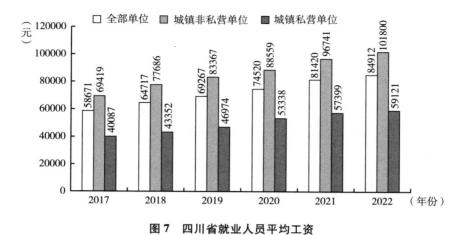

图7 四川省就业人员平均工资

资料来源：2017~2022年四川省人力资源和社会保障事业发展统计公报、四川省统计局。

二 四川省人力资源和社会保障事业面临的形势

当前，随着百年变局加速演进，人社工作正在发生历史性变革，挑战与机遇并存。站在新的历史节点上，必须坚定把思想和行动统一到中央和省委对形势的科学判断上来，把握时代脉搏、顺应发展大势，准确识变、科学应变、主动求变，才能在危机中育先机、于变局中开新局，赢得发展主动权，推动四川人社事业再上新台阶。

（一）国内外局势深刻变化给人社事业高质量发展带来的不确定性因素日益增加

从国际来看，当今世界变乱交织，一方面，国际政治纷争和军事冲突多点爆发，地区热点问题频发；另一方面，世界经济依旧低迷，新兴市场和发展中经济体走势分化，唯有亚洲地区保持较快增长。从国内来看，有效需求不足仍是主要问题，进而引致行业产能过剩，降低了社会预期，给国内大循环造成一定阻滞。但我国经济韧性强、潜力足、回旋余地大，制度优势、市场优势、产业体系优势、人力资源优势等持续巩固，经济回升向好、长期向好的基本趋势没有变。

（二）城乡发展不平衡和产业转型升级对人社事业高质量发展影响日益加深

四川省城乡二元结构亟待突破，"大城小村"特点明显，城乡、区域差距交叠。聚焦城镇，全省常住人口城镇化率低于全国约 7 个百分点，大部分县常住人口城镇化率低于 45%。着眼农村，民生政策标准、公共服务和社会保障水平低，与城市落差明显，乡村与城市收入差距仍在拉大。四川省人社事业发展也面临诸多新问题，情况十分复杂。外需收缩、内需不振对就业工作的挑战不可低估。"脱钩断链""卡脖子"等行为也给人才引进来、走出去带来新的挑战。吸纳就业的主力军仍然是中小微企业，部分行业产能过剩、企业经营困难，加之工业智能化、机器替代的影响，缩招停招、降薪裁员、欠薪欠保等问题将会多发，劳动关系领域矛盾纠纷将会增多。此外，新就业形态劳动者劳动关系认定难度大，劳动标准不完善，就业技能培训、就业创业、社会保险、休息休假、职业安全等权益保障还存在不足。

（三）就业总量压力与结构性就业矛盾给人社事业高质量发展带来严峻挑战

四川省特别注重发挥和利用"一带一路"建设、西部陆海新通道、成渝地区双城经济圈建设等多个国家战略的叠加优势，加上四川省"四化同步、城乡融合、五区共兴"发展战略深入实施，近年经济增长势头良好。2023 年四川省地区生产总值（GDP）为 60132.9 亿元，按可比价格计算，比上年增长 6.0%。但与此同时，四川省经济运行整体尚处于恢复期，发展动力接续还有一个过程，持续向好的基础尚不牢固，高校毕业生、农民工等重点群体就业压力依然较大，2023 年应届高校毕业生近 63 万人，再创历史新高。此外，随着产业结构加快转型，劳动者技能提升、技能转型与技能优化等需求日趋增长，结构性就业矛盾普遍存在，"有活没人干"

与"有人没活干"并存，一定程度上阻碍了四川省高质量充分就业。根据2023年四季度就业数据，四川省中高级岗位求人倍率分别为3.71和3.02，中高级技能职业资格岗位求人倍率分别为2.78和3.06，结构性就业问题明显。

（四）人民群众日益增长的社会保障需求对人社事业高质量发展提出更高要求

当前四川省社会保障体系结构亟待优化，层次性不强，市场、社会等提供的补充保障发展不足，政府主导的基本保障仍处于绝对强势地位。社会保险对新业态就业、灵活就业的人员以及部分农民工覆盖还不到位，"脱保""漏保""断保"时有发生。城乡居民基本养老保险待遇水平明显偏低，在全国排名靠后。社保基金长期平衡能力有待增强，基金存量风险尚未清零、增量风险尚未完全遏制，"跑冒滴漏"等现象时有发生。

三　加快推进四川人社事业高质量发展的对策建议

未来，做好四川省人社工作的总体要求是：以习近平新时代中国特色社会主义思想为指导，全面贯彻落实党的二十大和二十届三中全会精神，深入学习贯彻习近平总书记对四川工作和人社工作系列重要指示精神，认真落实四川省第十二次党代会、省委十二届历次全会和省委经济工作会议部署要求，坚持稳中求进工作总基调，完整、准确、全面贯彻新发展理念，积极融入和服务构建新发展格局，着力推动高质量发展，统筹扩大内需和深化供给侧结构性改革，统筹新型城镇化和乡村全面振兴，统筹高质量发展和高水平安全，紧扣加强人力资源开发利用主题主线，全力稳定和扩大就业，完善社会保障和收入分配制度，加强人才人事工作，构建和谐劳动关系，持续打造"温暖人社"服务品牌，全面加强党的建设，兜住、兜准、兜牢民生底线。

（一）顺应大势，主动求变，深刻把握人社工作内在规律

从人社领域来看，外部环境和经济波动，必然会给人社工作带来深刻而复杂的影响。这就需要保持定力、准确识变，要看到困难挑战，更要看到有利条件，正确处理好"三个关系"，努力在经济恢复"波浪式发展、曲折式前进"的过程中，更高质量保障改善民生、促进经济社会繁荣发展。同时，也要看到人社事业发展的有利条件和积极因素，主要体现在经济实力再上新台阶，发展新动能持续培育，人社领域政策红利不断释放，这些必将为做好人社工作提供坚实支撑。要坚定必胜信心、顺应形势变化，变中求新、变中求进，坚持一个中心，履行两大职能，落实三项要求，推进五大行动，奋力推动人社工作实现新发展。

（二）稳中求进，以进促稳，推动人社事业发展行稳致远

要处理好稳中求进和以进促稳的关系。稳是大局、是前提，行稳才能致远；进是方向、是动力，求进才能更好固稳，两者相辅相成。对于我们来说，稳，就是要千方百计确保就业局势、劳动关系整体稳定，确保基金运行总体平衡；进，就是在稳的基础上进取，着力推动社会保障、收入分配、人才人事等领域重大改革，优化人社服务和管理，不断巩固稳中向好的基础。要正确处理好先立和后破的关系。习近平总书记在中央经济工作会上首次提出"先立后破"，强调不能把手里吃饭的家伙先扔了，结果新的吃饭家伙还没拿到手。这就要求我们在推进工作中，做到不立不破，该立的积极主动立起来，该破的要在立的基础上坚决地破，但不能脱离实际、急于求成，要注意做好新旧衔接、平稳过渡。要处理好尽力而为和量力而行的关系。尽力而为是责任，量力而行是方法。要充分认识到，四川省经济总量大，但人均可支配收入水平不足，是发展不平衡的省。只有立足省情、遵循规律，注重加强普惠性、基础性、兜底性民生建设，注重稳定性、连续性、累积性，循序渐进、扎实推进，才能确保人社事业行稳致远。

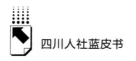
（三）着眼城乡，深化融合，切实走好城乡融合发展之路

要加快完善城乡一体的就业格局。健全完善就业工作领导小组制度，着力消除影响城乡平等就业的制度障碍，加快农民工市民化进程，鼓励引导高校毕业生、农民工等返乡入乡就业创业。要加快完善城乡统筹的社保体系。加强城镇与农村社会保障制度衔接，将工伤保险、失业保险覆盖范围向农民工和灵活就业人员延伸，继续稳步提高城乡居民基础养老金标准。要加快完善城乡融合的人才发展机制。围绕县域经济发展和乡村振兴，加快壮大本土人才队伍。实施专家下基层、"三支一扶"计划等项目，引导更多专家、大学生服务基层、扎根乡村。要加快建设城乡协调的治理体系。坚持共建共治共享，聚焦源头预防，创新基层人社治理模式，依托矛盾纠纷多元化解体系，切实维护劳动者合法权益。提高劳动报酬在初次分配中的比重，增加劳动者特别是一线劳动者劳动报酬。要加快完善城乡共享的服务模式。推进人社数字化转型，充分发挥社区、乡村等基层平台作用，推动人社公共服务向乡村延伸，促进城乡服务均等化、便捷化、普惠化。

（四）聚焦重点，攻破难点，深入推进就业创业政策求实创新

深入推进高质量充分就业行动。以高质量充分就业为重点，深入实施就业优先战略，落实落细就业优先政策，千方百计稳定和扩大就业，确保就业局势总体稳定。着力巩固"大就业"工作格局，健全就业工作领导制度。

持续提升稳就业政策措施质效，提高就业产业协同度，健全就业预警机制。大力支持传统产业升级、战略性新兴产业布局和未来产业发育，着力挖掘绿色经济、数字经济等新经济形态蕴含的高质量就业岗位，坚决落实好创业担保贷款奖补资金有关政策，实现对"专精特新"中小企业的"扶一把""带一程"，引领创业带动就业。

健全担保基金持续补充与管理机制，推动各级地方政府把筹集担保基金纳入年度预算。全面推广应用创业担保贷款信息化平台，大幅提升创贷工作数字化、智能化、快捷化水平。

（五）把握要点，打通堵点，加快创新人力资源开发服务

健全终身职业技能培训制度。切实提高技能培训的针对性、有效性，巩固就业培训和人才评价专项整治成果，制定完善全省补贴性职业技能培训管理政策。精准定位就业市场急需的职业技能培训，开展四川省本级示范培训，强化带动力。加快支持人力资源服务业发展，促进人力资源市场体系完善健全，组织策划川渝、川陕甘等人力资源服务行业协同发展，通过跨区域资源整合与有机联动，优化人力资源配置与流动机制，以人力资源服务业蓬勃发展赋能产业、带动就业。

抢抓机遇，主动担当，不断丰富发展业态，守法经营、诚信服务，推动人力资源服务业创新发展。持续维护"创业天府、乐业四川"公共就业服务主题品牌，做好全国公共就业创业服务示范城市评估迎检工作，开展省级公共就业服务和高质量充分就业示范地区创建活动，加快推进一批创业孵化基地、零工市场布点建设工作。

（六）尽力而为，量力而行，持续深化社保分配制度改革

要敢于攻坚克难，持续深化社会保障和收入分配制度改革，切实兜牢民生底线，促进共同富裕。一是深化社保制度改革。把系统集成、协同高效推进改革作为重头戏，认真贯彻养老保险全国统筹制度，修订四川省企业职工基本养老保险实施办法和实施细则，做好迎接国家对企业职工养老保险考核工作，组织开展四川省政府对市（州）工作考核。要研究制定机关事业单位养老保险10年过渡期结束后待遇平稳衔接办法。研究制定企业年金发展意见，加强职业年金经办服务和投资运营管理，在全省推行个人养老金制度。优化完善失业保险、工伤保险省级统筹制度，探索推进补充工伤保险制度，巩固扩大新就业形态就业人员职业伤害保障试点工作成果。贯彻实施《社会保险经办条例》，完善社会保险经办管理制度和规程管理办法。二是完善企事业单位工资收入分配制度。围绕"提低、扩中、调高"，健全企业收入分配制度，完善劳动者工资决定、合理增长和支付保障机制，持续推行

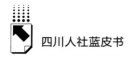
工资集体协商。加强工资宏观指导，健全最低工资标准评估调整机制，完善工资指导线和企业薪酬调查、信息发布制度。持续推进国有企业负责人薪酬制度和工资决定机制改革，强化国有企业内外收入监督管理。三是推动事业单位绩效考核体系建设，积极推进高等学校、科研院所薪酬制度改革试点，全面深化公立医院薪酬制度改革，强化绩效考核结果在收入分配领域运用。落实事业单位基本工资标准正常调整机制，完善体现岗位绩效和分级分类管理的事业单位薪酬制度，落实基层人员待遇保障倾斜政策。完善工作协同机制，规范工资数据管理和应用行为，提高事业单位工资数据质量。

（七）奋楫争先，拔除痛点，健全优化人事人才劳动关系制度

深入推进人才人事贯通发展行动。建设现代化产业体系、推进高质量发展，关键要有高素质人才作支撑。要坚持党管人才原则，紧盯发展"堵点"，深化人才人事制度改革，充分释放人才创新创造活力。加强专业技术人才队伍建设。要实施高层次人才"倍增计划"。完善以创新价值、能力、贡献为导向的人才评价体系，分类分专业修订完善职称评价标准，切实解决人才评价中的"唯论文、唯职称、唯学历、唯奖项"问题。大力推进技术技能人才贯通发展，拓展新兴产业人才职业发展空间，要健全完善技能人才政策，加快建设具有四川特色的职业体系，全面推行新时代技能人才职业技能等级制度，积极推进职业技能等级认定工作。突出对人才的正向激励，完善专业技术二级岗位聘用标准，积极争取将四川省纳入全国市以上事业单位管理岗位职员等级晋升制度试点范围。

深入推进构建和谐劳动关系行动。和谐稳定的劳动关系，是社会大局稳定的重要基础。要充分考虑外部环境的复杂性，在源头治理、系统治理上下功夫，拔除痛点，化解矛盾，统筹处理好企业发展和维护劳动者合法权益的关系，促进社会和谐稳定。加强协调劳动关系三方机制建设，开展劳动关系形势分析和舆情监测。加大新就业形态劳动者权益保障力度，研究完善大龄农民工和超龄劳动者的保障措施。加强劳动保障监察执法能力建设，强化劳动保障监察执法保障，全面落实《保障农民工工资支付条例》，组织开展根

治欠薪专项行动，依法严厉打击恶意欠薪行为，加强行政执法与刑事司法衔接，加快推进"智慧监察"建设，加大重大劳动保障违法行为公开和企业劳动保障诚信等级评价力度。提升劳动争议调解仲裁能力。要借鉴新时代"枫桥经验"，强化争议源头预防，健全"一站式"多元化解联动机制，推进数字仲裁庭建设，深化调裁审衔接，提高案件处理质效。

劳动就业篇

B.2
四川省创建高质量就业先行区研究报告*

四川省创建高质量就业先行区研究课题组**

摘　要： 就业是最基本的民生。党的十八大以来，以习近平同志为核心的党中央高度关注和重视就业工作，反复强调"就业是最大的民生工程、民心工程、根基工程，必须抓紧抓实抓好"。四川是人口大省、人力资源大省，解决群众"饭碗"问题是一项重大的政治任务。为推动四川实现高质量充分就业，加快探索创建高质量就业先行区，我们组织开展了调查研究，对就业优先战略的重大意义、生动实践进行了分析，并提出了对策建议。

关键词： 就业优先战略　高质量充分就业　就业先行区

---

* 本文已刊载于《习近平经济思想研究》2023年第10期，内容稍有修改。

** 课题组组长：胡斌，四川省人力资源和社会保障厅党组书记、厅长；课题组成员：熊义翙，四川省人力资源和社会保障厅党组成员、副厅长、机关党委书记；黄禄先，四川省人力资源和社会保障厅二级巡视员；王建伟，四川省人力资源和社会保障厅政策研究处处长；王炳国，四川省人力资源和社会保障厅信访处处长；储亚男，四川省人力资源和社会保障厅政策研究处一级主任科员；朱志莹，四川省人力资源和社会保障厅政策研究处三级主任科员。

就业是最基本的民生，事关人民群众切身利益，事关经济社会健康发展，事关国家长治久安。党的十八大以来，以习近平同志为核心的党中央把就业工作摆在"六稳""六保"的首要位置，把实施就业优先上升到战略高度通盘考虑，提出明确要求、作出全面部署；特别是党的二十大提出，实施就业优先战略，促进高质量充分就业，这为我们做好新时代就业工作明确了前进方向、提供了根本遵循。四川深入学习贯彻习近平总书记关于促进高质量充分就业的重要论述和来川视察重要讲话指示精神，围绕治蜀兴川大局，深入实施就业优先战略，扩大就业规模，优化就业结构，提升就业质量，为奋力谱写中国式现代化四川新篇章积极贡献力量。

一　深刻领悟实施就业优先战略的重大意义，增强创建高质量就业先行区的思想自觉

习近平总书记高度关注和重视就业工作，强调"就业是最大的民生工程、民心工程、根基工程，必须抓紧抓实抓好"①。2018年党中央提出"六稳"目标，2020年提出"六保"任务，把就业工作始终作为"六稳""六保"之首，坚持实施就业优先战略和积极就业政策，以高质量就业保障民生、促进发展。特别是党的二十大召开前夕，习近平总书记再次亲临四川视察指导，专门到宜宾学院针对就业工作作出重要指示，充分体现了习近平总书记深厚的为民情怀，彰显了就业工作的极端重要性。我们要以习近平新时代中国特色社会主义思想为指导，坚决扛起稳就业政治责任，把高质量充分就业作为推动实现全体人民共同富裕的使命任务，准确把握实施就业优先战略的时代内涵和核心要义，坚定信心、迎难而上，切实增强创建高质量充分就业先行区的思想自觉、行动自觉。

---

① 学习贯彻习近平新时代中国特色社会主义经济思想做好"十四五"规划编制和发展改革工作系列丛书编写组：《实施就业优先战略》，中央文献出版社，2017，第11页。

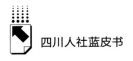

（一）实施就业优先战略是全面贯彻习近平经济思想的必然要求

经济和就业密不可分。一方面，就业是发展之基、财富之源，是沟通社会需求和供给以及连接生产、交换、分配和消费的桥梁纽带，是支撑宏观经济和微观经济运行的基本盘，是衡量经济高质量发展的重要基准；另一方面，在经济社会发展中，国民财富是由生产效率和劳动力数量决定的，经济增长将有力支撑实体经济快速健康发展，创造更多的就业岗位。同时，高质量充分就业有利于促进经济增长，提高全要素生产率。因此，在经济社会发展中保持一定的经济增长速度是促进就业的前提基础，与之对应，高质量充分就业是推动经济高质量发展的内生动力。我们必须实施就业优先战略，把稳就业作为稳定宏观经济大盘的优先事项，把推动创建高质量就业先行区作为贯彻落实习近平经济思想的自觉行动，在促进高质量充分就业中厚植发展潜力和动能，形成经济发展与就业的良性循环。

（二）实施就业优先战略是全面促进人口高质量发展的必然选择

中国人口规模巨大，劳动力数量充足。截至 2023 年底，全国 16～59 岁劳动年龄人口为 8.65 亿人，平均受教育年限 11.05 年。四川现有劳动力 5533 万人，平均受教育年限达到 10.27 年，整体素质稳步提高。随着人口发展呈现少子化、老龄化、区域人口增减分化的趋势，转变教育思想、改善就业结构、培养就业能力变得愈加紧迫。因此，高质量人口发展需要加快塑造素质优良、总量充裕、结构优化、分布合理的现代化人力资源。必须实施就业优先战略，全面强化现代化人力资源开发利用，改变职业教育培养模式，主动适应劳动力规模和结构变化趋势，稳定劳动参与率，改善劳动力供给，提高劳动者素质，为促进人口高质量发展、推动高质量充分就业打下坚实基础。

（三）实施就业优先战略是全面增进民生福祉的必然路径

民生领域基本解决了"有没有"问题，进入追求"好不好"的阶段。迈步入新时代新征程，就业作为劳动者赖以生存和发展的基础与共享经济发展成果的基本条件，事关亿万劳动者及其家庭的切身利益，就业"好不好"，直接决定着基本民生"有没有"的巩固和发展。因此，顺应群众就业需求新变化，创造更多的就业机会，提升劳动者收入和权益保障水平，促进劳动者体面劳动，能彻底解决"有没有"的问题，更能解决"好不好"的问题，让劳动者享有更满意的教育、收入、社保和医疗服务。我们必须实施就业优先战略，主动顺应新时代特点和群众对美好生活的向往，推动实现高质量就业增收，切实增进民生福祉，提高人民生活品质，为实现共同富裕提供现实路径。

二　认真贯彻实施就业优先战略的部署要求，书写创建高质量就业先行区的生动篇章

四川是人口大省、劳动力资源大省，解决群众就业"饭碗"问题是保障改善民生和促进经济发展的必然要求，是关乎人心和社会稳定的重大政治任务。党的十九大以来，四川省积极应对重大自然灾害、中美经贸摩擦、新冠疫情等冲击影响，坚持以人民为中心的发展思想，坚决把"稳就业"作为人社工作头等大事，深入实施就业优先战略，创新开展就业促进行动，千方百计确保全省就业形势总体稳定，向创建高质量就业先行区迈出了坚实步伐。2018~2023年，全省城镇新增就业619.8万人，就业困难人员就业57万人。

（一）坚持高位推动，形成齐抓共管"大格局"

习近平总书记指出："要建立健全党和政府主导的维护群众权益机制，抓住劳动就业、技能培训、收入分配、社会保障、安全卫生等问题，关注一线职工、农民工、困难职工等群体，完善制度，排除阻碍劳动者参与发展、分享发展成果的障碍，努力让劳动者实现体面劳动、全面发展。"[1] 四川省

---

① 习近平：《在庆祝"五一"国际劳动节暨表彰全国劳动模范和先进工作者大会上的讲话》，人民出版社，2015，第8页。

建立健全了全省就业工作领导小组工作制度，由四川省政府领导亲自挂帅，38个省级单位为成员，并把就业创业工作作为市（州）党委政府"一把手"工程，构建起党委政府领导、人社部门主抓、相关部门各负其责、社会各界共同参与的"大就业"工作格局。领导小组以促进高质量充分就业为主线，搭建全省"一盘棋"的稳就业保就业协作机制，把促进城镇新增就业目标任务列为全省民生实事并纳入对市（州）政府绩效考评，领导小组办公室按月调度就业工作推进情况，为实施就业优先战略提供了坚强的组织保障。

（二）坚持"四业联动"，锚定经济带动"大方向"

四川省全面强化就业优先政策，颁布《四川省就业创业促进条例》，出台促进返乡下乡创业22条、稳就业15条、加强农民工服务保障16条，制定促进青年就业35条和促进新就业形态人员就业等系列政策措施，构建起具有四川特色的产业、企业、创业、就业"四业"联动就业政策体系。面对新冠疫情，我们及时调整优化就业政策，打出社保费"降、缓、返、补、扩、提"政策组合拳，出台了缓解中小企业生产经营困难人社10条措施，建立24小时重点企业用工调度和服务机制。2018～2023年，为四川省企业减免缓缴社保费1478.5亿元，返还失业保险稳岗资金168.5亿元，切实减轻了企业负担。我们深入实施重点群体创业推进行动，加大创业补贴、创业担保贷款、创业培训服务等政策扶持力度，加强创业孵化基地、众创空间、大学科技园、农业科技园等载体建设，促进创业带动就业。举办创新创业大赛、"天府杯"创业大赛、创新创业峰会、"创业蜀你行"等系列活动，营造良好就业创业氛围。持续实施农民工服务保障战略性工程，用心用情做好服务保障农民工"十大行动"。根据四川省就业局的统计，2018～2023年，累计发放创业担保贷款、创业补贴126.86亿元；2023年，全省农民工转移就业、返乡创业人数分别达2659.37万人、123.96万人，"农民工经济"超1.66万亿元，成为四川经济发展的重要支柱。

（三）坚持需求导向，健全精准培训"大体系"

四川省注重在劳动力市场供需两端上发力，构建劳动者培养培训与岗位需求相适应的精准对接体系，着力缓解结构性就业矛盾。坚持以市场需求为导向，大力实施大学生基层成长计划和就业创业促进计划，深化教育与产业深度融合，加快推进"就业—招生—培养"联动机制改革，教育引导学生树立正确的职业观、择业观，高校毕业生初次就业率始终保持在 85% 以上。加快推进"技能四川"建设，出台"天府工匠"培养工程和职业技能提升行动实施方案等一揽子政策举措，截至 2023 年底，全省技工院校总量达 99 所，每年在校学生超过 15 万人。扎实推进终身职业技能培训制度，推进创业培训"马兰花计划"，截至 2023 年底，累计开展政府补贴性培训 700.6 万人次。创新建设四川特色职业体系，加快推行"新八级工"制度，开发和申报技能标准和考核规范 199 项。创新"赛展演聘会"五位一体的办赛模式，先后成功举办 6 届"四川工匠杯"职业技能大赛，在首届全国职业技能大赛上总分居中西部第一。截至 2023 年底，全省技能人才总量达 1098 万人，其中高技能人才 238 万人，较 2017 年底分别新增 368 万人、108 万人，劳动者素质和就业能力明显提升。

（四）坚持人岗匹配，营造畅通流动"大环境"

四川省大力实施人力资源服务提升工程，出台进一步推进新时代人力资源服务业高质量发展实施意见，截至 2023 年底，成功创建国家人力资源服务出口基地，建成 1 个国家级、14 个省级人力资源服务产业园。持续开展"春风行动""民营企业招聘周"等系列服务活动，举办线上线下招聘会，动员各方参与就业服务，提高市场匹配效率。贯彻落实党中央、国务院支持多渠道灵活就业决策部署，出台加强零工市场建设的实施意见。持续清理整顿人力资源市场秩序，严厉打击"黑职介"、虚假招聘等违法违规行为，纠正查处针对性别、年龄、学历等就业歧视，促进劳动者能就业、快就业。同时，制定并实施推进高技能人才与专业技术人才职业发展贯通方案，为劳动

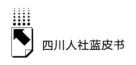
力和人才合理有序流动提供了多样化新机遇。2023 年，全省人力资源服务业产值超 2000 亿元。

（五）坚持兜底保障，提升就业服务"大情怀"

习近平总书记指出："要健全就业公共服务体系，完善重点群体就业支持体系，加强困难群体就业兜底帮扶。"① 我们以"温暖人社"为总牵引，着力打造覆盖全民、贯穿全程、辐射全域、便捷高效的全方位就业公共服务体系，构建起"中心服务站、片区服务点、就业服务信息员"三级就业服务体系。实施提升就业服务质量工程，积极开展公共就业创业服务示范城市、国家级充分就业社区创建工作。开展脱贫人口、残疾人、低保家庭成员等困难群体精准就业帮扶，做好公益性岗位开发管理，确保"零就业"家庭动态清零。我们着力构建和谐劳动关系，创新劳动关系基层治理，顺利完成全国深化构建和谐劳动关系综合配套改革试点，截至 2023 年底，全省 29 家企业、4 个园区被评为全国模范劳动关系和谐单位。落实维护新就业形态劳动者劳动保障权益实施意见，完善"1+N"政策支持体系，持续开展职业伤害保障国家级试点。认真贯彻《保障农民工工资支付条例》，建立健全根治欠薪制度体系。切实提高劳动人事争议处理效能，截至 2023 年底，处理争议案件 10.4 万件，仲裁结案率为 95.6%。完善就业失业调查统计指标体系，强化就业形势监测分析研判，切实防范化解规模性失业风险。

三　坚决扛起实施就业优先战略的使命担当，确保创建高质量就业先行区取得新成效

四川省将坚持以习近平新时代中国特色社会主义思想为指导，牢记习近平总书记来川视察的殷殷嘱托，承关怀而奋起、担使命而图强，践行以人民为中心的发展思想，深入实施省委"四化同步、城乡融合、五区共兴"

---

① 马建堂：《不可阻挡的伟大进程》，人民出版社，2023，第 305 页。

发展战略，扛起"稳就业"重大政治责任，以实施就业优先战略为引领，以实现高质量充分就业为目标，创新开展就业促进行动，积极应对人口老龄化、产业智能化、就业多元化、诉求多样化等叠加影响，千方百计念好"稳、扩、提、精、兜、护"六字诀，持续推动四川高质量就业先行区创建，为新时代治蜀兴川迈上新台阶做出积极贡献。

（一）念好"稳"字诀，在强化就业优先政策上下功夫

稳住就业，是安国之策、富民之举。坚持稳字当头、稳中求进，继续实施就业优先导向的宏观调控，推动财政、货币政策支持稳就业。注重川渝就业创业政策协同，完善产业、企业、创业、就业"四业"并举的就业政策体系，落实落细新一轮稳定和扩大就业政策措施，调整评估阶段性减负稳岗扩就业政策，加大对就业容量大的服务业、小微企业、个体工商户倾斜支持力度，大力促进实体经济发展，营造"就业友好型"经济发展环境。持续推进落实"十四五"就业促进规划，修订完善就业创业补助资金和公益性岗位开发管理办法。健全就业影响评估机制，将重大政策、重大项目对就业数量、就业质量的影响，作为宏观政策一致性评估的重要内容，促进经济发展和扩大就业协同联动。

（二）念好"扩"字诀，在增加就业岗位供给上下功夫

岗位是就业的前提，拓展岗位是增加就业容量的基本途径，尤其是稳住重点群体就业的重要保障。针对青年特别是高校毕业生，充分挖掘政策性岗位资源，拓宽市场化社会化就业渠道，推行就业见习岗位募集计划，鼓励高校毕业生创新创业就业。出台做好新时代农民工工作的实施意见，制定进一步支持农民工就业创业政策措施，实施农民工服务保障十大专项行动，健全县乡村三级劳务服务体系，加大农民工表彰和返乡创业等工作力度，进一步加强全省零工市场的建设与管理。聚焦抓好人工智能、生物技术、卫星网络、新能源与智能网联汽车、无人机等战略性新兴产业，营造有利于创业创新的良好市场环境、政策环境，激发市场活力和创造力，深入实施重点群体

创业推进行动，加强创业孵化基地、众创空间等载体建设，全力做好国家创业型城市创建申报工作，举办"天府杯"创业大赛等系列活动，进一步发挥创业带动就业的倍增效应。

（三）念好"提"字诀，在提升就业人员素质上下功夫

提升劳动者技能水平，是解决结构性就业和提高就业质量的重要保障。持续深化人力资源供给侧结构性改革，加大全社会人力资本投入，提高劳动者素质，建设知识型、技能型、创新型劳动者大军。切实发挥"政府主导、企业主体、院校基础"作用，全面推行终身职业技能培训制度，针对电子信息、装备制造、特色消费品等四川特色产业，加快推进西部高技能人才培育总部、西部工匠城建设。打造四川特色技能品牌，着力打造"天府新农人""天府技工""天府数智工匠"等省级技能品牌，加快培育"川字号"特色劳务品牌。加强技工院校内涵建设，提升办学质量和毕业生就业能力。围绕服务成渝地区双城经济圈建设，组织两省（市）有影响、有特色、有能力的企业、院校、机构采取共建共管共享模式，联合开展基础能力建设，壮大区域技能人才规模。

（四）念好"精"字诀，在做好就业公共服务上下功夫

精致作为是做好就业服务工作的必然要求，必须精心组织、精准落实。以推动川渝人社合作为牵引，围绕纵深推进"温暖人社"行动，健全多元化、专业化基层就业服务体系，推行"15分钟就业服务圈"，增强公共服务均衡性、可及性。加快就业工作数字化转型，构建覆盖劳动者求职就业创业全过程、横向纵向互联互通的一体化、数字化信息平台。推动修订四川省人力资源市场条例，制定人力资源服务业创新发展三年行动计划。持续实施提升就业服务质量工程，加快完善基层公共就业创业服务平台建设，争取启动公共就业创业服务示范县（区）建设。抓好人才供给和岗位需求两端资源，探索建立政府、人力资源服务机构、企业和高校四方联动机制，持续开展"春风行动""民营企业招聘周"等系列服务活动，提高市场匹配效率。

（五）念好"兜"字诀，在保障就业困难群体上下功夫

就业困难人员的托底帮扶体现的是民生情怀。要实施防止返贫就业攻坚行动，依托东西部劳务协作和省内对口帮扶机制，强化对乡村振兴重点帮扶县、易地搬迁安置区倾斜支持，加大乡村公益性岗位兜底安置力度。实施离校未就业高校毕业生服务攻坚行动，落实实名制服务举措，尤其对困难毕业生开展结对帮扶，保持离校未就业高校毕业生就业创业比例达到90%以上。加强困难群体援助帮扶，构建大龄、残疾、长期失业等就业困难人员及时发现、优先服务、分类帮扶、动态管理机制，持续推进"零就业"家庭至少一人就业。

（六）念好"护"字诀，在维护就业群众权益上下功夫

广大劳动者构成了社会发展的基础力量，保护劳动者合法权益体现了全社会尊重劳动的价值导向。开展根治欠薪专项行动，深化劳动用工、培训就业等领域突出问题专项整治，持续打击"恶意欠薪""非法讨薪"行为。切实维护灵活就业人员和新就业形态劳动者的权益保障，总结评估职业伤害保障国家级试点。深入开展劳动关系"和谐同行"能力提升行动，健全协调劳动关系三方机制，实施电子劳动合同"百城覆盖"行动。完善企业薪酬调查信息发布制度，促进企业工资分配向关键岗位和一线岗位倾斜。破除影响劳动力流动的制度障碍，研究促进平等就业的综合性法规和政策措施的制定，切实维护劳动者合法权益。

B.3
2023年四川省新业态就业分析报告

赵华文　王汉鹏*

摘　要： 本文依托数字化人社科研机制，通过合作方中国联通获取新业态就业相关市场化数据，根据手机信令大数据，基于人口时空流动及劳动力迁徙模型，结合APP特征、行为特征以及通话特征，识别出新业态人群，通过其全量人口外推专利算法，推算出全量新业态人群数量，并对四川省新业态人群规模、空间分布、性别和年龄、工作时长等进行分析。

关键词： 数字化人社　大数据　新业态人群　四川省

一　新业态从业者规模、分布及来源

（一）新业态从业者规模及分布

2023年一季度，四川省5类新就业形态①从业者月均规模为181.7万人，占总就业人口（4727万人）的比例为3.84%。

其中，外卖员16.9万人，占比为9.3%；网约车司机28.6万人，占比为15.8%；快递员16.1万人，占比为8.9%；货运司机40.3万人，占比为22.2%；到家服务人员79.8万人，占比为43.8%（见图1）。

---

* 赵华文，四川省人力资源和社会保障科学研究所所长，长期从事劳动就业、农民工问题和社会保障等领域的理论研究和政策研究；王汉鹏，四川省人力资源和社会保障科学研究所助理研究员，主要研究方向为就业创业。

① 5类新就业形态包括外卖员、网约车司机、快递员、货运司机、到家服务人员，本文中所述新就业形态均指这5种类型，文中简称"新业态"。

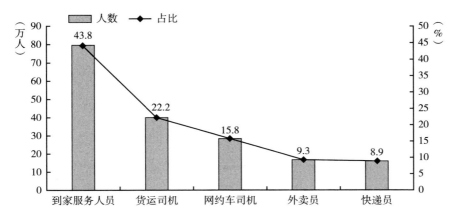

图1　2023年一季度四川省新业态从业者规模及分布

资料来源：中国联通手机信令大数据。

2023年一季度，全省新业态从业人群主要集中在成都市、宜宾市、绵阳市、南充市和德阳市，人数分别为65.8万人、15.0万人、11.2万人、10.5万人和10.3万人，占比分别为36.2%、8.2%、6.2%、5.8%和5.7%，累计占比62.1%，整体来看，成都市作为省会城市，吸纳新业态从业者规模最大，全省占比超过1/3（见图2）。

（二）新业态从业者籍贯地分布

四川省新业态从业者有85.7%来自省内，外省主要来自重庆、河南等省份。2023年一季度，全省新业态从业人群籍贯地在本省的人数为155.7万人，外省籍人数为26.0万人，占比为14.3%。外省从业者多来自重庆、河南、安徽等临近省份或人口输出大省，人数分别为4.8万人、3.6万人和1.9万人（见图3），占比分别为2.6%、2.0%和1.1%，累计占比5.7%。

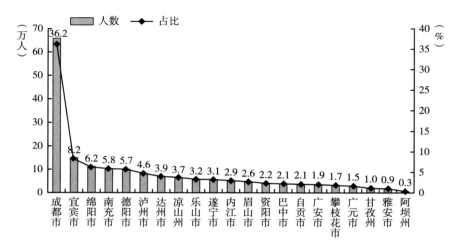

图2 2023年一季度四川省新业态从业者各地市规模分布

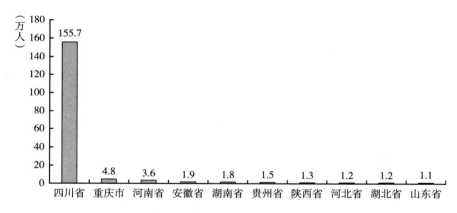

图3 2023年一季度四川省新业态从业者前十籍贯地

二 新业态从业者画像特征分析

（一）新业态从业者性别和年龄

总体规模男性高于女性，到家服务从业者以女性为主，其他类型新业态从业者以男性为主。2023 年一季度，全省新业态从业者男性规模为 100.0 万人，占比 55.0%，女性规模为 81.7 万人，占比 45.0%。从细分行业看，外卖员男性占 85.7%、女性占 14.3%；网约车司机男性占 82.9%、女性占 17.1%；快递员男性占 67.9%、女性占 32.1%；货运司机男性占 81.3%、女性占 18.7%；到家服务人员男性占 22.7%、女性占 77.3%。整体来看，外卖员、网约车司机、快递员和货运司机均呈现出男性占比高于女性，且男性比例高于全省新业态人群男性比例（55.0%），而到家服务人员男性占比低于女性，且男性比例低于总体男性比例（见图 4）。

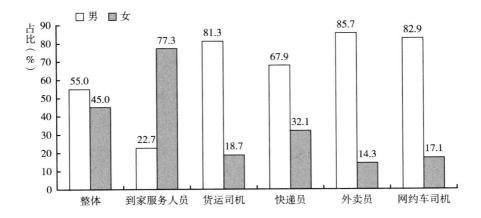

图 4　2023 年一季度四川省新业态从业者性别分布

30~49 岁中青年群体仍为新业态从业者主力。2023 年一季度，全省新业态从业者 16~29 岁、30~39 岁、40~49 岁、50 岁及以上规模分别为 39.9 万人、60.9 万人、48.8 万人、32.2 万人，各年龄段占比分别为 22%、33%、27%、18%（见图 5），各年龄段规模比例基本均匀。整体来看，新业态体现了就业容量大、包容性强等特点，为不同性别、不同年龄段的劳动者提供了广阔的就业空间。

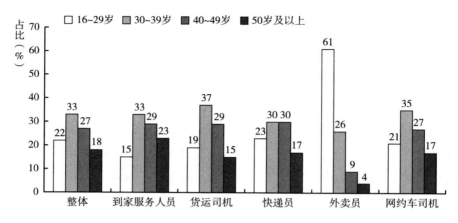

图 5　2023 年一季度四川省新业态从业者年龄分布

（二）新业态从业者学历分布

全省新业态从业者学历水平较低。2023 年一季度，全省新业态从业者高中以下、高中职高、本专科、硕士及以上规模分别为 70.2 万人、62.5 万人、48.4 万人、0.6 万人，占比分别为 38.6%、34.4%、26.6% 和 0.4%。整体来看，各类型硕士及以上学历新业态从业者占比均较低，不足 1%；到家服务人员高中以下占比相对较高，达 42.0%；货运司机、外卖员和网约车司机高中职高占比相对较高，分别达到 40.3%、47.6% 和 48.6%；快递员高中以下学历占比最高，达到 60.5%（见图 6）。

（三）新业态从业者收入分布

全省新业态从业者整体收入处于中低水平。2023 年一季度，全省新业态从业者低收入、中收入、高收入规模分别为 56.9 万人、120.8 万人、4.0 万人，占比分别为 31.3%、66.5% 和 2.2%。整体来看，各类型新业态从业者高收入群体占比均较低，在 2% 左右，中收入群体占比均最高，在 65% 左右，低收入群体比例处于中间水平，在 31% 左右（见图 7）。

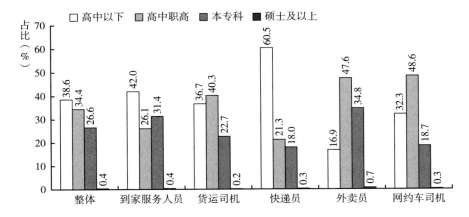

图6 2023年一季度四川省新业态从业者学历分布

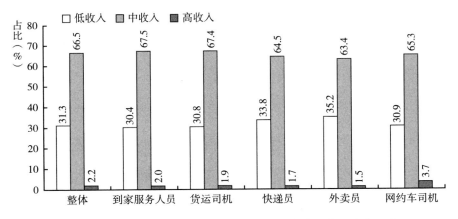

图7 2023年一季度四川省新业态从业者收入水平分布

三 新业态从业者工作强度分析

（一）新业态从业者月度工作天数

从月度工作时长来看，全省新业态从业者工作天数在5天及以下、5~10天、10~15天、15~20天和20天以上的规模分别为44.9万人、33.3万

人、27.5 万人、22.8 万人和 53.2 万人，占比分别为 24.7%、18.3%、15.1%、12.5%和 29.3%。整体来看，月度工作在 15 天及以上占比 41.8%，有 43%的新业态工作者工作时间在 10 天及以下，可以看出新业态从业者月度工作时长长短不一，稳定性不及非新业态就业群体。

从细分行业看，2023 年 3 月份，外卖员月度工作天数 20 天以上的占比为 36.1%，10 天及以下占比 37.0%，可见外卖员月度工作天数较灵活。网约车司机月度工作天数 20 天及以上的占比最高，达到 56.1%，10 天及以下的占比为 24.7%，网约车司机月度工作天数相对较高。快递员月度工作天数 20 天以上的占比不高，5 天及以下占比超过 1/3。货运司机月度工作天数 5 天以内、5~15 天、15 天以上的占比基本各为 1/3，多数货运司机月度工作天数分布较均衡。到家服务人员月度工作天数分布与全部新业态月度工作天数分布基本保持一致，到家服务人员月度工作天数分布较均衡。

整体来看，网约车司机月度工作 20 天以上占比达到 56.1%，工作天数较长；快递员、货运司机月度工作天数整体较灵活，工作天数长短不一；外卖员、到家服务人员月度工作天数相对分布较均衡（见图 8）。

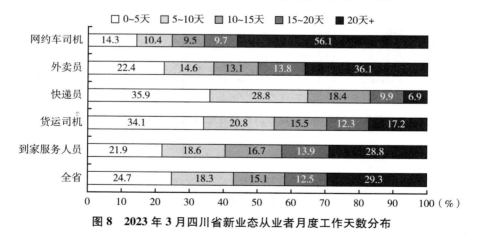

图 8 2023 年 3 月四川省新业态从业者月度工作天数分布

（二）新业态从业者一人多岗情况

2023 年一季度，全省新业态从业者一人多岗的比例为 7.7%，其中到家服务人员一人多岗的比例最高。2023 年一季度，全省新业态从业人员一人多岗就业人数 13.9 万人。其中，外卖员兼职从事其他新业态的人数为 1.1 万人，占全部外卖员比例的 6.6%①；网约车司机兼职从事其他新业态的人数为 2.6 万人，占全部网约车司机比例的 9.1%；快递员兼职从事其他新业态的人数为 0.3 万人，占全部快递员比例的 2.0%；货运司机兼职从事其他新业态的人数为 4.9 万人，占全部货运司机比例的 12.0%；到家服务人员兼职从事其他新业态的人数为 8.9 万人，占全部到家服务人员比例的 11.1%（见图 9）。从一人多岗情况分布来看，快递员的兼职比例最低，比较倾向从事单一就业形态，到家服务和货运司机兼职比例较高，超一成人员会选择兼职从事其他就业形态。

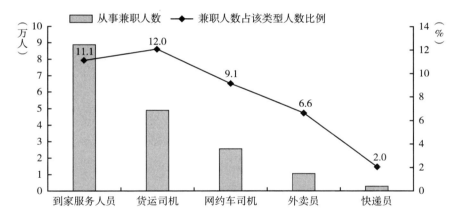

图 9　2023 年第一季度四川省新业态从业者一人多岗情况分布

四　结论

2023 年一季度，四川省 5 类新业态从业规模超过 180 万人，占就业人

---

① 此处比例指该新业态从业者兼职其他新业态岗位的人数，占该类型新业态兼职人数的比例。因从业者在各新业态之间互有兼职，所以全部新业态兼职人数小于各新业态兼职人数之和。

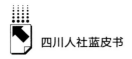

口的比例为3.84%，其中到家服务人员规模占比最高，达到43.9%，成都市新业态从业人员规模最高，达到65.8万人，占比36.2%，另外，新业态从业者超过八成来自本省，外省多来自重庆、河南和安徽等临近省份或人口输出大省。全省新业态从业人群中男性占比（55.0%）明显高于女性（45.0%），并多以30~49岁（占比60.3%）的中青年群体为主，从业者整体学历水平较低，且整体收入处于中低水平。超过40%的新业态从业者月度工作天数在15天及以上，快递员、货运司机相比其他类型从业者月工作天数更加灵活。全省7.7%新业态从业者会从事其他兼职，其中，外卖员、网约车司机和快递员三种类型从事兼职比例较低，而货运司机和到家服务人员从事兼职比例相对较高。

B.4
四川省劳动力资源概况

——基于"六普"和"七普"数据的跨期研究报告

赵华文　邓彬婷*

摘　要： 劳动力资源是决定区域高质量发展的核心因素。四川是人口大省、劳动力资源大省，第七次全国人口普查数据显示，四川省已进入少子老龄化阶段，但劳动力资源仍然丰富，素质有所提升，为建设现代化四川提供了坚实基础和持续动力。

关键词： 劳动力资源　少子老龄化　四川劳动人口

一　四川劳动年龄人口现状及变化趋势

国家统计局将 15~64 岁人口认定为劳动年龄人口，四川省劳动力资源呈现总量充沛、素质提升、结构老化等特点。

（一）人口总量略增但劳动年龄人口加速减少

四川省常住人口规模趋于平稳。第七次全国人口普查数据显示，2020年，四川省常住人口 8367.5 万人，与 2010 年相比，全省增加 325.7 万人，年均增长率仅 0.4%，常住人口占全国总人口的比重由 6% 下降为 5.9%，在全国居第五位，排位下降一位。预计到 2030 年，四川省人口总量略减少至

---

* 赵华文，四川省人力资源和社会保障科学研究所所长，长期从事劳动就业、农民工问题和社会保障等领域的理论研究和政策研究；邓彬婷，四川省人力资源和社会保障科学研究所科研助理，主要研究方向为人口与就业。

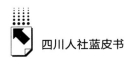

8350万人左右，但依然总量庞大，劳动力资源数量供给较为充裕。

劳动年龄人口呈加速减少趋势。人口年龄结构的变动是影响劳动力数量供给的主要因素。2020年，四川省15~64岁劳动年龄人口为5603.6万人，居全国第五，西部地区第一。与2010年相比，全省劳动年龄人口减少193万人。劳动年龄人口占总人口比重由72.1%降至67%，降低5.1个百分点（见表1）。

表1 四川省劳动力资源情况

单位：万人，%

年份	总人口	15~64岁人口	比重
2000	8234.8	5751.8	69.8
2010	8041.8	5796.5	72.1
2020	8367.5	5603.6	67
2030	8353.9	5449.3	65.3

注：假设在2020年实际数据基础上，四川省出生人口性别比到2030年逐步变动到108.1，生育模式基本稳定，平均预期寿命提高1.5岁，人口死亡模式采用寇尔-德曼模型生命表西区模式，暂不考虑人口省际流动情况的变化，对未来十年四川人口变化进行预测。

资料来源：四川省历次人口普查数据和四川省劳动力资源研究课题组预测数据。

未来四川省劳动年龄人口先升后降。由于少子老龄化程度不断加深，劳动年龄人口数量及比重双降的趋势不可避免。据预测，2026年四川省15~64岁劳动年龄人口由2020年的5603.6万人增至5663.1万人，增长1.1%，随后转入下降通道，到2030年降至5449.3万人，比2026年下降3.8%（见图1）。

（二）人口红利由数量型向结构型转变

劳动年龄人口占比基本稳定。低、中、高方案下，2030年四川15~64岁人口与2020年的67%相比基本稳定（见图2）；其中，15~59岁人口占比分别为58.1%、57.8%和57.5%，分别比2020年的62.2%下降4.1个、4.4个和4.7个百分点。

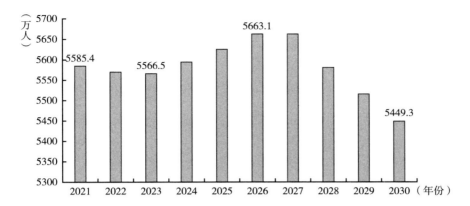

图1 2021～2030年四川省劳动年龄人口变化情况预测

数据来源：四川省劳动力资源研究课题组预测数据。

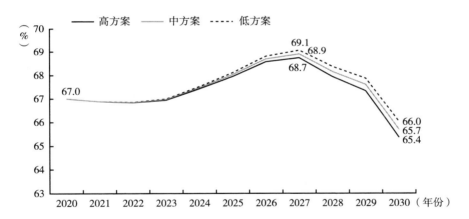

图2 2020～2030年四川省15～64岁劳动年龄人口占比变化情况预测

数据来源：四川省劳动力资源研究课题组预测数据。

四川省总人口抚养比先降后升，在45%～50%波动。中方案下，2021～2027年，四川省总人口抚养比由49.5%波动下降至45.1%，累计下降4.4个百分点；此后回到上升通道，到2030年升至49.2%，比2027年上升4.1个百分点（见图3）。

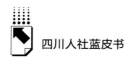
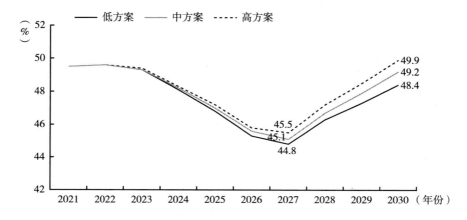

图3 2021～2030年四川省总人口抚养比变化情况预测

资料来源：四川省劳动力资源研究课题组预测数据。

"人口数量红利"是指一个国家的劳动年龄人口占总人口比重大于50%，总抚养率比较低，为经济发展创造了有利的人口条件，整个国家的经济呈高储蓄、高投资和高增长的局面。

2020年，四川省总抚养比已达49.32%，接近50%的数量型人口红利临界点，表明四川省劳动年龄人口占比减少，传统的数量型人口红利即将消减，但四川省劳动年龄人口总量仍达5204万，劳动力资源依然丰富，同时，随着居民受教育程度的不断提高、就业环境的持续改善、职工退休年龄即将延迟、大批农民工和企业家返乡创业就业以及教育的极大发展，使人口素质提高，人力资本提升，所以总体来说，数量型的人口红利即将消减，但是结构性的、新的红利还能够支撑四川经济的高质量发展。

（三）劳动年龄人口老化趋势凸显

2020年，四川省45岁以下青壮年劳动力资源减少，45岁及以上劳动力资源增加。2020年，四川15～44岁人口占劳动年龄人口的50.7%，比2010

年占比下降 11.4 个百分点，比 2000 年占比下降 12.1 个百分点；45~64 岁人口占劳动年龄人口的 49.3%，比 2010 年占比上升 11.4 个百分点，比 2000 年占比上升 12.1 个百分点。

未来劳动年龄人口"高龄化"加剧。2030 年，55~64 岁人口占劳动年龄人口的比例高达 28%（见图 4），比 2020 年上升 9.8 个百分点，比 2010 年上升 6.3 个百分点，比 2000 年上升 11.8 个百分点。2020~2030 年，劳动年龄人口数量总体下降，而高龄组劳动年龄人口占比反而上升，可见未来劳动力老化程度加深。

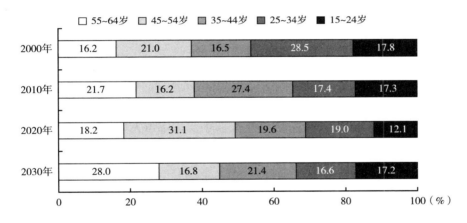

图 4　四川省分年龄段人口占劳动年龄人口的比例

资料来源：根据四川省历次普查数据计算所得。

（四）劳动年龄人口素质提升但人才区域发展不均衡

劳动力资源受教育水平提升。2020 年，四川劳动年龄人口中高中及以上受教育水平人口占比 37.8%，比 2010 年上升 14 个百分点，比 2000 年上升 23.8 个百分点；初中及以下受教育水平人口占 62.2%，比 2010 年降低 14 个百分点，比 2000 年降低 23.8 个百分点（见图 5）。

人才区域发展不平衡。四川各市（州）人口发展差异巨大，无论从人

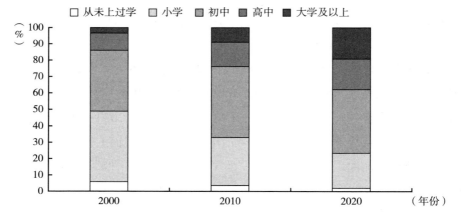

图5 2000年、2010年、2020年四川省劳动年龄人口受教育程度分布

资料来源：四川省历次人口普查数据。

口规模、人口年龄结构、人口文化素质来看，成都市比其他市（州）存在巨大优势。在引领四川省经济发展的实践中，成都市人口均衡发展与经济社会发展相互促进的良性循环更易形成。2020年，成都市总人口比2010年增加581.9万人，增长38.5%。并且，全省流动人口的40.9%在成都市，省外流入四川的人口中有57.7%流入成都市，全省流动人口中受教育程度为"研究生及以上"的有68.7%在成都市（见图6）。其他各市（州）中，2020年总人口比2010年下降10%以上的就有五个（遂宁市、内江市、南充市、巴中市、资阳市）。在人口自然变动普遍保持低增长的情况下，部分市（州）人口外流导致人口规模进一步缩小，劳动年龄人口占比相对下降。人口是区域发展最核心的要素，从人口发展视角看，四川区域协同发展面临较大挑战。

劳动年龄人口主要集聚在成都市。2020年，成都市15~64岁劳动年龄人口占全省的27.3%，而其余市（州）占比均未超过10%（见表2）。劳动力集聚可能促进本区域收入提高，同时也可能抑制相邻地区收入增加从而拉大地区收入差距，因此全省劳动力资源分布的相对差异值得予以关注。

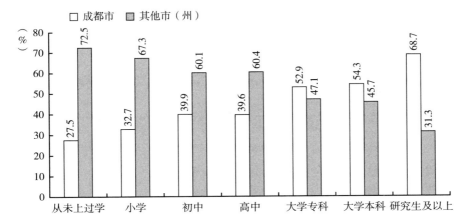

图 6 2020 年成都市和其他市（州）各层次受教育程度流动人口占比

资料来源：第七次全国人口普查数据。

表 2 2020 年四川省劳动年龄人口区域分布

单位：万人，%

区域	劳动年龄人口	占比	区域	劳动年龄人口	占比
四川省	5603.6	100.0	南充市	356.6	6.4
成都市	1530.6	27.3	眉山市	195.0	3.5
自贡市	156.7	2.8	宜宾市	300.6	5.4
攀枝花市	85.0	1.5	广安市	204.7	3.7
泸州市	272.8	4.9	达州市	348.7	6.2
德阳市	230.5	4.1	雅安市	97.0	1.7
绵阳市	328.7	5.9	巴中市	170.9	3.0
广元市	151.8	2.7	资阳市	140.0	2.5
遂宁市	181.9	3.2	阿坝州	57.8	1.0
内江市	202.3	3.6	甘孜州	76.0	1.4
乐山市	210.8	3.8	凉山州	305.5	5.5

资料来源：第七次全国人口普查数据。

（五）乡村劳动年龄人口大幅下降

乡村劳动年龄人口加速下降。2020 年，四川省乡村劳动年龄人口仅 2227.2 万人，占比为 39.7%，比 2010 年减少 1077 万人，占比降低 17.3 个百

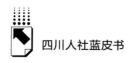
分点；比2000年减少1839.6万人，占比降低31个百分点。2000~2020年，前十年年均降低2.1%，后十年年均降低3.9%，年均降速增快（见表3）。

表3 2000年、2010年、2020年四川省劳动年龄人口城乡分布

单位：万人，%

年份	城镇			乡村		
	数量	占比	年均增速	数量	占比	年均增速
2000	1685.1	29.3	—	4066.8	70.7	—
2010	2492.3	43.0	4.0	3304.2	57.0	-2.1
2020	3376.5	60.3	3.1	2227.2	39.7	-3.9

资料来源：四川省历次人口普查数据。

二 主要问题与挑战

（一）劳动年龄人口规模缩小要求产业加快转型

2020年，四川15~64岁人口比2010年减少193万人，预计到2030年再减少154.3万人，降至5449.3万人。劳动力资源减少影响劳动力供给规模，劳动密集型产业要素成本提高，倒逼产业转型升级，由要素驱动向创新驱动转变。与此同时，四川省人口文化素质与全国平均水平仍有一定差距，科技创新能力相对不足，实现新旧动能转换，推动经济高质量发展面临较大压力。

（二）劳动力供给结构性失衡与经济发展不匹配

青壮年劳动力相对不足以及与科技创新人才供给不足。四川省经济的发展和产业结构的升级，尤其是成渝双城经济圈的持续发展，对于劳动力的绝对数量需求将不断增加，也需要能够支撑科技创新的能力和实力的匹配性人才。而在老龄化程度快速加深的人口背景下，四川省面临着劳动力资源增长缓慢和劳动力流动频繁，且劳动年龄人口逐渐老化，人口年龄结构不利于社

会经济发展。

2020 年底，四川省净流出人口超过了 700 万人。人口迁移流动造成了四川省老龄人口比重上升与青壮年人口的比重下降，省内劳动力资源相对不足。根据历年四川省统计年鉴的结果，四川省劳动力资源数和就业人数自 2013 年起在 6500 万人和 4800 万人左右趋于稳定，增长速度十分缓慢。"七普"数据显示，四川省整体对劳动力的吸引力近年来有所增强，这释放了四川省未来劳动力合理分布的积极信号。当前，四川省流动人口仍以省内流动为主，省外流动人口仅占流动人口总体的 1/6 左右，这说明四川省的就业与生活环境，对省外青壮年劳动力的吸引仍有改善空间。

（三）农村劳动力状况难以适应乡村振兴需要

由于城镇化进程不断加速，许多高素质、有能力的年轻劳动力选择进城务工，导致农村人才流失严重，农村劳动力也进入总量过剩但结构失衡的阶段，老龄化严重、技能单一、文化程度较低使得农村劳动力无法满足乡村振兴的需要。实施乡村振兴战略，需要激发各类人才活力，特别需要种植养殖能手、农产品加工能手、农村经纪人、农技人员、非物质文化传承人等农村实用人才，返乡农民工来自农村，熟悉本地的语言、文化、地理环境等各种实际情况，又在外积累了一定的技术、经验和资金，成为助力乡村振兴发展的骨干力量。但农民工技能水平总体不高，取得职业技能资格证书和专项能力证书的农民工比例较低，其技能水平与高端制造业、新型建筑业、现代服务业、电子商务等行业需求还不相匹配。

三　对策建议

（一）合理利用大龄劳动力资源

一是发挥大龄劳动力的经验优势，鼓励聘请"土专家""田秀才"等具有丰富实践经验和技能的人才参与到农业生产和乡村治理中。二是引导企业

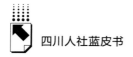

树立积极的劳动用工观念，提高大龄劳动力就业能力。完善消除"年龄歧视"方面的法律法规体系，针对大龄劳动力文化素质较低、异地转移难的实际情况，因地制宜开展培训。三是加强大龄劳动力权益保障。逐步推进"延迟退休"计划，通过完善社会保障制度以及提供健康体检、疗养服务等改善大龄劳动力生活质量和提高就业积极性。

（二）强化人才贡献的溢出效应

一是优化人才发展环境。加大对创新创业的支持力度，因地制宜完善人才合理流动机制，进一步增强各类人才对全省各地区、各领域的贡献。二是全面加大公共教育投入力度，推进职业教育和在职培训，强化校企合作共建。三是促进科技成果转移转化，促进人才资源、科研成果落地，鼓励新旧产业融合转型，支撑产业高质量发展。四是创新政企合作推进区域创新人才集聚新模式，鼓励各类人才创新，创造公平竞争环境。

（三）强化成都辐射带动作用

推动区域协同发展。发挥成都市龙头城市的引领作用，促进成都市三圈层区（市、县）积极承接中心城区产业外移，主动与德阳市、眉山市、资阳市强化产业合作。成都市三圈层进一步加大基础设施建设力度，主动担当成都市中心城区与德阳市、眉山市、资阳市的桥梁和纽带，提升城区劳动力吸引力，通过增加内外部区域的融合发展水平提高人口综合承载能力。促进成都市中心城区优质公共服务资源进一步向周边辐射延伸，促进成都都市圈协同发展。

B.5
达州市高校毕业生就业现状研究报告

李兴海[*]

摘　要：　就业是最基本的民生，是社会稳定的关键。高校毕业生是宝贵的人才资源，促进高校毕业生就业事关民生福祉和国家未来。本文以达州市为例，试图探索市域视角下促进高校毕业生就业的实现路径。通过对达州市高校毕业生就业现状的分析和研判，提出了"强宣传、强指导、强服务、强技能、强带动"五大路径推动达州高校毕业生实现高质量充分就业，着力缓解就业压力、兜牢民生底线，为推动四川经济社会高质量发展提供重要人才支撑。

关键词：　高校毕业生　就业　人才支撑　达州

习近平总书记高度重视高校毕业生就业工作，2022年6月在宜宾学院考察时强调，要进一步挖掘岗位资源，做实做细就业指导服务，学校、企业和有关部门要抓好学生就业签约落实工作，尤其要把脱贫家庭、低保家庭、零就业家庭以及有残疾的、较长时间未就业的高校毕业生作为重点帮扶对象。习近平总书记的殷殷嘱托和深切关怀，为做好高校毕业生就业工作指明了方向、提供了遵循。近年来，全国各地高校毕业生人数急剧攀升，2023年四川省及达州市高校毕业生数量分别达62.8万人、4.56万人，分别同比增加约7万人、0.4万人，总量和增幅均创历史新高，加之就业结构性矛盾、毕业生就业观念等因素影响，高校毕业生就业面临巨大的压力和挑战。

---

* 李兴海，四川省达州市就业服务管理局局长。

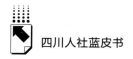
如何破解高校毕业生就业困局成为当前一项重要课题。本报告结合达州实际，调查分析了在达州 3 所高校毕业生就业意向、创业意愿、存在问题等情况，深入探究问题原因，提出了相应的对策建议。

一　达州高校毕业生就业创业现状

根据达州市招生办公室统计，2023 年，达州市毕业生总量创历史新高，达州籍高校毕业生 4.56 万人、同比增长 11.2%，3 所在达州市高校毕业生 1.17 万人、同比增长 6.37%，其中，四川文理学院 4049 人、达州职业技术学院 5110 人、达州中医药职业学院 2619 人，达州高校毕业生就业创业呈现"三多四低两难"的特点。

（一）"三多"特征明显

一是毕业生总量增多，就达州市 3 所高校而言，2023 届毕业生总数达到 11766 人，比 2022 年应届毕业生总数增加 759 人、增长 6.37%；截至 2023 年底，达州籍应届毕业生到市人才交流中心报到登记人数近 2.7 万余人，比 2022 年新增 1642 人。二是考公考编的人数增多，2023 年参加达州市招录招聘的人数近 6 万人，较去年新增 5000 余人；3 所高校学生就业打算考公考编人数为 3600 余人、约占 31%。三是离校未就业人数增多，从数据统计结果看，2023 年离校未就业毕业生人数累计达到 9759 人，比上年新增 235 人。

（二）"四低"特征凸显

一是初次就业稳定率低。3 所高校应届毕业生离校前初次就业率达 88.57%，但短时间内更换单位或离职的毕业生，占初次就业的 42.5%。二是创业人数少。从数据统计结果看，3 所高校的大学生参加创业培训的比例达 12%，但在 2023 年报到的 2.7 万余名毕业生中，成功创业的大学生仅有 352 人，仅占毕业生总数的 1.30%。三是职业指导师资人数少。3 所高校虽然开展了职业生涯规划、职业测评、自我认知等课程，但课程开设较少，且师资队伍力量严重不足。据了解，高校职业指导师资队伍人数仅占学院授课教师总数的 2%。四是基层服务岗位就业人数少。大学生渴望到大城市发展，选择到乡镇基层服务岗位就业的人数很少。据统计，2023 年发布"西部志愿者""三支一扶""特岗教师"等城乡基层专项岗位 500 余个，愿意到基层岗位就业的仅占 67%，部分偏远地区的基层岗位"招人难"。

（三）"两难"特征突出

一是考公考编难。2023 年，达州市机关事业单位招录岗位 3890 个，报考人数 6 万余人，参考人数与录用人数的比为 100：6，呈现出"千军万马过独木桥"的态势。二是专业对口难。部分高校专业课程设置与市场需求联系不紧密，导致部分毕业生"毕业即失业"。从达州职业技术学院毕业生就业情况的调查结果看，与市场需求适配度高的专业毕业生就业率高，比如：建筑业专业毕业生，就业率达到 70% 以上；机械制造、人工智能等专业毕业生，就业率达到 40% 以上。与市场需求适配度低的医疗卫生、教育类专业毕业生就业困难，比如：临床医学专业毕业生就业率仅为 15%，护理专业毕业生就业率不到 8%，英语教育专业毕业生就业率不到 5%。

二　达州高校毕业生就业面临的问题和挑战

当前，达州市高校毕业生就业过程中所面临的问题和突出挑战，主要表现在以下几个方面。

（一）就业结构性矛盾依然存在

从大学生就业区域选择看，50% 以上的高校毕业生更愿意到成渝地区，以及广州、福州等东部沿海发达城市，造成发达城市人力资源供大于求。高校毕业生就业区域选择趋同，是导致就业"内卷"的重要因素。从大学生技能水平看，高校毕业生普遍存在实践能力弱的现象，尤其是欠缺一技之

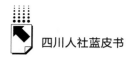

长，与劳动力市场需求不相匹配。高校毕业生技能水平错位，导致就业结构性矛盾突出。从大学生求职预期看，高校毕业生大多期望找到一份"体面"工作，薪资待遇要求 8000 元以上的毕业生占 37%，然而随着经济下行压力加大，部分行业面临市场收缩，企业用工需求减弱，很多毕业生在求职过程中屡屡碰壁，"高不成低不就"现象明显。

（二）部分专业与市场需求适配度不高

高校部分专业设置不科学，没有及时深入市场调研，同时部分专业更新调整不及时，导致专业设置与市场需求脱节。专业扩招带有盲目性，市场需求瞬息万变，部分专业"冷热"交替，高校招生计划容易导致毕业生人数与岗位需求数脱节。招生与就业考核机制不健全，虽然大多数高校都设置了招生就业处，但职业规划、职业指导等专业人员总体偏少。有的高校制定了招生考核激励机制，而没有制定行之有效的就业考核机制，"重招生、轻就业"现象突出，导致招生与就业工作脱节。

（三）"缓就业、慢就业"观念长期存在

当前，部分毕业生存在"缓就业""慢就业""不就业"现象。近年来，全国研究生报考人数逐年递增，2023 年有 474 万名毕业生考研，比去年增加 17 万人。部分家长和学生认为学历高就业机会大，并且大多数毕业生都是独生子女，家庭负担较轻，所以鼓励孩子考研。同时，高校毕业生"求稳"心态加剧，普遍认为机关事业单位工作轻松、待遇好、福利高，存在"一心备考""长期准备"现象，导致毕业生长时间未能就业。此外，部分毕业生家庭就业期望过高，不愿看到自己打工挣钱送子女读书再次培养出"打工仔二代"，其本人不愿到薪酬待遇低、发展规模小的企业（单位）就业，"缓就业""慢就业"现象明显。

（四）高校毕业生创业信心不足

据了解，在校大学生创业意愿很强，但缺乏创业信心。调研显示，2023

年在达州 3 所高校有创业意愿的大学生占比达 56%，而实际创业的仅占 3%，90% 以上的大学生担心创业失败。同时，大学生对创业的认识范围比较狭窄，仅仅局限在创意产业、零售业和 IT 行业，加上普遍缺乏创业资金、信息咨询等资源，创业失败率较高。此外，很多高校基本没有建立创业风险分摊机制，风险由创业者自己承担，加之大学生创业经费大多来自父母，导致创业意识不强，实际创业的毕业生就更少。

三 促进达州高校毕业生就业的对策建议

解决达州高校毕业生"就业难"问题的对策措施，主要有以下几个方面。

（一）进一步加强就业创业政策宣传

大力宣传就业创业政策。围绕就业帮扶、创业扶持、技能培训、助企纾困、就业指导等内容，编制政策宣传"口袋书""明白卡"，通过走村入户、入园进企等方式，全面宣传政策文件，开展人社政策待遇"看得懂算得清"解读，把政策红利及时推送给服务对象。积极探索打造新媒体宣传平台，开通抖音号、微信视频号，充分利用短视频传播速度快、传播半径大、信息容量大的传播优势，开展就业宣传。依托人社官网、公共招聘网、微信公众号等本地媒体平台，宣传就业创业工作。积极开展对外宣传，深度挖掘人社业务工作新闻宣传点，大力宣传就业创业工作经验做法和亮点成效，多角度、多形式展示达州就业创业服务工作。

（二）进一步提升公共就业服务能力

紧紧抓住"创建全国公共就业创业服务示范城市、申报全国公共就业服务能力提升示范项目"契机，推进公共服务体系建设标准化、重点群体就业创业集成化、技能人才培训培养品牌化、就业创业服务平台智慧化，全面提升就业创业服务水平。加强基层公共就业创业服务平台建设，完善

"中心服务站、片区服务点、就业服务信息员"三级服务体系，推进"就业服务超市""家门口就业服务站"等载体建设，探索打造就业招聘专业化直播站和标准化职业指导工作室。健全重点企业用工常态化服务机制，聚焦重点群体、重点时段，依托公共招聘网等平台，精心组织开展春风行动暨就业援助月、民营企业招聘月、百日千万网络招聘等"10+N"线上线下公共就业服务专项活动，促进高校毕业生早就业、快就业。

（三）进一步加强公共就业服务指导

深化与教育部门的合作，加强对高校毕业生等青年群体就业观念引导，建立大学生求职生涯规划与就业指导服务体系，确保有需要的大学生都能及时得到全方位就业指导。加强就业实习实践，把就业实习实践纳入人才培养方案，促进更多毕业生通过实习实践实现就业。强化职业生涯教育，开好职业生涯规划课程，举办形式多样的职业生涯规划赛事，激发毕业生职业兴趣，树立职业意识。建好就业指导师资库，打造专兼结合的就业指导教师队伍，开展高校辅导员职业指导培训，深入街道、社区、就业帮扶点等地，向高校毕业生提供职业生涯规划和就业指导服务，帮助他们树立科学就业观念。

（四）进一步提升大学生技能水平

充分发挥职业院校、公共实训基地和各类职业培训机构作用，建立"政校联合"培训机制，重点向高校毕业生倾斜职业培训优惠政策。围绕青年就业急需、产业升级急用，开发实用性强的培训项目和课程，开放公共实训基地等培训资源，并结合国家职业技能标准、高校毕业生就业意愿和培养需求，开展"订单式""定向式"职业培训。开展"百场职业技能培训进校园"活动，支持和鼓励学校自主培育高技能人才，促进更多高校毕业生取得"学历证+技能等级证"。积极动员大型企事业单位提供更多见习机会，增加政府投资项目、科研项目等领域见习岗位数量，帮助高校毕业生增强求职竞争力。

（五）进一步释放创业带动就业倍增效应

充分利用大数据，建立创业数据库，采取"点对点、一对一"上门服务方式，确保创业补贴、创业吸纳就业奖励、创业担保贷款等政策落地落实。全力打造国家级、省级创业孵化载体，鼓励建设全国和省级创业孵化示范基地 8 家，组织认定市级创业孵化基地 26 家、"天府微刨园" 15 家，健全完善市、县、乡三级创业体系，鼓励更多群体在"家门口"创业。大力举办"天府杯""创梦天府""创业蜀你行"等创业活动，搭建创业成果展示、品牌推广、投融资对接平台。鼓励举办创业项目推介会、创业训练营、创业沙龙、创业实训等活动，丰富创业活动内容，营造浓厚创新创业氛围。

B.6
协同视角下高质量充分就业路径研究报告

邹传红　龙承春*

摘　要：　目前，我国就业形势保持总体稳定，但仍存在技术工人短缺、生产工人难招、招工难与就业难并存的结构性矛盾等导致的就业压力问题。本文从协同视角出发，从政策协同合力"稳就业"、产业协同增容"扩就业"、政校企协同提质"促就业"三大路径，设计二十六条对策建议，以应对经济增长压力、产业转型升级、技术进步冲击、就业观念及新业态等对就业的影响，为助推高质量充分就业提供决策参考。

关键词：　高质量充分就业　协同化　结构性矛盾

　　党的二十大报告指出："就业是最基本的民生。强化就业优先政策，健全就业促进机制，促进高质量充分就业。"2020年以来，随着稳就业的一系列政策落地见效，我国就业形势保持总体稳定，但也应看到，2023年，我国高校毕业生数量将达到1158万人的历史新高，四川省将确保达成城镇新增就业85万人以上、脱贫劳动力就业220万人的目标，就业压力依然存在；技术工人短缺、生产工人难招，招工难与就业难并存的结构性矛盾依然突出。经济增长压力、产业转型升级、技术进步冲击、就业观念及新业态等对就业的影响，需要人社部门更加系统化、协同化、多元化研究就业问题。因此，本文从协同视角设计了"1326"高质量充分就业路径，"1"是指围绕促进高质量充分就业这一目标，"3"是指政策协同合力"稳就业"、产业协

---

　　* 邹传红，自贡市人力资源和社会保障局党组书记、局长；龙承春，自贡市科技局副局长。

同增容"扩就业"、政校企协同提质"促就业"三大路径,"26"是指实施路径下的二十六条举措。

一 政策协同合力"稳就业"路径

通过供给型政策、需求型政策、环境型政策三大政策工具协同实施来合力稳就业。供给型政策提高劳动者求职就业能力。培训是实现人力资本增值的重要途径,可提升人力资源的供给质量。一是发挥职业技术院校培训优势,支持职业技术学院积极服务地方就业,加强培训资源共建共享,引进企业的高管人员、高级专业技术人员、高级技师担任专兼职教师,围绕地方产业用工需求,开展特色技能培训、订单式培训和各类短期技能培训。二是实施企业职工项目制培训,以地方重点产业领域的企业和园区作为培训主体,组织开展本企业、本园区职工技能培训、岗位练兵培训、技能竞赛培训,提高培训的针对性和有效性,政府按培训项目给予补贴支持。三是推行企业新型学徒制培训,由企业与职业技术院校采取"双师带徒、工学交替"模式共同培养学徒,对其进行系统性、有针对性的专业知识学习和相关技能训练,培养符合企业需求的中高级技术工人。

需求型政策增强市场主体吸纳就业能力。发展市场主体方能增加对人力资源的需求数量。一是激发市场主体活力,实施援企稳岗、减税降费、以工代赈政策,探索对新吸纳就业的中小微企业给予无息贷款、信用贷款、延期还本付息等金融政策支持,对于入住园区的给予一定的房租补贴。二是创造更多创业机会,向创业初期的企业和个人免费开放使用国家科研平台、科研仪器设施、高校实验室、研究报告、科研数据,提供创业担保贷款,探索在中省财政专项资金中,专门针对地方财力弱的地区设立创业投资引导基金。三是开发科研教学助理岗位,引导高校院所和央企合理设置新的科研助理岗位,探索在"师生比"偏低的高职院校设置教学助理岗位,更大限度吸纳本科毕业生就业。

环境型政策提升政府公共就业服务能力。公共就业服务是政府稳就业、

促就业的重要手段。一是打通就业服务"最后一公里",在高校、园区、社区、乡镇设置就业专员岗位,加强信息对接和就业指导服务,就业公共服务部门及时搜集和掌握毕业生情况,网上开辟"高校毕业生招聘专区",定期开展企业进校园招聘活动,常态化开展线上线下招聘。二是开展就业困难人员的重点帮扶,建立台账,深入摸排就业困难人员意愿和能力素质情况,制定个性化就业援助措施,组织参加技能培训,开发公益性岗位兜底安置,确保零就业家庭动态清零。三是加强灵活就业人员的权益保护,在社区建立灵活就业人员工作驿站,驻外建立"劳务输出服务港",搭建信息交流平台,加强社会保险、劳动关系等方面的政策咨询和指导服务,加大劳动监察力度,严厉打击薪资拖欠行为和违规违法劳务派遣。

二 产业协同增容"扩就业"路径

实施就业"扩、增、拓"策略,三次产业协同发展来增加就业岗位扩就业。

现代制造业扩大就业范围。制造业用工需求较大,与招工较为困难并存,结构性就业矛盾表现得尤为突出。一是加大制造业用工保障力度,在工业发展资金中设立制造业人才专项资金,用于制造业高端人才引进、急需紧缺技能人才社会化培训、企业招工补贴。二是引导重点项目吸纳就业,实施项目清单制度筛选确定以工代赈的重点项目,按照工业项目资金和技改资金的一定比例,设定就业困难人员吸纳指标。三是增强制造业就业吸引力,推动传统制造业转型升级和延链补链强链,培育链主企业吸引配套企业落户,开发更多的产业技术技能岗位。

现代服务业增加就业容量。服务业的就业岗位多、吸纳和带动就业能力强。一是大力发展社区服务业来增加就业岗位,培育家政、育婴、养老护理、病人陪护等技能人才,在人口老龄化程度较为严重的城市大力发展医疗康养产业,既可增加大量就业岗位,又能满足潜力巨大的社区服务需求。二是促进文、旅、农、教、体融合发展来开发就业岗位,结合传统民俗文化特色,开发创意文化旅游、健康旅游、乡村旅游、研学游、亲子游、夜间游、沉浸游、体验游等。三是打造一站式消费目的地来创造就业岗位，整合地方服务业和文旅业特点，发展地摊经济、夜间经济，开发餐饮美食、商圈购物、休闲娱乐、舞台艺术、文体演出、技艺表演、会展商务、工艺展示等岗位。

乡村振兴拓宽就业渠道。数量庞大的农民工是重要的就业群体，乡村振兴可拓宽农民就业和增收渠道。一是开展"良雁留巢"计划，促进农民工就地就近就业，加快现代农业园区建设，发展特色农产品种植养殖、农产品深加工、电子商务平台，发展县域经济、壮大农村集体经济，提高农民增收收入，提升农民工在本地就业意愿。二是开展"归雁返巢"计划，吸引农民工返乡创业就业，建设返乡创业基地（园区），对返乡创业重点项目给予财税和金融支持，达到预期经济效益指标的，给予一定奖补。

三　政校企协同提质"促就业"路径

通过政府公共服务平台建设、市场化就业服务、职业教育发展，构建政府主导、社会参与的多元化就业服务体系，打造"政府+学校+企业"协同提质模式来促就业。

公共服务平台促进精准匹配就业。公共就业服务平台是促进劳动力市场供需匹配的重要载体。一是加强公共就业服务平台建设，整合政府、院校、园区、企业等优质资源，高质量建设公共实训基地、创业孵化基地、高技能人才培训基地、技能大师工作室、数字化就业公共服务平台，为产教融合、创业就业、职业培训、供需匹配与远程招聘做好支撑。二是加强区域间的就业供需协同，搜集成渝地区双城经济圈、劳务协作地区的各高校和职业院校的人才供给信息，摸清各地重点产业发展的岗位需求，绘制区域就业供需地图，开展区域性校园招聘活动，实现区域间的求职者供给与各地重点产业需求的精准匹配和充分就业。三是加强人力资源市场和零工市场建设。支持在高新技术产业园区、经济开发区新建人力资源市场，在产业园区、项目集中区、交通便利区域建设覆盖全域的零工市场与零工驿站，建立数据开发与共

享利用机制，打造集"智能招聘、远程面试、网络培训、人才服务、业务办理、信息监测"于一体的专业化和数字化的线上人力资源市场，提高就业供需智能化匹配水平。

职业教育促进更高质量就业。解决结构性就业矛盾的重要途径就是大力发展职业教育，完善现代职业教育体系。一是支持中职和技工教育，引导学生及家长转变就业观念，围绕地方重点产业发展需求，优化调整招生专业，开展定向培养、委托培养机制，深入农村初中学校招生，鼓励用工企业给予委培学生一定的学业补助，培养有技术的产业工人和技能人才。二是大力发展高职教育，推动部分地方普通本科高校向应用型大学转变，支持技师学院（校）创建高职学院，宣传和推进"3+2"中高职贯通培养模式，"专升本"面试中增设技能课程考试，大力培养高技能人才和应用型人才。三是探索发展硕博士层次的职业教育。扩大专业硕士和专业博士学位招生规模，并定向投放一定比例的招生指标给应用型大学本科毕业生，全线打通"中职—高职—应用型本科—专业硕士—专业型博士"的应用型人才培养通道，着力培养高层次技术技能人才和"大国工匠"。

市场化方式促进更加充分就业。通过市场化方式为劳动者提供更加个性化和精准化的就业服务，能够最大化提升劳动者与岗位匹配的效率。一是大力发展人力资源服务业，支持经营性人力资源服务机构开展劳务派遣、招聘、培训、人员素质测评、猎头服务、人力资源管理外包、管理咨询与技术服务，为求职者提供精准化、个性化、定制化就业指导服务，对促进社会化就业成绩突出的机构，予以表扬和政策奖补。二是建设区域性人力资源服务产业园，按照四川省人力资源服务产业体系"一核两翼"总体布局，协同创建国家级区域人力资源服务产业园，聚集产业、孵化企业、服务就业，实现区域间横向协同和市、县、乡纵向协同，促进劳动力顺畅流动和就业扩大。三是成立国有人力资源服务公司，发挥行业引领示范作用，更好地服务重点企业用工需要，深化区域劳务协作，培育"川字号"特色劳务品牌，提升劳务输出组织化程度与精准对接水平，扩大农民工就业规模，形成对公共就业服务的有力补充。

人事人才篇

B.7
四川省流动人员人事档案管理服务现状及对策研究报告

张晟杰*

摘　要： 流动人员人事档案是人事档案管理的一部分，也是人力资源管理的一个重要环节。各级公共就业和人才服务机构对人事档案进行统一标准化管理，为企业和个人提供相应的服务，可让用人单位更好地了解员工的情况，为员工提供更好的发展机会和福利待遇，同时促进人才便捷流动，高效服务经济社会发展。本文以四川省为例，分析了当前流动人员人事档案管理的现状、存在的问题和薄弱环节，提出了优化流动人员人事档案管理服务的针对性对策及建议，期望能够借助流动人员人事档案的制度化、规范化、信息化管理和建设更好地促进人才有序流动、相互交流，进一步提升人才素质，提升企业核心竞争力，推动经济社会高质量发展。

关键词： 流动人员　人事档案管理　信息化　四川省

---

* 张晟杰，四川省人才交流中心档案部副部长，专业技术十级。

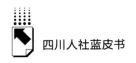

党中央高度重视人事档案管理工作，各级党委（党组）及其组织人事部门始终把人事档案作为我们党创造的独特财富，作为新时代党的重要执政资源，作为建设高素质专业化干部队伍的重要基础，不断加强改进，取得了显著成效。流动人员人事档案是国家档案和社会信用体系的重要组成部分，是党和政府联系服务人才的重要载体。同时，流动人员人事档案作为流动人员学习、工作及成长的原始记录，体现了流动人员的思想品德、综合能力、工作作风、业绩成果及个人特长等情况，反映了流动人员的综合素质，是用人单位选人用人的重要依据。另外，流动人员人事档案是流动人员参与社会劳动的准入证，关系到流动人员进入用人单位后的工龄认定、薪资确认、职务晋升、职称评聘等多方面利益，对于流动人员参加公务员考试、出国发展、学历深造、工作调动、加入党组织以及办理社会保险等都具有重要作用。加强流动人员人事档案管理工作，健全完善流动人员人事档案管理服务体系，对于促进人才资源顺畅有序流动，更好地服务人才强国战略和就业优先战略的实施具有至关重要作用。

一　流动人员人事档案管理现状

（一）流动人员人事档案管理服务体系日益完善

建立了统一服务系统。根据四川省人才交流中心统计，2017年，四川省着手开发建设流动人员人事档案管理服务系统（以下简称档案管理系统），2019年7月正式上线全省运行，使用范围覆盖21个市（州）的183个县（市、区），涉及195个公共就业和人才服务机构。全省人才中心上下联动，初步实现流动人员人事档案管理六项公共服务事项省、市、县三级"一网通办"，形成"流程统一、服务统一、数据共享、方便快捷"的流动人员人事档案管理服务体系，为全省流动人员人事档案管理服务持续优化奠定了坚实基础。明确了统一服务流程。四川省人才交流中心以群众需求为主导，按照"一次办""零跑路"要求，加强顶层设计，统筹规划省、市、县三级流动人员人事档案管理服务内容，明确六项清单事项、服务标准，推动档案数据向上集中、服务向下延伸；大力推进"打包办""一次办""即申即办"服务模式，简化办事流程、减免证明材料，着力打通流动人员人事档案公共服务"最后一公里"，进一步方便办事群众少跑路、不跑路。实现了全省数据共享。档案管理系统依托金保网，采取档案数据信息省级集中、互联共享、全省通查模式建设，实现了全省流动人员人事档案管理服务大数据动态统计管理。目前，流动人员人事档案管理公共服务平台可从互联网端、"四川人社"APP、"四川人才"微信公众号、四川人才网以及四川省人力资源和社会保障厅官网"五大平台"直接登录，实现了多渠道登录、全省通办，为全省经济发展、招才引智等提供了数据支撑，为人才工作决策提供了重要依据。

（二）流动人员人事档案管理服务水平不断提升

规范服务标准。2022年以来，四川省人才交流中心大力推动流动人员人事档案管理服务标准化建设，制定服务标准化目录、办事指南、操作手册等并在全省推广，进一步细化和明确流动人员人事档案管理公共服务事项，优化简化"档案接收""依据档案出具相关证明"等业务操作流程，明确提出"能使用经办系统传输关键数据或其他渠道查询个人信息的，不再需要提交纸质证明材料；能使用网上业务大厅认证个人信息的，不再需要现场认证"要求，确保全省服务标准规范统一。

推进区域协同。川渝两地流动人员人事档案管理部门积极融入、服务成渝地区双城经济圈建设国家战略，共同制定流动人员人事档案管理标准化目录、标准化基本要素表以及标准化办事指南，并在两地官网、平台进行公开，推动两地流动人员人事档案管理线上线下标准化同步进行，两地"档案的接收和转递""依据档案记载出具相关证明""档案材料的收集、鉴别和归档""档案的整理和保管"四项业务已实现网上办理。

开展常态培训。四川省人才交流中心针对全省公共就业和人才服务机构

档案工作人员变化快、流动性大等特点，结合人事档案管理工作新形势、新要求，每年至少组织开展一次公共服务业务标准化规范化集中培训工作，疫情期间线上培训也没有断线。同时，采取督促市、县结合实际自主组织开展培训、微信群业务交流等方式，积极营造学标准、用标准、规范服务的浓厚氛围。

（三）川渝流动人员人事档案管理"跨省通办"初步实现

开展试点探索。近年来，四川省人才交流中心认真贯彻党中央、国务院和省委、省政府推动成渝地区双城经济圈建设重大战略部署，在省人社厅党组直接带领下，紧紧围绕人社部"跨省通办"服务要求，以成都、重庆为核心，先行先试，全面推进流动人员人事档案管理"川渝通办"，目前取得积极成效。

深化沟通协作。针对川渝两地群众办事异地跑、来回跑等难点、堵点，两地有关部门强化沟通协作和业务协同，增强合力，不断提升"跨省通办""川渝通办"成效。2022年，完成"四川省流动人员人事档案系统"与人力资源和社会保障部跨省通办平台对接，全年办理跨省通办业务1100余件，办件量超全国总办件量50%，位居全国第一；同年对"川渝通办"事项网上业务流转、调档函信息传递等形式进行明确与统一，约定川渝两地流动人员人事档案转递时，金保网档案管理系统内只传递调档函内信息，不生成有电子签章的电子调函或纸质调档函，避免了两地办事群众重复提交相关资料，提高了办事效率。

加速数据共享。两地利用成渝地区双城经济圈建设战略契机，签订了《协同推进流动人员人事档案公共服务事项跨省（市）通办合作备忘录》，全力推动流动人员人事档案"跨省通办""川渝通办"。两地之间以数据共享支撑流动人员人事档案公共服务跑出了"加速度"。截至2023年7月，川渝两地流动人员人事档案互转3.3万卷；提供档案查询及依据档案记载出具证明服务4.1万人次，为开展省际公共人才服务协同做出了良好示范。

二 流动人员人事档案管理存在的问题及薄弱环节

（一）流动人员人事档案信息化建设需进一步加强

信息化基础设施建设不均衡。由于区域间经济发展差异，流动人员人事档案管理基本公共服务在不同地区之间信息化基础设施建设很不平衡，成都平原经济区、川南经济区信息化基础设施建设相对完善，川东北经济区、攀西经济区、川西北生态经济区信息化建设相对不足。另外，档案管理场所有限、库房管理条件不足，无整理室、查阅室等情况普遍存在，基础设施建设落后，导致信息化资源共享不足、公众办事体验差。信息化建设技术人才分布不均衡。信息化建设是一个综合性工程，包括软件开发、网络管理、数据库管理、信息安全、数据分析等。大多数既懂技术又懂业务的复合型人才集中分布在成都等经济较发达地区，阿坝州、甘孜州、凉山州等经济欠发达地区缺乏既懂技术又懂业务的复合型人才，进入人事档案管理领域的复合型人才更少，制约了流动人员人事档案信息化建设的进程和质量。档案数字化工作开展不均衡。流动人员人事档案数字化管理具有查阅灵活、持久保护、管理安全等特点。目前，全省档案数字化能力不足，经济发达地区数字化比率较高，经济欠发达地区数字化推进滞后，全省除成都、攀枝花、德阳、绵阳、广安、雅安、甘孜等 7 个市（州）市本级已经开始或完成流动人员人事档案电子化外，其他市（州）、县（市、区）均未开展档案电子化工作。

（二）流动人员人事档案"跨省通办"能力需进一步提升

档案管理系统使用功能模块有待完善。全省流动人员人事档案系统在2018 年建成使用以来，极大提升了四川流动人员人事档案管理服务效率和水平，但针对流动人员人事档案管理服务工作的新形势、新变化、新特点，档案管理系统功能的拓展应用亟须完善升级，"档案查（借）阅服务""提供政审服务"等"跨省通办"业务还需进一步优化改进。

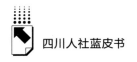

数据共享效率有待提升。随着"川渝通办""跨省通办"过程中数字档案、业务经办材料等产生的数据日益增加,数据传输速度变慢、金保网和党政网数据交换不顺畅等问题日益凸显,优化存储和共享方式,进一步提升数据共享效率显得尤为重要。

档案管理系统分析统计功能有待提高。在流动人员人事档案管理"川渝通办""跨省通办"中,一方面,对博士、硕士等高层次人才高频办理事项、流动去向、流动原因等情况统计不清,对其就业及行业分布情况掌握不够,档案管理系统指标统计功能有待进一步完善;另一方面,对"跨省通办"中高频办理事项、人员流动情况等指标缺乏形象的图表展示,档案管理系统的自动数据分析功能有待提升。

(三)流动人员人事档案管理保障力度需进一步加大

经费支持不足。从全省2021~2023年档案经费保障投入看,除乐山、广安、雅安、甘孜无经费保障外,其他市(州)均有经费投入,不过投入差异性较大,有些逐年递增,有些逐年递减,如成都、泸州、绵阳等逐年递增,阿坝、攀枝花逐年递减,资阳、凉山州多年保持不变。大多数地方反映经费不足,无法进行档案整理装订和基础信息采集;很多地方还反映缺少相应的标准化档案管理库房,制约数据资源效益发挥。

人员保障不足。人员保障是流动人员人事档案管理最基本的保障。城市规模有大小、区域经济有差异、管理任务有轻重,但流动人员人事档案管理参照干部人事档案管理相关规定,每1000卷档案应当配备1名专职工作人员。按此测算,全省流动人员人事档案超500万卷,需5000多名专职档案管理人员。目前,全省从事流动人员人事档案管理人员仅109人(在编56人,聘用53人),占所需名额2%不到,档案管理专职人员异常匮乏。

政策宣传不足。一方面,宣传方法上还主要依靠传统宣传方式,如咨询台、宣传栏、告示栏等,方式方法老旧缺乏吸引力;另一方面,没有充分发挥新闻媒介和新媒体作用,缺少新闻报道、报刊、电视广播、微信、微博等宣传。近年来，高校毕业生自带个人档案的问题频出，既有缺乏有效监管的原因，面向高校毕业生等重点群体的宣传不够也是重要原因。

（四）流动人员人事档案管理探索创新需进一步加强

特殊群体人事档案管理有盲区。全省97%的市（州）存在高中及中等职业教育毕业生、高中以下的留学生、退休及死亡人员、技师院校毕业生申请存档情况，但目前没有明确的文件规定这些人员的档案保管机构，政策制定有盲区，管理规范需进一步创新。

数据安全意识薄弱。在大数据时代，人们对数据共享有了更高的需求，但在数据传输处理过程中若安全不到位，极易导致个人信息泄露，甚至危害国家安全。目前可持续的数据共享模式还在四川省未成为主流，数据安全性和隐私性强化、数据分享方合法权益保护等数据共享规范化方面需进一步加强。

数字化档案利用率较低。档案数字化后，有利于降低管理成本、提高工作效率、保护档案原件等。从全省已完成流动人事档案数字化的市（州）来看，数字化档案利用率较低、应用模式单一，对经济社会发展促进作用发挥不足等现象突出。目前流动人员人事档案主要在各人才交流中心之间转递，业务也停留在政审、依据档案记载出具相关证明等基础服务上，与社会保险等服务机构未实现数据共享，数字档案利用率较低。另外，档案利用意识薄弱、档案利用方式落后、档案服务主动性不强等问题亦普遍存在。

三　优化流动人员人事档案管理的对策建议

（一）加快推进流动人员人事档案管理服务系统升级，进一步提升服务能力

加快系统功能模块改造。围绕疏通人才服务领域堵点、破解群众聚焦的痛点，结合六项公共服务事项和"一件事一次办""我为群众办实事""川

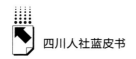
渝通办""高校毕业生档案转递"等要求,以注册集成协同平台的接口服务为基础,升级档案查询、档案接收与转递、出具证明、查(借)阅、政审(考察)、材料补充等业务接口,加强与一体化平台、国家平台的对接,实现功能模块升级改版,全面升级视觉效果,让服务对象申办更高效、更简便,提升群众办事满意度和获得感。新建数字档案阅档系统。目前,上海等经济较发达城市已实现与社保经办部门通过查阅数字档案办理社保相关业务,而四川数字档案查(借)阅还停留在线下实物档案所在机构查阅阶段,单位查(借)阅须前往实物档案管理机构查阅。新建数字档案阅档系统,可提高数字档案利用效率,避免实物档案借还中的安全隐患,实现公共就业和人才服务机构跨区域查档、跨省查档,促进人才跨区域流动、跨省流动。优化数据统计分析功能。随着国家教育制度改革,未来职业技能人才将不断增多,为服务经济的发展,对流动人员人事档案数字化的要求越来越迫切,对流动人才学历、就业分布等情况进行大数据统计分析势在必行,加快流动人员人事档案管理信息服务系统升级,增加分析指标,优化数据统计分析功能,可为全省经济社会发展提供人才支撑。

(二)稳步推进流动人员人事档案信息化建设,进一步提高服务水平

加强信息化基础设施建设。搭建必要的基础设施是人事档案信息化建设的关键,也是提升服务的保障。智慧库房建设中网络设备、服务器、操作系统等的选择和配置,既有利于业务流程的改进,加快信息传递和处理速度,降低人力成本,提高效率和质量;又可对数据进行分类、索引、分析和查询,从而得到有价值的信息和判断。加快信息化复合型人才培养。在流动人员人事档案管理信息化建设上,除成都外,大部分地区都缺乏既懂技术又懂业务的复合型人才,尤其是经济欠发达地区。针对这种情况,可考虑出台定向招录、定向培养等相关政策和措施,鼓励人才流动和培养,支持经济欠发达地区的流动人员人事档案管理信息化建设。同时,教育机构也可调整教育培养内容和模式,培养更符合市场需求、既懂技术又懂业务的复合型人才,有利于提高流动人员人事档案数字化及利用率,有效推动当地经济发展再上新台

阶。推进档案数字化建设。加强官网和公众号的网办、掌办功能是趋势。大力推行网上办、马上办，人事档案管理服务系统接入全国档案管理平台"跨省通办"模块，全省流动人员人事档案数字化迫在眉睫。加强档案数字化场所建设，做好档案整理、信息录入、材料扫描、图像处理、图像检测、入库验收等环节数字化加工，确保档案材料顺利有序扫描挂接，不丢失一页、不错扫一页、不错录一页。建立档案数字化常态机制，对日常增量档案及补充归档材料做到清晰动态管理，让档案数字化不断线、服务不断线、信息共享不断线。

（三）持续加强流动人员人事档案管理政府投入，进一步强化服务保障

加大资金支持力度。建立流动人员人事档案管理经费投入与经济社会发展同比例增长机制，从政策倾斜、平台倾斜、资金倾斜等方面，完善人才引进、培育、激励体系，加大财政保障力度，有效推进流动人员人事档案管理，提升流动人员人事档案服务和管理效能。加大人员保障力度。随着经济社会的发展，流动人员人事档案管理的重要性遍布社会生活的各个环节，人事档案具有其他任何材料不可替代的依据和凭证作用。目前，全省从事流动人员人事档案管理工作的人员匮乏，且兼职人员比例较高，事项管理不规范、力不从心等现象时有发生，进一步加强专职队伍建设，配齐配强符合档案管理数量的干部和人员，既可有效维护流动人员人事档案的真实性、严肃性，也可有效保障流动人员人事档案的管理服务质量。加大档案宣传力度。拓展宣传方式，丰富宣传内容，采取走进校园、定期开展线上或线下讲座、利用宣传日等走进社区等方式加强对流动人员人事档案管理政策宣传，让高校毕业生、人民群众充分了解档案的重要性以及毕业后档案的转交、转递、退休等相关政策，开启档案宣传工作常态化，确保人事档案事业有序发展。

（四）创新加强流动人员人事档案数据共享与利用，进一步提升服务质效

加快电子印章应用。相较于实体印章，电子印章具备电子化管理、安全

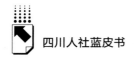

性高、高效便捷等优势，解决了纸质文件签章过程中的流程繁杂、异地签署不便、管理难、效率低、成本高、内容篡改、印章私用冒用甚至伪造等问题。电子印章启用后，流动人员人事档案各项业务办理可实现电子化，并且全程网办，真正实现群众"零跑腿"。建议大力推进电子印章的应用，推进"全程网办"，提高网上办事便利度，全面提升政务服务标准化、规范化、便利化水平，为优化政务服务网上办事流程提供强力支撑。深化数据协同共享。在"一网通办""互联网+政务服务"发展趋势下，数据实时共享和业务协同的需求越来越多。建立便捷的档案信息资源共享利用联动机制，有效解决纵横各部门、各系统之间"信息孤岛"、数据烟囱、重复建设等问题，打破各部门间信息壁垒，实现各部门的数据融合、业务协同、数据资产化，进而推动整个信息化建设进程飞速发展。采取授权使用等机制解决信息安全问题，建设安全、高效、精细分工的共享交换平台，形成政务信息资源共享交换体系，推动信息资源跨部门、跨层级共享共用，从而实现足不出户办理档案业务。打造档案利用新高地。充分发挥数字档案便捷优势，积极探索数字档案辅助行政审批业务的新模式，向全省社保中心等公共服务机构推广数字档案应用，进一步提升数字档案的服务层级。有效对接智慧政务、数字乡村发展，构建档案信息共享服务平台，实现档案利用"最多跑一次"。

B.8
四川省专业技术人才结构特征
与空间分布研究报告

赵华文 唐青 马杰 刘玥 杜云晗*

摘 要： 人才资源是经济社会发展的第一资源，创新驱动实质上是人才驱动。专业技术人才队伍作为人才队伍中的骨干力量，对推动经济社会发展和科技创新起着重要的支撑作用。四川是经济大省、人口大省、科教大省，经济的高质量发展离不开专业技术人才。为了解四川省当前专业技术人才的结构特征、空间分布情况和存在的问题，课题组收集了省内专业技术人才的相关数据，并在部分企业开展了抽样调查。经过调查发现，四川省专业技术人才从年龄、性别、学历、职称、类别、所有制等六个方面结构特征较为明显，其空间分布的特点也十分清晰。随后进一步分析了当前四川省专业技术人才发展存在的问题和原因，并提出了相关对策建议。

关键词： 专业技术人才 人才头雁效应 人才结构特征

四川是经济大省、人口大省、科教大省，经济总量位居全国第6位，经济社会高质量发展对专业技术人才的需求日益紧迫。但受经济发展不均、产业结构同质、人口分布失衡等影响，专业技术人才对全省现代产业支撑尚显

---

* 赵华文，四川省人力资源和社会保障科学研究所所长，长期从事劳动就业、农民工问题和社会保障等领域的理论研究和政策研究；唐青，四川省人力资源和社会保障科学研究所副所长，正高级人力资源管理师，主要研究方向为人口与就业、社会保险；马杰，四川省人力资源和社会保障科学研究所助理研究员，主要研究方向为劳动就业政策、人才发展；刘玥，四川省人力资源和社会保障科学研究所助理研究员，主要研究方向为社会保障；杜云晗，博士，四川省人力资源和社会保障科学研究所助理研究员，主要研究方向为人口与经济发展。

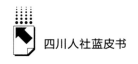

不足，人才头雁效应尚未形成。本文基于全省专业技术人才统计数据和企业专业技术人才抽样调查，对专业技术人才结构特征与空间分布情况开展了专题研究。

一　结构特征

（一）从年龄结构看，专业技术人才总体较年轻

四川全省45岁及以下专业技术人才占74.42%，是国家重大科技任务中"挑大梁""当主角"的重要力量。具体来看，35岁及以下的专业技术人才共185.32万人，占47.07%；36~45岁专业技术人才共107.69万人，占27.35%；46岁及以上专业技术人才共100.73万人，占25.58%。

（二）从性别结构看，女性专业技术人才略多于男性

专业技术人才男女人数分别为185万人和208万人，相对比例为1∶1.13，女性占52.95%。女性专业技术人才分布在所有专业类别中，除在船舶专业和民用航空飞行中占比较低，其他专业均占比较高，如高等学校教师、哲学社会科学研究、自然科学研究、卫生技术等领域中占比均超过一半。但问卷调查显示，企业中专业技术人才性别比例与总体趋势存在较大差异，企业专业技术人才中男性有14.17万人，占比74.51%，女性仅占25.49%。

（三）从学历结构看，专业技术人才以大学本科学历为主

全省具有博士学历的专业技术人才共4.4万人，占1.12%；具有硕士学历的共31.27万人，占7.94%；具有本科学历的人员数共214.96万人，占54.59%；具有大专及以下学历的人员数共143.11万人，占36.35%。调查结果显示，企业专业技术人才学历层次略低于全省总体水平，其中高中及以下学历的专业技术人才占19.81%，大专学历占26.94%，本科学历占46.69%，硕士学历占6.31%，博士学历占0.25%。

（四）从职称结构看，初级职称专业技术人才占比最高

全省具有技术职称的人员共 330.51 万人，占专业技术人才总人数的 83.94%。正高级专业技术职称人员数共 4.05 万人，占 1.03%；副高级专业技术职称人员数共 41.31 万人，占 10.49%；高级职称专业技术人才仅占全省专业技术人才总量的 11.52%。中级专业技术职称人员数共 135.13 万人，占 34.32%；初级专业技术职称人员数共 135.13 万人，占 38.10%。问卷调查显示企业专业技术人才层次结构类似，具有高级职称的专业技术人才占比 7.69%，中级职称占比 19.81%，初级职称占比 20.82%，无职称占比 51.67%。

（五）从类别结构看，技术类专业技术人才数量约占一半

全省专业技术人才共 28 个系列类别，分为研究人员、教师、专业人员、技术人员和其他人员五个大类，数量最多的为技术人员和教师队伍，其中技术人员占总量的近一半。

（六）从所有制结构看，公有制单位专业技术人才较为丰富

全省有 254 万专业技术人才分布在公有制单位，形成了丰富的人才储备。调查数据反映，国有、集体企业专业技术人才储备也非常丰富，共 15.57 万人，占抽样调查总量 81.90%；其次为民营企业 2.57 万人，占 13.54%；最后为外商投资企业 866 人，占 0.49%。

二　空间分布

（一）五大经济功能区专业技术人才总体差异较大，成都平原经济区优势明显

一是成都平原经济区专业技术人才数量最多。全省除省直部门外，

各市（州）级单位的专业技术人才总量为 381.93 万人，其中成都平原经济区专业技术人才 273.77 万人，占全省 71.68%，规模巨大；但排在第二的川南经济区，专业技术人才数量仅为 47.26 万人，占比 12.37%；川东北经济区数量略低于川南经济区，为 40.71 万人，占比 10.66%。攀西经济区和川西北生态示范区的专业技术人才数量分别为 14.72 万人和 5.46 万人，仅占 3.85% 和 1.43%，各经济区之间差距大。二是五大经济区专业技术人才分布不均衡。从职称层次上看，成都平原经济区高级职称人数最多，达 25.47 万人，但仅占本地区专技人员总量的 9.3%，在五大经济区中最低，未达到全省平均水平，人才结构有待进一步优化；川东北经济区高级职称人才数量为 6.99 万人，但其占比最高，达到 17.2%；而川西北生态示范区高级职称人才数量虽仅为 0.85 万人，但占比达到 15.6%，仅次于川东北经济区，一定程度上弥补了专业技术人才规模较小的不足。三是经济发展水平高的区域对专业技术人才吸引力更强。从全省总体情况看，公有制单位仍是吸纳专业技术人才的主体，公有制单位的专业技术人才占到绝大多数，为 61.85%。分区域来看，经济越发达地区，非公有制单位的专业技术人才占比越高，成都平原经济区高达 42.39%，川西北生态示范区仅为 1.35%，该地区的专业技术人才几乎都集中在公有制单位。

（二）成都平原经济区专业技术人才总量大，但呈现结构和规模"倒挂"特征

从专业技术人才规模来看，成都市专业技术人才规模最大，总数约为 218 万人，占整个成都平原经济区专业技术人才总数的 79.66%；其中，具有高级职称的专业技术人才为 17.37 万人，同样高于其他城市。从职称结构来看，成都具有高级职称的专业技术人才占比为 7.97%，低于成都平原经济区平均水平 1.33 个百分点，位居全区末位，呈现结构和规模"倒挂"特征。雅安市和遂宁市具有高级职称的专业技术人才占比分别为 18.60% 和 17.37%，分别位居成都平原经济区第 1 位和第 2 位，但以上两市专业技术

人才规模较小，分别位居成都平原经济区第8位和第6位，同样呈现结构和规模"倒挂"特征。

（三）川南经济区人才分布较为均匀，泸州市人才资源较为丰富

川南经济区中，泸州市专业技术人才规模最大，为13.70万人，拥有高级职称的专业技术人才占比为15.31%，人员规模和职称占比均位居第一。除内江市仅有9.64万名专业技术人才外，其余城市专业技术人才均超过10万人。川南经济区四个城市拥有高级职称的专业技术人才占比较低，总体约为13.75%。

（四）川东北经济区呈单极化趋势演变，"小而强"特点明显

川东北经济区五市中，南充市人才资源最为丰富，专业技术人才规模为10.71万人，显著多于其他各市。其中，拥有高级职称的人数占比为18.19%，位居第二。从其他各市来看，专业技术人才规模总量均低于9万人，但高级职称人才平均占比为17.17%，在各经济区中具有优势。

（五）攀西经济区人才分布不平衡突出，攀枝花市人才总量相对较少

攀枝花市专业技术人才规模约为4万人，仅为凉山州专业技术人才规模的37.28%。从职称结构来看，攀枝花市具有高级职称的人才占比为18.56%，比凉山州高4.99个百分点。

（六）川西北生态示范区人才资源匮乏，难以形成规模效应

阿坝州与甘孜州专业技术人才规模较小，分别约为2.55万人和2.91万人，尽管阿坝州拥有高级职称的专业技术人才占比为17.89%，但难以形成规模效应，人才作用发挥有限。

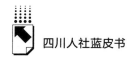
三　主要问题及原因

（一）主要问题

1. 专业技术人才对现代化产业体系支撑能力不足

现代化产业体系的建设需要人才队伍的支持，人才队伍既是科技创新的主体，又是成果传播与产业化的主体，特别是高层次、复合型专业技术人才对推动现代化产业体系建设具有重要作用。虽然当前全省专业技术人才队伍在数量上尚属可观，但是高层次人才还难以支撑现代化产业体系建设。抽样调查结果显示，专业技术人才的能力素质还难以达到用人单位的要求。在调研的2167家企业中，有60.36%（1308家）的企业反映缺少复合型技术人才，56.85%（1232家）的企业反映缺少高端技术人才。

2. 专业技术人才区域协调发展面临困境

全省专业技术人才有71.68%集中在成都平原经济区，而常住人口仅50.38%集中在该地区，各区域间常住人口的差距并没有专技人员间的差距大，因此专业技术人才区域协调发展的程度仍有待提升。专业技术人才的流动主要与经济发展、产业发展、公共服务水平等相适应。成都平原经济区是产业基础最好、经济发展最活跃、创新能力最强、开放程度最高的区域，具有得天独厚的优势，全省专业技术人才必然向此区域聚集。因此，对于其他经济区而言，如何引进和培养人才是更为重要的课题。

3. 专业技术人才招人留人难现象仍未改变

调查问卷显示，有616家企业面临着无法招聘到专业技术人才的问题，占样本企业的28.43%。其中，民营企业招聘难问题更为突出，有308家民营企业反映无法招聘到专业技术人才，占无法招聘到专业技术人才企业的50%；同时，25.57%的企业认为专业技术人才流失严重，排在专业技术人才队伍面临困难的第3位。

4. **专业技术人才配置使用效率总体偏低**

调查问卷显示，有 547 家企业反映存在专业技术人才效率低的问题，占全部企业的 25.24%。从地域分布看，主要有绵阳市、攀枝花市、凉山州反映专业技术人才效率低的问题，分别有 46.43%、45.45%和 35.88%。

5. **专业技术人才数据统计不精准**

目前全省专业技术人才的统计数据不够精准，存在对不同产业专业技术人才的具体情况、非公有制单位专业技术人才详细分布、专业技术人才优势和短板缺乏了解等情况，对全省专业技术人才的底数掌握不清。

（二）原因分析

1. **专业技术人才薪酬比较优势不明显**

调查问卷显示，有 54.55%的企业反映薪酬水平（含五险一金）与劳动者预期存在差异，是企业招人难、留人难最为主要的原因。如，钟政、王波（2018）的研究显示，全省水利人才平均月收入 3820 元，除成都市、德阳市、绵阳市、眉山市、宜宾市等经济社会发展较快的地方外，其他市（州）水利人才月收入大部分不超过 3500 元，待遇相对偏低，对人才的吸引力度不大，其他行业也存在着类似情况。[①] 近几年虽然有所提升，但与沿海发达地区专业技术人才，特别是高层次人才的薪酬水平相比仍存在较大差距。另外，从省内来看，成都、德阳、宜宾等收入水平较高的地区对省内其他区域的专业技术人才吸引力更大，其他市（州）人才流失情况更为严重。

2. **区位优势不足与经济发展质量不优双重叠加**

城市发展需要人才的聚集，四川省虽出台系列措施吸引高层次专业技术人才、推动人才成长，但东、中、西部省市在经济发展、产业发展、公共服务水平等方面仍存在较大差异，尤其是近年来各地掀起了"抢人大战"，作为西部省份吸引力相对不足，专业技术人才向发达省份聚集的趋势明显，特

[①] 钟政、王波：《关于加快四川水利专业技术人才培养的几点建议》，《四川水利》2018 年第 1 期，第 123~125 页。

别是高层次专业人才、复合型专业人才一旦有机会，更愿意去沿海发达城市发展。因此，即使是全省条件最好的成都平原经济区在引留高层次、复合型专业人才时竞争力仍显不足。

3.专业技术人才政策激励力度仍显不足

一是激励政策手段吸引力不足。当前，专业技术人才成长速度快，部分人才政策已经不能适应当前经济社会的发展趋势，在薪酬水平、职称晋升、奖励等方面政策如果缺乏竞争力，就可能导致人才丧失积极性甚至人才流失。二是在人才服务保障方面更多关注高层次重点人群，对其他层次的人才关心、关注较少（如各类中级专业技术人才）。三是人才激励政策配套措施不完善。部分人才激励政策的内容在多个文件中一再提出，但仅仅是作了原则性表述，缺少具有操作性和实践性的实施细则，影响了人才激励政策的执行效果。

4.专业技术人才统计标准化、信息化程度不高

长期以来专业技术人才统计标准化、信息化程度不够，一方面目前的信息系统的一体化、智能化、融合化、可视化程度不高，另一方面存在"信息孤岛"情况，系统之间缺乏协同和有效集成，各市（州）数据资源尚未完全集中，难以对数据进行整理分析得出有益结果。

5.专业技术人才政策透明度、知晓度不高

2023年7月，四川省人力资源和社会保障厅印发了《关于进一步优化民营企业职称评审服务工作的通知》。问卷调查显示，28.98%的民营企业表示不知晓这个政策，对于政策效力的发挥有很大的影响。

四　对策建议

第一，完善专业技术人才政策体系，增强引才、用才、留才竞争力。一是深化职称制度改革，实现职称评定务实有效。按照职岗匹配、人岗相适的基本原则，深化职称制度改革，稳步推进各项职称评定工作。畅通新职业、重点特色产业等领域人才职称评审通道，提高职称评聘机制的灵活性与有效性。优化基层人才职称评价体系，壮大乡村振兴人才队伍。二是健全人才评价体系，推动地区职称评价结构优化。完善部分地区特别是少数民族聚居区等地方的职称考核认定体系，推动地区职称评价结构优化。结合当地教育环境与经济发展阶段等现实情况，因地制宜制定和落实具有地方特色和符合国家有关规定的职称认定办法与实施细则。三是提高政策制定针对性，充分考虑各类人才需求。对一般专业技术人才，可以在福利待遇、职称评审、晋升和科研项目申请、补贴，以及就业创业补贴和贷款等政策方面着力，不断充实全省高层次、复合型人才队伍；对高层次、急需紧缺人才，可以在家属安置、科研补贴、服务保障等方面着力，支持他们来川开展高精尖、突破性工作。

第二，创新专业技术人才工作机制，构建高层次人才培引工作格局。一是加强多部门专业技术人才工作统筹协调。明确相关部门人才政策主体责任。加大专业技术人才政策统筹协调力度。建立专项人才工作经费，保障专业技术人才开发培养、激励引进、数据库建设、信息平台及服务平台建设、人才交流平台建设、创新创业大赛等各项工作顺利开展。二是建立高层次人才专项工作机制。完善并落实高层次人才工作目标责任制考核办法，将各市（州）和省人才工作领导小组成员单位列为重点考核对象，对人才工作的组织机构、人才发展体制机制改革、重点人才工程推进、人才发展重大平台建设、人才发展环境等五个方面进行考核，考核结果作为领导班子评优、干部评价、人才项目和资金安排的重要依据。三是强化专业技术人才发展激励机制。不断创新技能人才培育体制机制，充分发挥高级人才"传帮带"作用，夯实技能型人才梯队，鼓励青年技术人员学好做实专业工作，积极参与人才评价与职称晋升。畅通青年科技人才晋升通道，分类实施不同类型研究人员评聘办法，改革创新青年科技人才晋升制度与管理办法。

第三，优化专业技术人才队伍结构，强化现代化产业体系人才支撑。一是聚焦重点产业，着力培养技术创新人才、产业数字人才、人机协同人才和绿色制造人才，积极推动重点领域人才和产业发展需求"双向对接"。二是结合区域发展战略，促进专业技术人才均衡发展。成都平原经济区、川南经

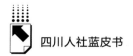

济区、川东北经济区、攀西经济区和川西北生态示范区具有不同的资源禀赋，产业发展上有不同侧重，突出比较优势，促进区域间专业技术人才的均衡发展。三是适度优化学历结构，推进专业技术人才知识能力提升。聚焦学历教育与技能培训优势互补，鼓励支持引导各行业专业技术人才通过线上线下相结合的学习方式接受学历教育，全面系统优化专业技术人才队伍的学历结构。

第四，建立专技人才统计体系，提升分析决策科学化信息化水平。一是建立科学有效的专业技术人才统计机制。建立普查、重点调查、抽样调查相结合的人才统计机制。在机制设计中注意调查时间的衔接、指标设置的配套和程序的标准化，以提升数据的连续性、可比性和可用性。二是推动专业技术人才统计信息化转型。抓住全省系统人才人事信息化建设契机，利用全省人才人事一体化平台，将专业技术人才统计纳入人才人事一体化，同时纳入四川人社一体化信息平台建设进行整体谋划。整合省市人才人事碎片化系统，集中建设全省统一的人才人事一体化平台，实行动态调整，定期分析，全面系统掌握全省专业技术人才情况，做到底数清、情况明，才能更有针对性做好人才引进、培育工作。三是省市联动共建人才人事一体化平台。依托省会城市成都市的资源优势、地域优势和协调优势，优先将成都市作为省市共建的"先手棋""排头兵"。

第五，加强宣传，营造专业技术人才发展的良好环境。一是树立专业技术人才榜样典型。在四川省树立专业技术人才，特别是高层次专业技术人才发光发热典型，从理论知识、业务能力等方面，推荐真正有能力、有技术、有品德的专业技术人才，营造良好氛围。二是加强人才政策梳理解读。主动回应人才关切，大力做好政策解读，让好的政策真正落实到专业技术人才的发展上来。三是创新人才政策宣传手段。要持续创新宣传手段，畅通宣传解读渠道。特别是基层专业技术人才，充分利用各种宣传渠道、行业部门通知等方式，让更多人才知晓政策、享受政策。

B.9
流动党员教育管理报告

刘晓博　李　铭　吴亚辉*

摘　要：　流动党员管理是新时代党员教育管理工作的重点和难点，加强和改进流动党员管理和服务方式，有利于推动全面从严治党向纵深发展，充分发挥党员先锋模范作用。本研究通过赴沪杭等地走访调研，深入学习当地在外企党建工作和人才失联党员排查和处置成功方面的经验做法，充分分析四川省中雇所在流动党员管理方面的基本情况和不足，从强化教育管理工作经费保障、失联党员处置、加大流动党员"瘦身减负"工作力度等方面提出建议，供决策参考。

关键词：　流动党员　党员管理　失联党员　四川省

　　为了学习沪杭流动党员教育管理和服务的主要做法，借鉴失联党员排查与处置的成功经验，进一步提升流动党员教育管理质量水平，推动主题教育走深走实、见行见效，2023年5月1日至6月2日，四川省外资企业中方雇员事务所（以下简称省中雇所）流动党员党委书记徐潮水带队一行5人赶赴上海外服集团、浙江省人才交流中心开展流动党员教育管理专题调研。调研结束后，党委紧密结合自身实际，对照沪杭特色做法，深入研究分析，形成调研报告如下。

---

* 刘晓博，四川省人力资源和社会保障厅党组成员、副厅长；李铭，四川省外资企业中方雇员事务所所长、流动党员党委书记；吴亚辉，四川省外资企业中方雇员事务所副所长、流动党员党委副书记。

一 沪杭两地流动党员教育管理的主要做法和成效

（一）上海外服新时代外企党建工作亮点

上海外服集团是国内龙头人力资源服务企业，在1000余家外企客户中设立了党组织，管理和服务外企党支部近300个，其中独立党支部200余个，联合党支部90余个，服务外企党员近7000人。上海外服37年的外企党建实践与探索，形成了较为成熟的经验和做法，其工作主要亮点是"四个坚持"。

1. 坚持政治站位，做实做强外企党建顶层设计

历届班子坚持强化"阵地意识"，用活国企体制资源，注重发挥基层组织建设"孵化器"、党建资源"配置站"和管理服务"枢纽点"作用，构建"党委—党委办公室/外企党建办公室—业务中心党总支—外企基层党支部"的"四级网格化"服务管理体系，从而形成组织合力。

2. 坚持贴近特点，积极创新外企党建方法载体

构建党员管理模型，对新入职、在职和离职党员进行分类管理。打造特色品牌党课，持续举办了28年的"形势政策报告会"，以及看城乡变迁、看经济发展、看社会进步的"三看"主题活动，都已成为"经典"品牌。搭建"智慧党建"全流程管理系统，实现从入职、在职到离职的全过程闭环式管理和服务。

3. 坚持先行示范，着力加强外企党建行为引领

通过以统筹策划主题活动为牵引、业务条线党支部与外企党支部互动、骨干党员与外企党支部党员结对等方式，以"公转"带"自转"，以本部先行示范带动外企党支部开展活动。同时倡导骨干带头，号召基层书记做表率，强调管理层党员树形象，及时宣传先进典型，传扬正气和提升感召力。

4. 坚持融合渗透，全力提升外企党建社会效应

把外企党建与外企党员工作实际、外企企业文化、社会发展相融合。融

入本职工作，鼓励外企党员既要在社会上当先锋，又要"立足岗位做表率"；融入企业文化，提升外企管理层对党组织的支持；融入社会效益，开展公益募捐、帮困助学、爱心志愿、抗击新冠疫情等形式多样的公益活动；融入家国情怀，通过"外服严选"、"彝乡爱心超市"、爱心捐赠等结对帮扶贫困山村。

（二）浙江省人才失联党员排查和处置成功经验

浙江省人才交流中心人事代理人员党委于 2001 年 3 月成立，隶属于省人社厅直属机关党委，归口省直机关工委管理，下设流动党员服务部，在管理党支部 31 个，党员 703 人。

1. 党员属地化和失联党员处置专项工作开展情况

2018 年，在浙江省委组织部、省直机关工委、厅机关党委联合指导下，浙江省人才启动挂靠党员属地化专项工作。专项治理之前，下设 3 个党委、1 个党总支和 300 个党支部，党员总计 9081 人。经过一年攻坚，转出党员 8141 人，支部缩减到 48 个，党员锐减至 940 人。2020 年 1 月，浙江省人才属地化转接工作受到中组部高度肯定，2020 年 7 月中组部办公厅在《组工信息》（第 5277 期）上刊发《浙江扎实开展人才服务机构流动人才党员管理问题集中整治》，总结推广浙江经验。

2. 浙江流动党员管理问题集中整治成功经验

（1）浙江省委组织部全程介入、全程指导是推动专项工作顺利开展的根本保障。浙江省委组织部副部长和部务委员亲自参与到专项工作方案制定、政策梳理、难题化解、进度督办等各个环节，出台专项意见，强化政策引导。省委组织部牵头，成立由相关省直单位组成的协调组，建立"周指导、月研判"工作机制，定期研究推进落实。省人社厅、省直机关工委等单位抽调 3 名业务骨干成立指导组，进驻省人才市场，现场指导组织关系清理、党员档案核查等工作。（2）科学设计路径、创优机制、组建专班是提高专项工作效率的重要保障。明确由省委组织部牵头主抓，省直机关工委指导、人社厅机关党委和省人才市场联络党员、梳理信息和办理转出手续，

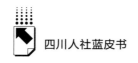

各地组织部对接接收的工作路径。组建协调组、指导组和工作专班，协调组由省委组织部、省直机关工委、省委教育工委、省人社厅、省人才市场、杭州市委组织部的领导成员组成，主要研究部署推进"瘦身"工作，每月召开协调会议，解决遇到的重大问题；指导组由省委组织部、省直机关工委、人社厅机关党委和杭州市委组织部具体负责同志组成，全程参与现场办公，每周到人才市场召开1~2次会议进行督导，协调处理具体工作中的实际困难；工作专班由人才市场抽调10名党员骨干组成，具体落实挂靠党员组织关系转接手续，后期又抽调14名同志组建攻坚组，业务工作高峰期招募了志愿者100名，实行集中办公、专人专岗、分工负责制度。（3）做深做细思想工作，全程代办、温情服务是平稳有序转接的有力保障。浙江省人才始终与党员保持密切沟通，深入细致地开展思想工作，特别是针对复杂个案与多方反复沟通，分析具体原因，研究可行办法，尽力高效解决问题。同时，贯彻"最多跑一次"理念，全程代办材料准备和传递，帮助对接联系接收地，简化程序性要求，做好转出与接收各个环节，专项工作总体平稳有序，成效卓著。

二　四川省中雇所流动党员教育管理基本情况及存在的主要差距和不足

（一）流动党员管理基本情况

目前，四川省中雇所流动党员党委下设基层党支部66个，管理流动党员1921人。其中，在联流动党员1462人，占比76.1%；失联停止党籍人员459人，占比23.9%。配备专职党务干部共计5人，兼职基层支部委员271人。

（二）存在的主要差距和不足

近年来，尽管省中雇所流动党员党委做了大量探索和实践工作，取得了明显的成效，但相比上海外服、浙江人才，四川省中雇所在党员教育管理和服务，特别是在党员属地化和失联党员的处置上，还存在着明显的差距。

1. 流动党员基层组织建设和党建工作机制探索不够

近几年，四川省中雇所在基层党组织建设方面，从单一型党支部模式，到尝试探索地域型党支部、功能型党支部与特长型党支部相结合的组织建设模式，一定程度上增强了基层组织活力。在党建机制方面引入"党建联络员"机制，探索建立"党委—党办—党建联络员—基层党支部"四级联动管理制度，一定程度上强化了党建渗透力，但在发挥基层组织建设"孵化"、党建资源"配置"和管理服务"枢纽"等方面，依然存在诸多亟待改进和突破的问题。

2. 流动党员教育管理和服务的方法载体创新不够

近年来，面对党员分散性广、流动性强、结构复杂等特点给管理带来的多重压力和困难，四川省中雇所从"查找流动党员—搭建组织单元—建立规章制度—搭建管理平台—加强教育管理—提升服务水平—拓展活动载体—发挥党员作用"方法入手，积极破解流动党员教育管理难题，但在基层组织生活规范性、教育活动创新性和管理服务实效性等方面还有众多的课题亟待探索和研究。

3. 流动党员属地化管理和失联党员处置落实不够

2019 年以来，四川省中雇所曾经尝试开展"瘦身"专项治理，但属地化转接障碍重重，成效不尽如人意，目前省中雇所在库流动人才档案 2.6 万份，在管理党员有 1921 人。同样，在失联党员的查找和处置上，省中雇所也多次开展专项治理工作，经过几年艰苦努力，失联党员从 2010 年的近 5000 人降到了 459 人，但存量仍比较大。失联党员的处置也一直是党委亟待破解的难题，主要在政策依据、分类标准、方法路径，特别是上下协同、横向支持方面亟待突破。

三　专题调研的启示与工作思考

（一）专题调研的体会与启示

上海外服外企党建 37 年来坚持不懈地探索实践和发展创新，使"流落

在外"的党员有了"家",使基层党组织有了生机和活力,既助推了外企发展,又促进了社会和谐,其外企党建品牌已然成为一张响亮的企业"名片"。同样,浙江省"上下贯通、横向联动"的处置机制,领导组、指导组、工作专班的攻坚模式,全程代办、温情服务、只跑一次的服务理念,开创性地有力破解了流动党员属地化转接和失联党员处置两大难题。上海外服的主要做法和浙江人才的成功经验,都给调研组留下了十分深刻的印象,带来了几点心得体会。

第一,新时代流动党员党建工作,需要各级党组织上下齐心、迎难而上、持之以恒。党的二十大报告指出,全面从严治党永远在路上,党的自我革命永远在路上。做好流动党员的教育管理和服务,抓好党组织末梢的流动党员基层党建,是贯彻落实全面从严治党、完成新时代党的建设总任务的必然要求,重在上下齐心、持之以恒、常抓不懈,贵在直面挑战、迎难而上、勇于创新。

第二,新时代流动党员党建工作,必须构建富有时代特征的系统、平台或载体。此次调研上海外服的"全流程智慧党建项目"、浙江省人才的"红色根脉强基工程",都是利用"互联网+技术"和数字化工具量身打造。可见,引入数字化管理理念、借助数字化管理工具及打造党建数字化管理平台,是有效提升流动党员管理服务效率,推动流动党员党建工作高质量发展的重要载体。

第三,新时代流动党员党建工作,需要不断研究新情况、解决新问题。必须着力研究破解基层组织体系建设科学难、基层党务骨干素质培养和稳定难、基层党支部组织生活规范难、流动党员教育管理和监督难、教育培训和主题党日活动创新难、失联党员规范管理和处置难等重点课题,创造性开展流动党员教育管理和服务。

(二)流动党员教育管理和服务工作思考

一是按照四川省委巡视反馈问题的整改要求,进一步开展失联党员专项治理。借鉴浙江经验,力争取得上级指导和多部门支持,建立"纵向贯通、横向协同"的工作机制，加强对专项治理工作的指导协调。二是按照属地化管理应转尽转的原则，严把流动党员入口，畅通转出渠道，加强与属地街道、社区及企事业单位等党组织的沟通对接，加快推进符合转出条件的党员转移组织关系，实现分类对接、有序转出，推动人才机构流动党员队伍"瘦身减负"。三是进一步优化创新教育管理服务，重点优化组织建设，优化后备干部梯队培养，创新教育培训方法，探索主题党日活动内容。四是进一步创新教育管理服务载体，加强移动互联技术的运用，研发、迭代打造多平台数据互联与服务协同的整合型、数字化"智慧党建"平台。

四　几点工作建议

（一）强化教育管理工作经费保障

建议参照沪杭两地流动党员党费全额返还的做法，提高党费返还比例，保障流动党员党建工作需要。同时，进一步优化党费和党建工作经费管理使用办法，扩大党建工作经费使用范围，明确党建活动经费拨付标准和方式，提高党支部书记工作补贴标准，激发基层党务骨干积极性，更好地服务基层支部和流动党员。

（二）强化失联党员处置工作组织领导

加强上级党组织政策指导、技术支持和横向协调，加大对取得联系的失联党员规范管理和组织处置力度。对多方排查仍无法取得联系的、失联停止党籍超过 2 年的党员和已经联系上但不愿意恢复党籍的人员，按党章第九条、《中共中央组织部关于做好与党组织失去联系党员规范管理和组织处置工作的通知》（中组发〔2016〕30 号）和《中国共产党党员教育管理工作条例》等有关文件要求，扎实做好基础工作，分类分批次，按照规定程序，积极稳妥灵活进行处置。

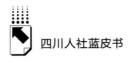

（三）加大流动党员"瘦身减负"工作力度

建议请求四川省委组织部牵头，出台针对性强的政策措施，按照中组部"应转尽转，兜底管理"的工作要求，协调省内各地组织部门认真执行，各基层党组织积极配合，党委办公室做好对接，为流动党员组织关系转接提供优质高效服务，推动流动党员队伍"瘦身减负"。

社会保险篇

B.10
失业保险多发待遇追退研究报告

刘 敏　徐洪江　王雷生　肖智文　龚 桃　肖 宇*

摘　要：　失业保险待遇发放事关群众切身利益，意义深刻重大，近年来随着技术发展和政策变化，待遇发放中出现了较多多发、错发等情况，为进一步推进失业保险多发待遇追退，守护好参保人员和参保企业纾困发展的"保命钱""救急钱"，攀枝花市人力资源和社会保障局开展失业保险待遇发放问题专项整治工作调研，有效解决多发待遇追退难题，确保失业保险基金安全高效运行。

关键词：　失业保险　待遇追退　攀枝花市

* 刘敏，攀枝花市人力资源和社会保障局党组书记、局长；徐洪江，攀枝花市人力资源和社会保障局党组成员、副局长；王雷生，攀枝花市就业创业促进中心、就业中心主任；肖智文，攀枝花市就业创业促进中心、就业中心副主任；龚桃，攀枝花市就业创业促进中心失业保险科副科长；肖宇，攀枝花市就业创业促进中心办公室科员。

2023 年，失业保险多发待遇追退被纳入失业保险基金管理问题专项整治，是作为深入学习领会习近平总书记关于加强社会保障工作、维护社保基金安全的重要指示批示精神的重要工作。攀枝花市人力资源和社会保障局成立专项工作调研组，通过听取汇报、实地查看、召开座谈会、查阅追退资料、走访社区经办人员等方式，先后深入县区及部分社区，听取了基层对失业保险基金追退工作信息收集、通知书送达、文书公告、强制执行等情况汇报，并查看留存的印证资料和追退台账，发现因信息不通畅、协同机制不健全等问题，造成失业保险待遇多发、错发，且因人员基础信息变更、申请强制执行周期过长等原因导致追退难，基于上述情况，进一步研究提出了有效解决失业保险多发待遇追退难题的措施。

一 失业保险基金专项整治基本情况

攀枝花市全覆盖比对核查了失业保险金发放、失业补助金发放、用人单位为个人缴纳社会保险缴费情况、领取养老保险待遇人员、死亡人员、上级下达疑点数据等基础数据 47 万条，共排查出 2019 年以来问题数据 1242 条，总计金额 493.84 万元，通过采取电话、短信、邮寄追退通知等方式，已完成 909 条问题数据追退工作，追回资金 394.55 万元，追退率达到 73.19%（见表 1）。尽管攀枝花市各级人社部门付出了极大的努力，仍有 26.81% 的失业保险多发待遇难以追退，失业保险多发待遇追退问题仍是失业保险工作中亟须解决的难题。

表 1　2019~2023 年攀枝花市失业保险金追退情况统计

序号	地区	问题数据总数（条）	确属违规涉及金额（元）	已追回金额（元）	已追回（条）	未追回金额（元）	未追回（条）	追退率（%）
1	市本级	400	700772.77	454210.46	248	246562.31	152	62.00
2	东区	312	1411894.6	1083107.04	230	328787.56	82	73.72
3	西区	132	725066.54	446246.81	98	278819.73	34	74.24

序号	地区	问题数据总数(条)	确属违规涉及金额(元)	已追回金额(元)	已追回(条)	未追回金额(元)	未追回(条)	追退率(%)
4	仁和区	124	642693.72	619465.47	121	23228.25	3	97.58
5	米易县	95	445112.38	366381.29	72	78731.09	23	75.79
6	盐边县	179	1012899.58	976080.78	140	36818.8	39	78.21
7	合计	1242	4938439.59	3945491.85	909	992947.74	333	73.19

二 失业保险问题数据主要来源

通过统计分析，攀枝花市失业保险问题排查主要分为自查自纠、失业保险稽核、省级下发预警、审计部门反馈等4种方式，其中通过省级下发的预警数据排查占84.75%（见图1），市（州）自主发现问题能力不足。

（一）自查自纠发现

失业保险业务经办机构通过将失业保险发放计划数据导入全国社会保险信息比对系统，核查出本地领取失业保险待遇异地就业的问题数据，也可通过翻阅资料、信息筛重比对等自查方式，发现的重复发放的问题数据。

（二）失业保险稽核部门抽查发现

失业保险稽核部门定期按比例抽查失业保险业务经办数据及资料，重点稽核信息系统内高风险预警数据，发现的问题数据。

（三）省级下发的预警数据

省级基金监督部门通过提取就业信息系统数据与社保参保、养老领待或机关养老保险数据进行比对，筛选出的预警数据下发至各市（州）基金监

督部门，各地基金监督部门再分发到各级经办机构进行核查，确定是否为多发、错发问题数据。

（四）审计部门下发的问题数据

国家审计、基金监督、巡视巡察部门或第三方审计部门按照要求对失业保险经办的失业保险业务进行审计，发现的问题数据。

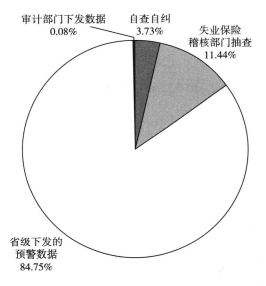

图1　2019~2023年失业保险个人待遇问题数据主要来源

三　失业保险多发待遇成因

（一）信息系统建设滞后

一是系统建设起步晚，问题存量难消除。2019年12月，全省开始推进使用四川省公共就业创业服务管理信息系统V2.0，2022年6月，全省实现所有市（州）使用四川省公共就业创业服务管理信息系统V3.0（以下简称

V3.0 系统）。在失业保险业务经办系统未实现全省统一前，各市（州）均使用自行开发的信息系统，不能自动检测异地单位参保信息，导致大量的既参保又领失业保险待遇的问题存量数据产生。二是信息整合不充分，问题增量难遏制。全省已实现社会保险（以下简称：社保）、养老保险等参保缴费信息与就业信息系统联动，但社保部门办理参保缴费、关系转移、丧葬抚恤、退休等信息，并未与就业信息系统联动，导致部分失业保险待追退数据无法在社保业务办理时进行有效阻断。同时，全国社保信息比对查询滞后，本地领金人员在外省的参保信息比对有 3 个月延迟，导致比对后不能实现实时停发，无法有效遏制问题数据增量。三是部门协同不同步，问题总量难控制。目前，就业信息系统未同市场监管、公安、民政、卫健、医保等部门建立信息共享机制，导致领待人员创业后未缴纳社会保险费、死亡后家属未向人社部门上报、就业后仅缴纳职工医疗保险费、医保退休等特殊情况无法通过信息系统自动比对，难以有效减少问题数据总量。

（二）政策支撑能力不足

一是部分政策之间有冲突。某些政策间可能存在互相限定或相互重复的情况，且无法通过信息系统相互限制，导致错发风险增加。如《四川省人力资源和社会保障厅 四川省财政厅关于做好过渡期职业技能培训有关工作的通知》（川人社办发〔2022〕50 号）规定"对培训后取得职业资格证书或职业技能等级证书，但已享受失业保险支持参保职工提升职业技能补贴的人员，不得重复申领同一职业（工种）同一等级的培训补贴"。而《四川省人力资源和社会保障厅四川省财政厅关于做好 2023 年度技能提升补贴有关工作的通知》（川人社规〔2023〕8 号）文件中却无相关规定。人社部未对同一证书既享受培训补贴又享受失业保险技能提升补贴的情况进行明确限制，并且技能提升补贴办理时，V3.0 系统无法对职业资格证书或技能等级证书是否领取过培训补贴进行核查校验，极易出现错发风险。二是政策制定存在风险点。如：今年通过稳岗返还截滞留资金专项整治，发现有部分劳务派遣企业存在代缴社会保险费、派遣到行政事业单位用工情形，针对此类人

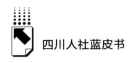
员是否能享受失业保险金、技能提升补贴等政策无明确规定，可能留下新的问题隐患。三是文件规定缺乏明确性。一些省级政策被解读为"仅供参考"，缺乏明确性指示，导致各市（州）、各部门之间政策理解执行存在偏差。如：在村（社区）干部违规领取失业保险待遇专项整治工作中，核查出128条疑点数据属于领取失业保险金期间在村（社区）任职情形，但经系统比对和查阅原始档案资料，任职期间无参保记录，与《人力资源和社会保障部失业保险司〈关于重新就业认定的有关说明〉》、《社会保险法》和《失业保险条例》等政策条例定义的"用人单位招用并为其缴纳社会保险费"为重新就业要停止发放失业保险金相矛盾，同时省级文件未明确是否需要追回，为此无法判定担任村（社区）干部领取失业保险是否违规。

（三）个人诚信体系机制不完善

目前，国务院办公厅出台了如《关于加强个人诚信体系建设的指导意见》《关于进一步完善失信约束制度构建诚信建设长效机制的指导意见》等一系列个人诚信体系建设、失信惩戒的规范性文件，但人社部门和其他有关部门均未建立起统一、规范、可操作的针对社会保险领域失信人员惩罚机制。同时，绝大多数失业保险申领对象对个人诚信体系认知程度较低，部分人员还存在侥幸心理，不会按照政策要求主动告知待遇发放机构其就业参保情况，或不及时退回多发失业保险待遇。

四　失业保险待遇追退难的原因分析

（一）人员基础信息发生变更

攀枝花市是移民城市，人员流动性较大，据统计，待追退失业保险待遇人员中有23%人员为已离攀人员，居住地、联系方式等基础信息发生变更，从而难以联系。多数失业人员申请失业保险有关待遇后在户籍所在地生活。同时，各系统没有数据及时更新要求，公安等部门系统内的地址或联系电话准确度也不高，据统计，攀枝花市本级提取的公安系统内信息准确率仅为20%，导致难以联系离攀人员办理待遇追退。

（二）系统内部协同机制不够健全

根据《四川省查处侵害社会保险基金行为管理办法》第十条规定"社会保险经办机构经调查确认单位或者个人存在侵害社会保险基金行为的，应通过约谈教育、下发退款通知书、协议还款、从个人账户或者相关社会保险待遇中抵扣等措施追回基金"，由此，确认为侵害社会保险基金行为的，可以从相关社会保险待遇中抵扣。但社会保险部门之间未建立协同追退机制，只能依靠单项业务部门进行人工追退。

（三）部门之间系统协作机制未建立

社保参保系统和就业经办系统都已统一到"四川省人力资源和社会保障平台"接口下运行，但部分业务间仍未实现阻断，如办理参保缴费时针对应退失业保险待遇未退款人员没有给予阻断限制，且劳动监察、人事考试、档案管理等其他部门信息系统之间还未建立数据共享通道，更不能实现内部业务协作追退功能。

（四）追退法律文书未实现规范统一

根据《四川省查处侵害社会保险基金行为管理办法》第十条规定"社会保险经办机构开展社会保险基金核查与追回工作的相关法律文书格式，本办法未规定的，由省级社会保险经办机构另行制定"，省级社会保险经办机构一直未制定统一规范的失业保险基金追退法律文书，导致各地经办机构移交资料至法院存在被退回的风险，并会引发人社部门司法考核不合格等问题。

（五）行政处罚执行难判定

根据《四川省查处侵害社会保险基金行为管理办法》第十五条规定

"社会保险经办机构在依据本办法第十四条开展核查过程中，核查对象拒绝接受核查或者拒不配合整改，应实施行政处罚的，社会保险经办机构应将开展调查情况的相关材料移交劳动保障监察机构"。实际执行中，对核查对象拒绝接受核查或者拒不配合整改无明确界定标准，导致针对部分人员在第一次交流后拒绝后续核查的情形而无法判定是否属于此类情况。同时，失业保险经办机构没有行政执法权力，不能直接向当事人取证，导致固定证据收集不齐全，无法移交至劳动保障监察机构进行行政处罚，截至2023年，攀枝花市未有移交成功的案例。

（六）申请强制执行周期过长

根据《中华人民共和国行政诉讼法》第四十六条规定"公民、法人或者其他组织直接向人民法院提起诉讼的，应当自知道或者应当知道作出行政行为之日起六个月内提出。法律另有规定的除外"，按照流程规定，从人社行政部门做出追退决定到移交人民法院需耗时6~9个月。同时，根据《中华人民共和国民事诉讼法》第二百五十条规定"申请执行的期间为二年"，如果要将拒不执行人员纳入失信名单进行惩戒，需要等待2年，时间成本可能大于追退费用。

五 解决失业保险多发待遇追退难题的措施

（一）强化顶层设计、政策保障

从国家层面完善失业保险政策，建立起全国统一执行的城镇单位和职工失业保险政策，各类涉及失业保险基金收入、支出调整的政策，应由国务院决定实施，各省市不得自行出台有关政策。同时针对缴费费率、失业保险金参照最低工资标准发放比例、保障对象、基金支出项目、转移接续、失业保险待遇申领及停发条件等制定统一规定，补齐政策短板。

（二）整合信息系统、信息资源

依托现有的"全国社会保险信息比对查询系统"，开发业务经办功能模块，加快建设全国统一的社会保险业务经办平台，加强人力资源和社会保障、公安、财政、税务、市场监管、医保、人民银行等部门的系统互联、业务互通、数据共享，做到数据资源国家集中管理，切实打通信息共享壁垒，以信息互通共享，实现相互制约、相互监督的监管机制，减少错发、多发失业保险待遇发生概率。以此构建适应全国的失业保险信息支撑体系，推进失业保险经办服务数字化转型，实现失业保险业务全国网上通办以及业务经办和基金财务一体化监管。

（三）规范追退机制、追退方式

建立全省统一的基金追退流程，规范基金追退行为。明确规定电话通知、发送短信、邮寄方式、送达方式、追退法律文书模板等追退流程，规范各级失业保险基金追退行为，并建立多部门共同协作的基金追退机制，提高基金追退效率。实现社会保险待遇（含养老、工伤、医保、失业）中不同险种之间自动对多领、错领社会保险待遇人员进行业务办理阻断提示。

（四）加强经办审批、基金监管

规范完善失业保险业务经办、复核、审批流程，确保过程严谨、有效。落实基金监管制度，构建政策、经办、信息、监督"四位一体"的基金监督风险防控体系，加强基金运行风险监测和防控，确保基金运行安全、平稳、可持续。加强信息系统风险防控能力建设，充分利用全国统一的信息系统实施技术监控，实现岗位相互监督、业务环节相互制约，统筹防控业务审批风险、财务管理风险、信息系统管理风险，严防基金"跑冒滴漏"，确保基金安全。

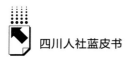
（五）做好宣传教育、违规处罚

到企业、社区、乡镇等基层开展侵害社会保险基金有关法律法规的宣传教育，增强广大群众的诚信意识、法律意识，积极营造"守信光荣、失信可耻"的良好社会氛围。在日常稽核工作中，发现因社会保险经办机构工作人员存在涉嫌接受他人请托违规办理社会保险业务，或者在办理社会保险业务过程中存在涉嫌贪污、侵占、挪用社会保险基金或者受贿等违纪违法情形的，应立即向本单位纪检监察机构报告。

劳动关系篇 ⎡⫽

B.11

四川省和谐劳动关系生态体系构建
研究报告

陈 进*

摘 要： 本报告围绕人力资源和社会保障部印发的《区域和谐劳动关系高质量发展改革创新试点方案》，聚焦四川探索构建新时代和谐劳动关系的理论创新、实践创新、制度创新三个维度，进一步研究、丰富和完善中国劳动关系理论研究的四川新篇章。

关键词： 劳动关系 协同治理 四川省

2023 年 5 月，人力资源和社会保障部印发《区域和谐劳动关系高质量发展改革创新试点方案》，赋予四川探索构建和谐劳动关系生态体系的重大使命。同年 9 月，四川省人力资源社会保障厅印发《四川省推进国

---

* 陈进，四川省人力资源社会保障厅劳动关系处处长、一级调研员。

家区域和谐劳动关系高质量发展改革创新试点实施方案》，对探索构建和谐劳动关系生态体系作出部署安排。主要任务是，深入贯彻习近平新时代中国特色社会主义思想，以县域治理为载体，坚持党建和文化的植根铸魂、企业内外的凝心聚力，以及经营者、管理者、劳动者的工作素质与和谐能力的提质赋能，推动构建企业调解、协商、培育"内循环"和地方支持、服务、保障"外循环"双轮驱动、同向发力的和谐劳动关系生态体系，推动劳动纠纷协商自主、权利义务协商自治、和谐关系协调自为，推动四川新时代和谐劳动关系理论创新、实践创新、制度创新，为丰富发展中国特色劳动关系认识论、实践论、方法论贡献四川智慧、四川力量。

一 推进新时代四川和谐劳动关系实践创新

2019 年以来，四川省贯彻人社部关于开展深化构建和谐劳动关系综合配套改革试点工作部署，按照分区分批、分层分类、压茬推进的改革思路，布局形成 1 个国家级和多个省级试点的"1+N"试点工作体系。2020 年，为积极应对新冠疫情对劳动关系带来的不利影响，四川省人社厅联合多部门开展稳定劳动关系"春风行动"，实施"和谐同行"能力提升三年行动计划，推进劳动纠纷不出"厂区、园区、社区"，形成现在的 10 部门和谐劳动关系"春风行动"联合行动机制，持续深化劳动关系基层治理，合力推进劳动纠纷协商自主、权利义务协商自治、和谐关系协调自为。2023 年 9 月，根据人社部关于在成渝地区双城经济圈等全国 6 大区域推进区域和谐劳动关系高质量发展改革创新试点的部署要求，坚持基层首创和试点示范相结合，在"1+N"改革试点与和谐劳动关系"春风行动"工作基础上，落实国家赋予四川省探索构建和谐劳动关系生态体系的使命任务，布局形成区域和谐劳动关系高质量发展"先行示范区""试点示范区""协同示范区"等三个示范区建设工作格局。

（一）推进和谐劳动关系高质量发展先行示范区建设

在已完成国家和省级综合配套改革试点任务的县域巩固扩大试点成果，构建创新平台和指导平台双机制，与时俱进、深度打造经典样板，引领构建和谐劳动关系生态体系，并在有条件的地区推广改革经验，结对共建先行示范区。一是在国家综合配套改革试点县域牵头推进先行示范区建设。支持成都市新都区重点加强与省内县域结对共建，加强与重庆市九龙坡区等结对交流，推动改革经验推广落地。二是在省级综合配套改革试点县域牵头推进先行示范区建设。支持有意愿并已完成省级综合配套改革试点任务的县域，重点加强与省内县域特别是本地区县域结对共建，加强与重庆枠关县域结对交流，推动改革经验推广落地。

（二）推进和谐劳动关系高质量发展试点示范区建设

分区分批、分层分类、压茬推进新布局的省级综合配套改革试点和国有企业薪酬制度改革融入国家区域和谐劳动关系高质量发展改革创新，着力打造试点样本，突出示范效应，探索构建和谐劳动关系生态体系，完善国有企业工资分配管理工作机制。一是在县域推进试点示范区建设。落实省委"五区共兴"发展战略，拓展试点布局，支持示范县域在当地党委政府领导下，立足县域实际，彰显区域特点，高质量推进区域试点示范区建设。二是在省市两级推进国有企业工资分配管理试点示范区建设。加强部门协同，推进企业服务，强化事前引导和事中预防，探索构建国有企业工资分配常态长效管理机制，夯实巩固薪酬制度改革成果。

（三）推进和谐劳动关系高质量发展协同示范区建设

在成渝地区双城经济圈和黄河流域框架下，建立劳动关系领域全方位、多层次、立体化、跨区域协同工作体系，着力打造构建和谐劳动关系协同创新样板。一是劳动关系工作协同。健全以劳动标准和劳动用工为重点的政策协同机制，完善川渝劳动关系公共服务内容、方式和标准，联合开展劳动关

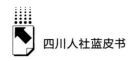
系形势研判、风险排查，完善最低工资标准协同调整、企业薪酬调查和信息发布制度。二是劳动保障监察协同。举办跨区域劳动保障监察员培训，开展跨区域劳动保障监察典型案例研讨，落实劳动保障监察协查制度，落实异地劳动保障权益救济制度，建立企业劳动保障守法诚信等级评价结果信息共享机制，建立劳动保障监察工作专家库。三是调解仲裁工作协同。完善川渝调解仲裁制度机制，联合开展工作调研、案例研讨、能力培训、交流办案，推进调解仲裁数据信息共享、区域性调解仲裁专家库共建，开展川渝调解仲裁机制创新试点工作，打造川渝高竹新区数字仲裁庭（预防调解中心），深化西部仲裁院联盟平台建设。

二 推进新时代四川和谐劳动关系制度创新

深入贯彻党的二十大精神，主动融入四川现代化建设工作大局，开展国家区域和谐劳动关系高质量发展改革创新试点工作，推动和谐劳动关系动力变革、动能转换，推进劳动关系基层治理模式方式创新，探索构建和谐劳动关系生态体系。

（一）推进构建和谐劳动关系"植根铸魂"工作机制

结合地区和企业实际，推进企业党建引领和企业文化建设。加强新业态、新就业群体党组织建设，完善企业党组织、工会群团和党员联系服务职工制度机制。建立企业党组织领导和谐劳动关系工作机制，鼓励企业党组织负责人兼任企业工会机构负责人。夯实企业党建工作阵地，弘扬有地域和企业特色的文化精神，发挥党组织推动企业发展、凝聚职工群众、促进和谐稳定的作用。

（二）推进构建和谐劳动关系"凝心聚力"工作机制

联合组织政法、司法等职能部门，创新完善多方协调多元劳动关系工作机制。突出重点攻坚，强化协同治理，健全完善劳动关系公共服务体系、情况报告制度、形势分析制度、监测预警制度。支持、服务及保障传统企业和平台企业构建和谐劳动关系，推动形成企业党建、工会、劳资等多部门和经营者、管理者、劳动者等多层级构建和谐劳动关系工作合力。

（三）推进构建和谐劳动关系"提质赋能"工作机制

大力实施和谐企业培育行动，深入开展新时代和谐劳动关系创建示范活动，持续提升企业经营者、管理者、劳动者工作素质与和谐能力。健全企业和基层劳动关系协调员队伍体系，以县域为单位，以企业为主体，组建由企业党建、工会、劳资负责人组成的企业劳动关系协调员工作联盟，由企业联合推进劳动纠纷协商自主、权利义务协商自治、和谐关系协调自为。

（四）推进构建和谐劳动关系"权益维护"工作机制

创新工作举措，完善协同治理，持续强化新就业形态劳动者权益保障。整合基层劳动维权资源，推动构建劳动仲裁与劳动监察一体化联动协调机制，推行劳动维权案件"一窗受理""分类处理""协调办理"。坚持和发展新时代"枫桥经验""浦江经验"，联合政法、司法等相关部门，关口前置、重心下移，创新完善劳动纠纷多元调处机制，推进劳动关系基层治理融入社会"大治理"，促进劳动纠纷及时就地就近就便化解。

（五）推进构建和谐劳动关系"激励保障"工作机制

加强企业和基层劳动关系协调员队伍建设，夯实构建和谐劳动关系人才支撑和组织保障。实施省级和谐劳动关系创建示范企业、园区、乡镇、街道和省级金牌劳动关系协调员年度选树工作机制，常态长效打造和谐劳动关系企业典型，激发企业和基层构建和谐劳动关系的积极性、主动性、创造性。讲好构建中国特色和谐劳动关系的"四川故事"，弘扬构建和谐劳动关系精气神、正能量，大力营造构建和谐劳动关系良好社会氛围。

B.12
四川省劳动基准执行报告

韩琪 赵华文*

摘 要: 劳动基准是指法律法规在工资、工时、福利、休息休假、女职工和未成年工保护、劳动安全卫生等劳动条件方面设定的最低标准,是劳动关系调整体系的重要组成部分,在劳动关系调整中发挥着基础性作用。本文基于四川省劳动基准执行情况调查,分析在劳动者保护过程中存在的主要问题和影响因素,并提出具有现实性、针对性的对策建议,对健全四川省劳动法律法规、完善劳动关系协调机制、加强劳动者权益保障具有积极的推动意义。

关键词: 劳动基准 劳动关系 劳动者权益保障 四川省

一 基本现状

四川省劳动基准研究课题组在全省 20 个市(州)随机抽样了 3919 个有效样本进行调查,主要调查内容涉及工作时间、休息休假、女职工权益保护及其他(工资支付、劳动保护等)四个方面。总体上看,当前四川省劳动基准执行情况良好,超过 75% 的受访者表示所在单位能够按照国家标准执行劳动基准相关规定。

---

* 韩琪,四川省人力资源和社会保障科学研究所助理研究员,主要研究方向为劳动保障和人事人才;赵华文,四川省人力资源和社会保障科学研究所所长,长期从事劳动就业、农民工问题和社会保障等领域的理论研究和政策研究。

（一）休息休假制度执行总体较好

一是双休日休假执行情况比较灵活。劳动法规定，劳动者每周至少休息一天。大约64.23%的受访者表示所在公司实行双休日制度，17.1%的受访者所在单位仅实行单休，7.1%的受访者实行单双休，其他方式休假（如每月固定天数休假、视工作繁忙程度休假等）的占11.58%。二是带薪年休假执行状况较好。《职工带薪年休假条例》明确规定，职工连续工作1年以上的，享受带薪年休假。80.49%的受访者带薪年假可以全部休完，只有19.51%的受访者表示带薪年假不能全部休完。三是婚丧假权益保护较好。仅有不到3%的受访者表示所在单位不执行婚丧假制度。85.66%的受访者表示单位在婚丧假路途期间正常发放工资。

（二）女职工权益保护反映良好

一是女职工生育权益保护情况较好。《女职工劳动保护特别规定》要求女职工生育享受产假以及哺乳假。调查表明，四川省女职工孕前检查假、生育假、哺乳假均能较好地按照国家标准执行。二是女职工职场权益维护情况较好。《妇女权益保障法》规定，女职工在招聘、劳动报酬、职务晋升等方面享有与男职工平等的权利，且明文禁止职场性骚扰行为。从招录、晋升、日常工作等情景的性别歧视调查来看，80%以上受访者均表示完全没有相应的歧视现象。

（三）劳动保护和工资支付保障较为有力

一是劳动保护硬件投入基本符合要求。《安全生产法》规定，生产经营单位必须建立健全全员安全生产责任制和安全生产规章制度，加大对安全生产的投入保障力度。91.81%的受访者表示其所在单位配有相应的劳动安全防护措施。二是拖欠工资现象虽偶有发生，但规模频次大幅趋缓。《工资支付暂行规定》要求工资必须在用人单位与劳动者约定的日期足额支付。此次调查显示，能够及时足额发放工资的单位占比达78.64%，有拖欠工资行

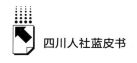

为的单位总计占比不足 4%。三是工会组织覆盖率很高。《中国工会章程》规定，企业、事业单位、机关和其他社会组织等基层单位，应当依法建立工会组织。本次调查中，82.73% 的受访者表示其所在单位都建立了工会组织。

（四）工作时间延长情形普遍存在

一是超标准劳动时间情况突出。国家实行职工每日工作 8 小时、平均每周工作 40 小时的工时制度。调查显示，50.88% 的劳动者周工作时间在 40 个小时及之下，43.63% 的劳动者工作时间在 41~60 小时之间，61~76 小时和超过 76 小时的劳动者占比分别为 3.73% 和 1.76%。二是加班程序合规性较好。超过 85% 的受访者表示所在单位会与本人先行沟通加班事项。

二 存在的问题及原因分析

（一）存在的主要问题

1. 加班保障权益受损现象还时有发生

一是中老年群体劳动时间延长，服务业加班情况高于其他行业。二是存在不按规定发放加班工资的情况，有 15.23% 的受访者表示元旦春节等节假日加班不能获得 3 倍工资。三是加班工资基数计算不规范，40.61% 的受访者表示仅按照基本工资计算。

2. 青年休息休假相关权益保障不足问题相对严重

双休日执行还有待加强，探亲假执行度低，青年群体休假不足，服务业休假天数明显少于其他行业。调查发现 40 岁以下青年群体休假时间低于法定标准的超过 30%。

3. 女职工权益保障水平参差不齐

一是辅助假期中，孕期检查假执行情况较好，其他辅助假期执行程度普遍偏低，男职工陪产假执行率只有 43.76%，育儿假执行率只有 32%，独生子女护理假执行率仅有 22.28%。二是港澳台及外资企业对女性劳动者产假和辅助假期的落实程度明显高于内资企业，小微企业对女性生育权利的保护普遍低于大中型企业。三是大部分劳动者对生育休假政策知晓度不高。

4. 劳动卫生权益保障不充分

一是企业在劳动安全方面存在"重硬件投入，轻软件建设"的现象，在劳动安全教育方面投入不足。二是高温补贴发放度低。本次调查中发现劳动者高温补贴发放完全合规的仅有 23％。三是新就业形态从业者的劳动保护还比较薄弱，例如高温严寒天气室外工作、交通安全等问题依然突出。四是员工体检开展状况不佳，每年为员工提供一次体检的企业占比只有 70.35％，定期为女职工提供特殊健康检查的企业占比仅有 44.6％。

（二）原因分析

1. 法律法规制定层面

一是确有部分劳动基准与经济发展不相适应。标准工作时间和延长工作时间的相关规定灵活性不强，超龄劳动者、灵活就业人员的劳动保护欠缺等。二是劳动基准散见在不同的法律法规中，没有专门的劳动基准法。三是在地方劳动保护政策的制定过程中，往往出现"逐顶竞争"，片面追求高标准，脱离地方实际状况。女职工生育延长假，地方婚假政策、高温补贴等，其增加的成本由企业承担，推行困难。

2. 政府监督管理层面

一是目前尚未形成常态化的劳动基准调查工作，对劳动基准执行情况把握不够及时准确。二是受制于劳动监察范围过广，而劳动监察力量不足，事前事中的劳动监察不足，政府监督缺位严重。三是劳动争议调解和仲裁周期长、成本高，取证困难，普通劳动者权衡之后，可能妥协于企业违法违规行为。四是劳动法律法规的宣传教育还有待加强，部分育龄女职工对产假政策的享有条件和办理流程不了解。

3. 企业和行业的层面

一是企业法律意识依旧比较淡薄，内部管理不完善，侥幸心理主导违规行为。例如部分企业管理制度不健全，无值班、加班等制度。二是企业以盈

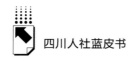

利为目的，过于追求高额回报而忽视劳动者正当权益。部分互联网企业实行弹性工作制让上下班的界限逐渐模糊，催生了社会上广受诟病的"996""007"等工时制度。三是行业合力还未真正形成，行业劳动标准没有形成，服务行业节假日工作为常态，应探索特殊行业的加班补偿办法等。

4. 劳动者层面

一是劳动者本身处于弱势地位，当自身利益受到侵害时，通常采取妥协的解决方式。二是法律维权意识不足。大多数劳动者对于法律法规的了解和学习不足，甚至不知道企业已经侵害自身权益，从而纵容了企业的违规行为。三是劳动观念转变。当前，部分劳动者为了获得更高的工资性回报而主动加班的现象并不罕见。四是工会组织未能发挥作用，集体协商、集体谈判和集体合同等手段运用率很低，劳动者的诉求很难得到企业重视，劳动权益得不到完全保障。

三　对策建议

（一）加快法治化进程，补齐法律短板

一是建议国家适时出台"劳动基准法"，以立法形式重新统一规范各类劳动标准。如，延长工作时间的相关规定、各类假期的细化规定、工资支付细则，特别是突发公共卫生事件期间、企业经营困难破产重组期间、停工停产等情形下工资支付问题等。二是充分权衡劳资利益，完善劳动基准的配套政策。如，从长远考虑，积极探索女职工权益保护的配套措施，明确企业责任义务，合理分摊因女职工等权益保障增加的用工成本。三是建议制定一部完善的"劳动安全卫生法"或"劳动安全卫生条例"，将劳动安全标准与国际接轨。

（二）完善政策措施，加强监督管理

一是建立劳动基准执行定期调查制度。通过重点调查和抽样调查，涵盖各个行业和各种所有制，准确了解各类企业和劳动者劳动基准执行情况，分

地区、分行业构建劳动基准指数，为劳动基准的执行和优化提供数据支撑。二是提升劳动监察质效，加大监督管理力度。常态化开展对超时加班等违规现象的检查工作，对问题比较突出的行业和企业进行常态化重点抽查，并对整改情况开展"回头看"，提高用人单位依法保障职工劳动权益的自觉性。三是加大政策宣传力度。持续开展法律法规宣传活动，充分发挥媒体的宣传和监督作用，提高用人单位依法保障职工劳动权益的自觉性，构建和谐劳动关系，营造依法用工的良好氛围。四是促进法律援助工作健康发展，提高劳动争议调解仲裁工作质效，有效解决劳动争议。

（三）加强多元协同，形成执行合力

一是企业要不断提升法律意识，优化内部管理。深刻认识劳动基准是劳动用工不能逾越的底线，企业管理者要深入了解和学习劳动法律法规，提升管理水平和管理能力，降低企业用工法律风险。二是充分发挥行业组织在集体协商中的积极作用，推动建立契合行业实际的劳动基准执行办法。根据行业实际情况，集体协商工时、加班工资、计件工资和劳动定额和弹性假期制度等。三是引入社会监督机制和名誉责任，加大对企业劳动基准执行的社会监督力度，倒逼企业落实各项劳动基准。

（四）培养维权意识，促进劳动和谐

一是不断增强劳动者维权意识。通过多种渠道促进劳动者充分学习了解劳动基准相关的法律内容，持续强化维护自身合法权益的意识。二是强化劳动者依法组织工会和参加工会活动的权利。充分发挥工会组织作用，依照国家规定对企业的劳动基准执行情况进行监督。三是劳动基准法的出台或制度完善应广泛征求劳动者意见建议。劳动基准具有普适性，需要广泛征求各行业劳动者意见，也要针对新就业形态劳动者的特殊情况进行重点研究，要重新界定劳动就业过程，基于劳动而非劳动关系来建立全新的劳动者权益保障体系。

B.13
泸州市劳动人事争议调解仲裁报告

张国华　王平　马小林　朱小勇　高洁*

摘　要： 劳动人事争议仲裁是基于争议当事人的申请，由劳动人事争议仲裁机构居中对劳动人事争议双方作出调解意见或仲裁裁决的一项准司法制度，行使的是国家公权力，是适应我国国情建立的独特的劳动权益救济制度。为不断提升争议调解仲裁工作质效，建立更加顺应新时期的矛盾纠纷多元化解机制，为泸州现代化建设贡献和谐劳动关系力量，本文对2018～2023年泸州市劳动人事争议仲裁工作情况、面临形势及存在的问题进行了调研分析，并提出了对策建议。

关键词： 劳动人事争议　调解仲裁　泸州市

一　机构建设情况

（一）机构设置及队伍建设情况

2012年6月，全市成立8个劳动人事争议仲裁委员会，其中市本级1个，区县7个，下设办事机构（劳动人事争议仲裁院）为财政全额拨款的事业单位，核定编制44人，截至2020年底，全市核定编制数增至60人。目前，全市在岗仲裁员为39人（市本级6人、区县33人）。其中，40周岁

---

* 张国华，泸州市人力资源和社会保障局党组书记、局长；王平，泸州市人力资源和社会保障局党组成员、副局长；马小林，泸州市劳动人事争议仲裁院院长；朱小勇，泸州市劳动人事争议仲裁院副院长；高洁，泸州市劳动人事争议仲裁院立案调解庭庭长。

以上的 20 人，具有法学专业背景的仲裁员 15 人，通过司法考试的 10 人，共产党员 26 人。

（二）仲裁机构实体化建设情况

从 2014 年起，全市以争创省级"示范仲裁院"为契机，着力打造标准化、规范化、信息化仲裁庭。2017 年泸州市局争取 110 万元专项资金对全市仲裁院进行升级改造，截至 2018 年 5 月，全市 8 个劳动人事争议仲裁院全部成功创建为省级"示范仲裁院"，成为四川全省全部成功创建"示范仲裁院"的三个市（州）之一。全市各仲裁院均由同级财政予以经费保障。

二　调解仲裁工作情况

（一）案件处理情况

2018~2023 年，全市共处理劳动人事争议 17853 件，涉及当事人 17421 人，涉及金额 61917.28 万元，当期结案率为 98.37%，调解结案 9515 件，裁决结案 3744 件，不予受理及其他方式结案 4594 件，调解成功率为 70.29%，仲裁裁决率 29.71%。全市仲裁员人均每年独立办案数为 458 件，仲裁员人均每年参与办案数为 700 件以上。

（二）案件争议特点

一是争议类型多样化。近六年，全市劳动人事争议类型主要集中在劳动报酬、社会保险、确认劳动关系、终止和解除劳动合同的经济补偿和赔偿金、未休年休假待遇、竞业限制、工伤待遇等方面。除确认劳动关系和工伤待遇争议外，当事人往往都是同时提出多个诉求。二是行业分布广泛复杂。在受理的争议当中，用工主体涉及各行各业，国有企业、大中型企业争议较少，争议主要发生在中小型服务行业、制造业、建筑业、运输行业等，特别是新业态群体的争议逐渐增多，引发原因主要在于用工主体不明、用工特点

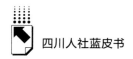

异于传统劳动关系的要件和特征、社会保障薄弱等。三是争议数量呈上升趋势。由于经济下行和新冠疫情冲击、用工不规范、劳动者维权意识增强、基层调解组织作用发挥不够等因素，劳动争议数量仍然居高不下，特别是2021年和2022年的增幅较大，其中增幅最大的是江阳区，2022年达到了50%。四是案件调处难度增大。用人单位停工、停产、倒闭引发的欠薪案件大量积压到各级仲裁机构，用人单位已无经济支付能力，案件无法通过调解方式化解；部分涉及敏感行业和企业，高管、高级技术人员等群体案件疑难复杂，且具有较大社会影响，在兼顾政治效果、法律效果、社会效果的同时维护当事人的合法权益，调处难度进一步增大。

（三）办案质量情况

近六年，全市办案质量总体水平较好，对于当事人不服裁决结果诉讼至人民法院的情况，经审理后的改判率和撤销率低，当事人对裁决结果满意度高。全市仲裁裁决案件平均起诉率为15%，人民法院改判率低于30%。

三 面临形势及主要问题

（一）办案力量严重不足

调解仲裁工作主要包括处理劳动人事争议、制度机制建设、矛盾纠纷多元化解、基层调解组织建设、裁审衔接、法律援助、劳动保障法律法规及相关政策宣传、劳动争议的预防等工作。目前，全市仲裁人员队伍无法满足仲裁办案需要，与做好新时期高质量调解仲裁工作的要求还有距离。

（二）专业化程度不高

全市劳动人事争议仲裁系统中具有法学和社会保障专业背景的仲裁员仅占30%，而仲裁员专业化程度不高，导致在处理复杂疑难案件时不能准确作出处理，在面对新时期复杂多变的新型用工关系发生的争议时更加不适应。劳动人事争议调解仲裁工作的专业化需要仲裁员具备专业的知识，其中不仅要具备专业的能力和技巧，而且要具备胜任劳动人事争议调解仲裁工作所承载职能职责的能力。

（三）专业培训较少

虽然每年四川省市都举办了培训活动，但每次参加培训的名额有限，而泸州市组织的相关培训也比较少，基层仲裁员相互交流的机会有限，提升能力水平的方式和渠道缺乏，基层仲裁业务能力水平有待提升。

（四）仲裁队伍不稳定

近年来，由于劳动人事争议案件量激增，基层仲裁员普遍反映工作任务繁重，面临着办案补助取消，工作热情和积极性受挫。同时，因机构改革编制冻结、参公暂缓、职业前景不明等原因让部分人员或多或少有想法、有情绪，造成人才流失大的现象，一定程度上影响了仲裁工作质效。

（五）工作创新能力不足

在探索创新办案方式，提升矛盾纠纷多元化解、基层调解组织建设、裁审衔接、信息化等工作上创新不够，措施办法少，工作特色亮点不多，宣传成效不明显，与北上广深、成都、重庆等先进地区相比差距较大。

四　对策建议

（一）全面加强仲裁队伍建设

坚持党建引领，深入开展学习贯彻习近平新时代中国特色社会主义思想主题教育，强化仲裁员政治理论学习，加强基层调解仲裁队伍建设。加大业务技能培训力度，不断提升仲裁员和调解员的整体业务素质和能力水平。

（二）全面提升调解工作效能

认真贯彻《四川省劳动人事争议预防调解工作规定》，加强与法院、司法、工会、经信、信访、工商联等部门联动，在预防和处理争议的过程中进一步提升劳动人事争议仲裁的影响力，着力提高争议处理效能，全面提升基层治理能力和水平。

（三）不断提升仲裁办案质效

深入实施《四川省劳动人事争议调解仲裁智能化建设规划》，加强调解仲裁办案标准化、规范化、信息化建设，全面提升仲裁机构信息化水平，推进仲裁工作数字化转型，努力满足群众办理劳动人事争议调解仲裁便利化需求。

（四）建立监督激励机制

加大违法违纪警示教育力度，全面加强调解仲裁工作监督，发现苗头问题及时纠正制止，强化监督考核问责机制，确保调解仲裁工作公平公正、阳光透明。借鉴广东、成都等地做法，研究仲裁员（调解员）办案补助办法，健全工作激励机制，进一步激发基层仲裁员（调解员）工作热情，持续稳定基层调解仲裁员队伍。

（五）探索创新工作模式

深入贯彻中央、省委决策部署，探索新时代新征程构建中国特色和谐劳动关系新路径新模式。按照人社部印发的《区域和谐劳动关系高质量发展改革创新试点方案》以及习近平总书记关于推动成渝地区双城经济圈建设的战略部署和川渝两地党委、政府的工作要求，积极推进国家区域和谐劳动关系高质量发展改革创新试点，切实加强与重庆市永川区、江津区的劳动人事争议跨区域协作、信息共享、经验交流，深化拓展《"泸永江荣"调解仲裁工作联席会议制度》内容，切实维护当事人合法权益，全力促进劳动关系和谐稳定，为"泸永江荣"融合发展示范区建设做出积极贡献。

农民工工作篇 ⊃

B.14

四川省返乡下乡创业研究报告

四川省农民工返乡创业研究课题组*

摘　要：　　就业是最基本的民生。促进农民工等重点群体返乡下乡入乡创业是推进实施乡村振兴、就业优先战略和城乡融合发展的重要举措，是激发就业创业活力、拓宽就业增收渠道、实现共同富裕的重要途径。2018年，四川省政府办公厅印发《关于印发促进返乡下乡创业二十二条措施的通知》（川办发〔2018〕85号，以下简称《二十二条措施》）以来，全省农民工等重点群体返乡下乡入乡创业热潮迅速掀起，创业动能显著增强，创业规模持续增大，吸纳就业容量不断攀升，为四川"农民工经济"发展壮大注入了强大动能，但也面临政策效应减弱、政策供给不精准、政策条块衔接不紧密和政策知晓度不高等现实问题，加之当前国际国内形势变化、经济下行压力加大、经济结构深度调整、创业者创业需求及创业观念发生变化，对

* 课题组组长：侯明，四川省人力资源和社会保障厅农工处处长；课题组成员：曾礼勇，四川省人力资源和社会保障厅农工处副处长；周可，四川省人力资源和社会保障厅农工处四级主任科员；赵华文，四川省人力资源和社会保障科学研究所所长；马杰，四川省人力资源和社会保障科学研究所助理研究员。

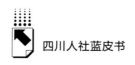
《二十二条措施》开展政策绩效评估并有针对性地调整优化很有必要。为客观评估工作，课题组先后赴成都、绵阳、德阳、广元、宜宾等地开展实地调研，面向19个省级部门书面调研和座谈访谈，面向全省21个市（州）创业者发放问卷8574份，从政策成效、面临问题、政策对比、政策建议和工作建议等五个方面进行了研究分析。

关键词： 返乡下乡创业　政策绩效评估　四川省

一　政策成效

（一）返乡下乡入乡创业积极性有效调动

《二十二条措施》从办理证照、土地支持、平台搭建、财政支持、金融担保、创业服务、试点示范、表彰奖励等环节，全链条式制定了各项扶持创业的优惠政策，同时明确了扶持资金来源渠道，有效激活农民工等重点群体返乡下乡入乡创业的积极性。抽样调查数据显示，返乡下乡入乡创业项目整体逐年增长，2012年以前创业项目累计995个，占全省创业项目总量的11.6%；2012~2017年创业项目累计1658个，占全省创业项目总量的19.3%；2018年至2023年12月前创业项目达5921个，占全省创业项目总量的69%，新创项目增幅明显，一定程度上反映出《二十二条措施》政策效应明显（见图1）。

（二）农业农村创新创业活力有力激活

《二十二条措施》明确将"下乡创业"纳入政策扶持范围，规定创业者引进项目、资金和技术的，按当地招商引资相关政策给予优惠和奖励，对符合条件的创业项目可享受国家惠农和小微企业扶持政策，并要求省直有关部门细化政策措施配套跟进。四川省农业农村厅、人力资源和社会保障厅等部门先后印发《四川省现代农户家庭农场培育行动方案（2019—2022年）》

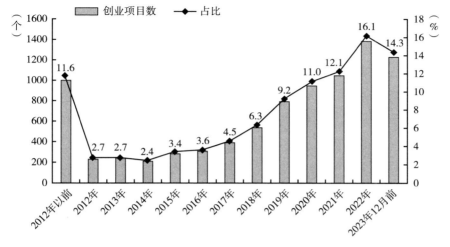

图1 各年创业项目分布情况

资料来源：课题组抽样调查问卷。

《全省县乡村三级农业社会化服务体系建设方案》等具体政策措施，加大家庭农场、农民合作社、劳务服务体系等培育和扶持力度，进一步延伸释放《二十二条措施》政策效应。根据四川省农业农村厅统计数据，全省家庭农场数量从2018年的5.3万家增长到2022年的22.6万家，增幅达到330.2%（见图2）。从创业项目分布行业来看，抽样调查数据显示，全省返乡入乡创业项目以农林牧渔业类为主，占比38.7%，其次是批发和零售业，占比18.1%，住宿和餐饮业占比13.2%，居民服务、修理和其他服务业占比11.7%，建筑业和制造业分别仅占4.2%、3%（见图3）。

（三）返乡下乡入乡创业硬件保障功能不断增强

《二十二条措施》对创业项目为刚需的林地支持、用电保障、园区平台等要素保障扶持政策，有效地增加了农民工等重点群体返乡下乡入乡创业的可能性和成功率。在用地支持方面，农业农村厅、四川省林业和草原局先后印发了《关于进一步规范农村土地经营权流转的通知》《四川省集体林权流转管理办法》等政策文件，进一步明确和细化了土地流转具体办法，为创业

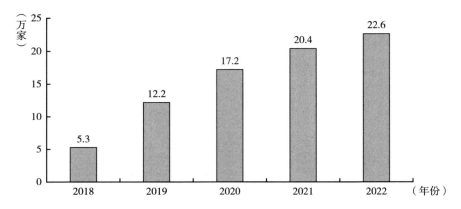

图2 2018~2022年家庭农场数量

资料来源：四川省农业农村厅。

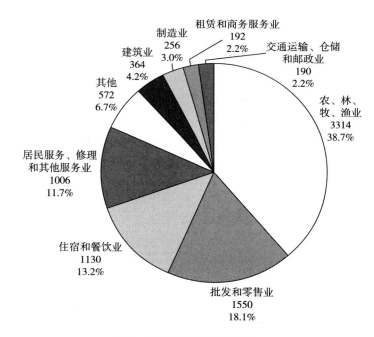

图3 创业项目行业分布情况

资料来源：课题组抽样调查问卷。

项目提供了政策保障。比如，平昌县浙川乡村振兴金宝山示范园基础设施项目、平武县虎牙上游农村道路及大熊猫国家公园虎牙入口示范区科普教育基地项目、广元市中央森林康养大道建设项目等项目建设用地保障得益于此项政策措施。据统计，2018年以来，全省建设土地流转市场72个、省级林权流转交易平台网店133个，累计办理涉农项目500件，永久使用林地面积868公顷，受理土地承包纠纷数88010件、土地流转纠纷数42063件。用电方面，按照规定，对返乡下乡创业者开展农业、林木培育和种植、畜牧业、渔业生产以及农产品初加工用电执行农业生产用电价格。印发《四川省发展和改革委员会关于农村保鲜仓储设施用电价格政策有关问题的通知》，支持家庭农场、农民合作社、供销合作社、邮政快递企业、产业化龙头企业建设产地分拣包装、冷藏保鲜、仓储运输、初加工等设施，对其在农村建设的保鲜仓储设施用电实行供电区域范围内相应农业生产用电价格。印发《四川省发展和改革委员会关于四川电网2020~2022年输配电价和销售电价有关事项的通知》，四川省农业生产用电价格进一步降低10%。从国网四川省电力公司的数据来看，2019~2022年全省农业生产用电量呈明显上升趋势，反映出农业生产发展持续向好（见图4）。

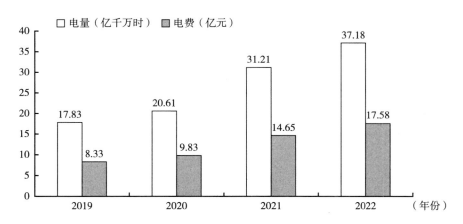

图4 2019~2022年全省农业生产用电情况

资料来源：国网四川省电力公司。

（四）返乡下乡入乡创业融资难题部分缓解

《二十二条措施》针对农民工等创业者普遍反映的融资难等金融问题，从担保贷款、普惠金融、信用乡村和信用园区建设、保单贷款融资、试点"三权"进行抵押贷款、特色农业保险等方面出台了系列政策，解决了部分创业者创业资金问题。截至 2023 年 12 月，全省金融机构为创业苗圃、孵化器、加速器、产业园等创新创业载体建设提供授信 230 亿元、贷款余额 143亿元；为科技人员、海外高层次人才、青年大学生和草根能人等创新创业主体提供授信 60.86 亿元、贷款余额 40.38 亿元；为四川青年创业促进计划提供授信 699 亿元、贷款余额 64 亿元；累计发放创业担保贷款 364.21 亿元，其中 2022 年发放创业担保贷款 53.5 亿元，完成目标任务的 133.7%，同比增长 37%，直接扶持自主创业 2.07 万人，带动（吸纳）就业 8.13 万人（见图 5）；农村承包土地经营权抵押贷款已在 19 个市（州）落地，贷款余额 47.18 亿元，林权抵押贷款余额 65.06 亿元。

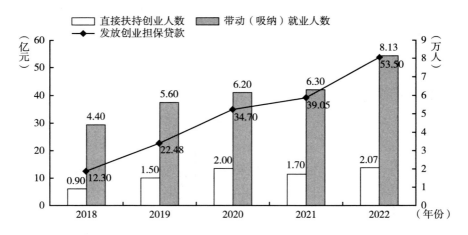

图 5 2018~2022 年全省创业担保贷款情况

资料来源：四川省就业服务管理局。

（五）返乡下乡入乡创业降本增效取得实效

《二十二条措施》把财政硬投入作为政府支持返乡下乡入乡创业的"硬抓手"，对符合条件的创业者或创业企业给予一次性创业补贴、吸纳就业补贴、岗位补贴和社保补贴，鼓励各地设立返乡下乡入乡创业基金，撬动更多社会资本投入支持。四川省农业农村厅牵头设立了"四川省乡村振兴投资引导基金"，四川省商务厅牵头设立了"四川省电子商务产业股权投资基金"，重点支持现代农业产业体系、乡土特色产业、乡村新型服务业、农村电商等返乡下乡入乡创业项目。据统计，2019～2022年，四川省对48家首发上市企业进行补贴，补贴金额4800万元。仅2022年，全省落实促进就业创业相关税费优惠政策55.2亿元。持续发放创业补贴支持大学生创业，从2018年到2022年，共计发放2.4亿元（见图6）。持续助力返乡农民工创业，2022年发放创业补贴8282万元，2023年1～8月发放3962万元。

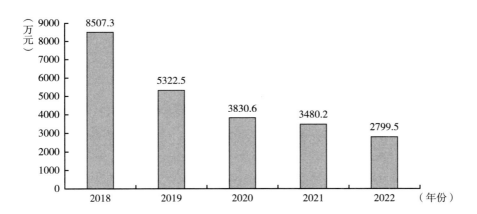

图6　2018～2022年大学生创业补贴发放情况

资料来源：四川省就业服务管理局。

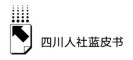

（六）返乡下乡入乡创业人才队伍不断壮大

《二十二条措施》规定建立创业服务平台、组建专家服务团队、开展返乡下乡创业培训专项行动和创业带头人培养计划及创业困难帮扶等措施，积极为创业者提供创业指导、创业咨询、创业帮助，从而降低创业风险。返乡下乡入乡创业人才队伍不断壮大，据统计，截至2023年6月，全省共建立108个县级电商公共服务中心，培训农村青年、返乡农民工等人员79万人次，培训孵化网商2万余个，农村电商带动就业超过90万人。全省返乡创业培训坚持应培尽培，2019~2022年共培训农民工26.29万人次（见图7）。"三支一扶"工作有序开展，招募高校毕业生数量逐年稳步上升，持续为基层提供人才支撑（见图8）。专家服务基层成效明显，据四川省专家中心数据显示，2018年以来，举办专家下基层活动145场，共计邀请高级专家3966人次，举办专家讲座、座谈交流4656场，开展专家指导11834场，解决问题19472个，提出意见建议5854条，受惠企业1033家，惠及群众72.1万人次（见表1）。

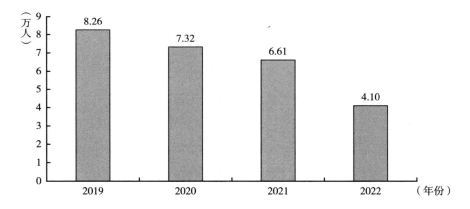

图7　2019~2022年全省返乡创业培训人数情况

资料来源：四川省人力资源和社会保障厅。

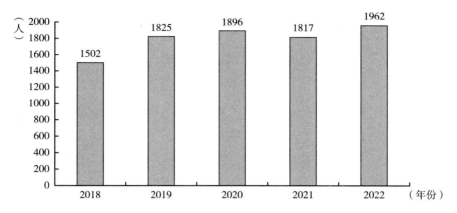

图 8　2018~2022 年全省"三支一扶"人数统计情况

资料来源：2018~2022 年四川省人力资源和社会保障事业发展统计公报。

表 1　2018 年~2023 年 8 月专家服务基层统计

年份	活动场次（场）	邀请专家（人次）	举办讲座、座谈交流（场）	开展专家指导（场）	解决问题（个）	提出意见建议（条）	受惠企业（个）	惠及群众（人次）
2018 年	19	397	576	895	1200	397	140	100000
2019 年	32	850	1321	2078	3810	850	205	110000
2020 年	30	1023	1368	4025	5338	1056	158	200000
2021 年	32	1008	705	3513	7670	1126	166	200000
2022 年	18	383	614	1047	1176	2004	125	58000
2023 年(1~8 月)	14	305	72	276	278	421	239	53000
合　计	145	3966	4656	11834	19472	5854	1033	721000

资料来源：四川省专家服务中心。

（七）返乡下乡入乡创业氛围明显增强

《二十二条措施》进一步明确通过开展省级返乡下乡创业示范市（州）、县（市、区）和示范园（孵化园）创建活动，评选和表彰一批省级创业明星和创业实体，激励带动创业者返乡下乡创业。在 2020 年推荐

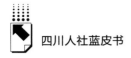
评选四川省劳动模范工作中，评选条件中明确"在扎实推进乡村振兴战略，促进农业农村优先发展，加快推进农业农村现代化，建立'美丽四川·宜居乡村'建设长效机制，促进城乡融合发展等方面作出突出贡献的"可以推荐评选省劳模。通过严格的评选程序，最终评选出返乡创业农业农村劳模42名，在农业农村劳模中占比35.3%。截至2022年底，全省共培育县级以上返乡入乡创业明星4438名，优秀农民工当选各级党代表2.6万人、人大代表3.5万人、政协委员0.24万人、县级以上劳动模范0.1万人。

二 面临的问题

（一）政策供需匹配性不够

当前，政策支持返乡下乡创业虽取得一定成效，但现有政策与创业者需求还有差距，比如，金融类扶持政策多数针对的是有一定发展基础的企业，现实中多数返创人员达不到政策要求，存在创业担保贷款额度较低、基金规模较小、业务系统信息化水平低等问题。调查数据显示，资金问题是返乡下乡创业的第一大"拦路虎"。部分创业者进入社会工作的时间较短，资金积累相对不足，缺乏资金成为制约其返乡创业的最主要因素。返乡创业资金主要是自有资金，经营所需流动资金多依赖银行贷款，但银行贷款受制于担保和抵押，担心放贷风险，对放贷持谨慎态度，在资产抵押、担保等方面要求较高，多数返乡下乡创业者缺少有效抵押物，难以找到符合要求的担保人，导致其贷款难。例如，调查显示，仅一成左右的创业项目进行抵押贷款，共有852项。其中，抵押物为房产的最多，共654项，其次分别为农民住房财产权（84项），农村土地承包经营权（57项），农村集体经营性建设用地使用权（29项），土地流转收益保证（19项），林权（9项）（见图9）。

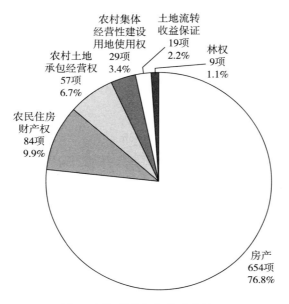

图9　抵押贷款抵押物分布情况

资料来源：课题组抽样调查问卷。

（二）条块政策衔接性不强

各级政府虽然出台了一系列政策，但相应的配套政策没有随之建立健全。各部门优惠政策的落实，涉及发改、农业农村、自然资源、经信、商务、经合、财政、税务等方方面面，部门间的政策多，联动性不强，一方面，申报程序繁琐，导致部分优惠政策"看得见"但"摸不到"，"听得到"但"享受不了"，另一方面，实施难度较大，导致返乡下乡创业启动资金、优惠政策、教育培训等工作落实不到位，一定程度上挫伤了创业群体的积极性。比如，土地政策（设施农用地）仍是制约返乡下乡创业提升发展的一大瓶颈，新型农业经营主体扶持项目、电商发展扶持项目资金需要针对返乡下乡创业新形势进行调整和完善。调查显示，享受到流转土地补贴政策和种粮大户补贴政策的创业项目不足五成，主要原因是条件不符合。经营流

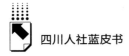

转土地项目中，48.5%的创业项目享受到流转土地补贴政策和种粮大户补贴政策。未享受的原因方面，条件不符合排在首位，占比47.1%，其次分别为不知道这项政策（占比35.5%），符合条件自己未申请（占比12%），还有3.1%符合条件但政府未给办理（见图10）。

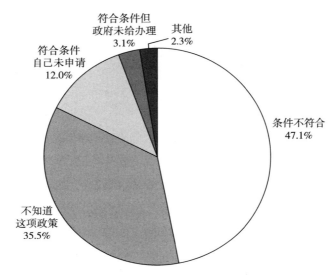

图10　未享受流转土地补贴政策和种粮大户补贴政策的原因分布

资料来源：课题组抽样调查问卷。

（三）政策效应有所衰减

一方面，从四川省促进返乡下乡创业政策体系来看，部分政策在经济发展相对落后、创业资源不足和专业人才相对匮乏等条件下，难以有效发挥作用。比如，国家级电子商务进农村综合示范项目在财政支持后，个别示范县由于人口流量、地理位置等原因，出现了村级电商物流站点运营困难的问题。另一方面，从四川省返乡创业人数和市场主体来看，各市（州）普遍反映创业项目存在同质化强、竞争力弱、规模较小、发展动力不足等问题，部分返乡下乡创业者由于缺资金、少经验，创业项目选择不够专业、理性，往往会选择进入农林牧渔、批发零售等门槛不高、前期投入不多、相对比较熟悉的行业，创业活动容易引发激烈的竞争，并且容易受到市场波动的影响，导致部分政策落地较难，对返乡创业难以形成深度扶持。

（四）部分政策知晓度不高

调查发现，返乡下乡创业者对政策的知晓度和享受度相对较低。从政策整体认知情况、专项政策落实情况、普惠性政策实施情况看，一方面，了解《二十二条措施》相关政策的创业者不足六成，超过五成的创业项目不在五类政策覆盖范围内；另一方面，具体到各项扶持政策，不知道相应政策、条件不符合是创业者未能享受的主要原因。这就反映出我们政策宣传力度还不够，鼓励创业氛围不够浓厚，部分创业者不知道去哪找政策，也不知道自己是否符合条件享受政策扶持，还有创业者虽然听说过政策却不知道怎么申请，导致政策的可及可感度较低。调查发现，比较了解和非常了解政策文件的创业者占比达到 56.2%，另有 23.7% 的创业者只是知道有这些政策，对于具体政策措施和内容则没有详细了解，还有 20.1% 的创业者对相关政策不太了解，甚至完全没听说过（见图 11）。

三　政策对比

目前，四川省和河南省、重庆市等地都已出台促进返乡下乡创业的相关政策，既有政策共性、又有政策特性，主要围绕扶持政策、要素保障、人才服务等方面提出了政策措施（见表 2）。

从政策覆盖面来看，河南省将返乡创业人员支持范围扩展到豫商豫才；广西壮族自治区将返乡创业人员支持范围扩展到科技人员、留学回国人员、工商企业主和农村能人；四川省《二十二条措施》细化了国家政策，参考借鉴了河南等省（自治区、直辖市）的经验做法，同时结合本省实际，涵盖了农民工、大学生和复员转业退役军人等创业者从项目立项到创业成功的全过程，从办理证照、土地支持、平台搭建、财政支持、金融担保、创业服

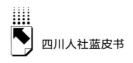

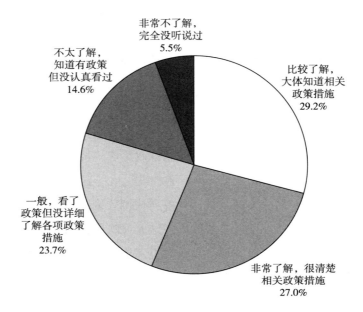

图11 创业者对政策的整体了解程度

资料来源：课题组抽样调查问卷。

务、试点示范、表彰奖励等环节，全链条式制定了各项扶持创业的优惠政策。

从政策支持来看，北京市出台七项措施优化创业就业支撑平台，畅通三类人员返乡下乡渠道，完善保障措施，为返乡下乡人员工作生活提供便利；陕西省出台17项措施支持外出人员返乡创业，主要体现在"两个通道、一个环境、三大支持、三项保障"；重庆市坚持问题导向，从加强政策支持、加大培训力度、优化服务方式、强化人才支撑、抓实组织引导等五个方面，将返乡入乡创业人员反映的融资、服务、人才、风险应对的难题，在重点政策完善和政策落实上，出新招、出实招，促进农民工等返乡入乡创业，促进实现乡村全面振兴；江苏省以现有各类园区为依托，加强多元要素保障，优化创新创业环境，构建系统完备的返乡入乡创业平台支撑体系，实现资源集约高效利用和共建共享，促进返乡入乡创业高质量发展；河南省围绕土地、资金、人才等返乡创业核心要素，实化细化 22 条措施，比如，将返乡创业的退役军人纳入开业补贴支持范围，建立服务站，以商引商、以才引才，吸引更多豫籍成功人士回归创业，建立信用乡村、信用园区推荐免担保机制，建立返乡创业技术技能人才引进"绿色"通道等；四川省《二十二条措施》着力在工作责任主体、创业主体培育、要素保障、金融信贷、财政支持、人才支撑、创业服务、氛围营造等 8 个方面创新和细化了创业扶持政策，政策更加细化，可操作性更强。

从政策落实来看，各地推动返乡下乡创业工作的意识不断增强，政策支持和服务保障不断加强，返乡下乡创业环境不断优化，返乡下乡创业工作打开了新局面，有力助推了乡村振兴战略和就业优先战略深入实施。重庆市把返乡入乡创业工作摆上重要议事日程，建立返乡入乡创业工作会商机制，人力社保、财政、农业农村等部门分工合作，合力推动返乡入乡创业组织引导；河南省、四川省建立了政府主要负责人牵头负责、有关部门（单位）共同参与的工作机制，制定了本地区推进返乡下乡创业工作的规划和具体办法，并从组织领导、目标责任、示范带动、宣传引导等方面加大组织保障力度。

表 2　部分地区促进返乡下乡创业政策清单

地区	主要政策	主要内容
北京市	北京市人力资源和社会保障局 北京市农业农村局关于支持返乡下乡人员创业就业的实施意见（京人社事业发〔2019〕161号）	在优化乡村创业就业支撑平台、畅通各类人才返乡下乡渠道、完善社会保障政策等方面提出了政策措施
重庆市	重庆市人力资源和社会保障局 重庆市财政局重庆市农业农村委员会关于进一步推动返乡入乡创业工作的通知（渝人社发〔2020〕74号）	在加强政策支持、加大培训力度、优化服务方式、强化人才支撑、抓实组织引导等五个方面提出了政策措施
江苏省	省发展改革委关于进一步支持返乡入乡创业的通知（苏发改就业发〔2021〕1121号）	在强化财政税收金融支持、健全生产经营用地保障、提升人力资源开发水平、依托园区促进创业就业等方面提出了政策措施

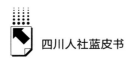

续表

地区	主要政策	主要内容
河南省	河南省人民政府办公厅 关于推动豫商豫才返乡创业的通知（豫政办〔2022〕84号）	加强政策支持、强化用地保障、加强资金支持、优化创业服务等方面提出了政策措施
	河南省县域农民工市民化质量提升行动实施方案（豫人社函〔2023〕71号）	在促进农民工就业创业、维护农民工劳动保障权益、提升基本公共服务均等化水平、推动农民工社会融合、提升服务农民工能力等方面提出了政策措施
广西壮族自治区	广西壮族自治区人民政府办公厅 关于进一步支持返乡下乡人员创业创新 促进农村一二三产业融合发展的实施意见（桂政办发〔2019〕1号）	在简化市场准入、改善金融服务、加大财税政策支持、强化用地用电保障、开展创业创新人才培训、完善社会保障政策、强化信息技术支撑、创建创业园区（基地）等8个方面提出了政策措施
陕西省	陕西省人力资源和社会保障厅 陕西省财政厅 陕西省农业农村厅关于进一步推动返乡入乡创业工作的若干意见（陕人社发〔2020〕14号）	在加强创业载体建设、加大创业融资支持、增强创业培训效果、提高创业服务质量、提供有效人才支撑等方面提出了政策措施
	支持返乡创业推动乡村振兴的若干措施（2023年）	包含坚持规划引领、加强信息对接、优化行政审批、强化服务保障等17条具体政策措施
四川省	四川省人民政府办公厅 关于印发促进返乡下乡创业二十二条措施的通知（川办发〔2018〕85号）	在工作责任主体和创业主体培育、要素保障、金融信贷、财政支持、人才支撑、创业服务、氛围营造等8个方面创新和细化了创业扶持政策

四　政策建议

促进农民工、大学生和退役军人等人员返乡下乡创业，是落实就业优先政策、实施乡村振兴战略、推动城乡融合发展的重要举措。《二十二条措施》已实施5年，部分条款已不适应当前及今后形势变化、发展要求和创业需求，为进一步推动返乡入乡创业工作，以创新带动创业，以创业带动就业，促进农民就业增收，促进农村一二三产业融合发展，激活各类城乡生产资源要素，实现更充分、更高质量就业，实现乡村全面振兴，实现城乡融合发展，建议遵循工业化、城镇化发展规律，立足相当数量农业转移人口亦工亦农、城乡两栖的客观实际，因地制宜适时调整优化，重点从以下几个方面着力。

（一）着力于创业硬件制度保障

一要强化用地保障。要在国土空间规划范围内进一步明确单列创业项目建设用地、设施用地指标比例及使用范围，吸引更多优秀农民工等群体返乡入乡创业。探索建立土地流转价格省级统一发布机制或平台，分区分类动态发布土地流转标准指导价（幅度）及市场成交价，指导规范全省返乡入乡创业项目土地流转，减少创业矛盾纠纷和风险隐患。二要强化用电政策。重点在"农业、林木培育和种植、畜牧业、渔业生产，以及农产品初加工用电执行农业生产电价"原有政策基础上强化细化，增强可操作性。三要强化场地配套保障。要建立园区、非园区有区别的返乡入乡创业项目场地路管网等基础设施保障或补贴制度，增强政策的可控性和针对性。

（二）着力于创业金融政策扶持

一要强化担保贷款政策。要在国家政策的基础上，根据创业项目情况可适当增加财政贴息额度和时限，或根据实际确定给予市县政策。二要创新创业商贷产品。整合现有各大金融机构普惠金融政策和个性化贷款产品功能，开发创业者真正需要、金融机构切实放心、政府部门积极支持、社会各界普遍认可的"四川创业贷"（暂定名），提高创业者贷款认可度和市场性。三要创新创业保险产品。鼓励各地探索农业保险产品使用范围，把一二三产业融合项目纳入其中，逐步提升保险产品的金融功能。

（三）着力于创业财税政策支持

一要提高财政奖补标准上限和弹性。在控制全省总量的前提下，根据不

同情况调整优化创业者或创业企业招工奖补、企业岗位补贴、社会保险补贴、吸纳就业奖励、创业补贴、职业介绍补贴等各类财政奖补标准，适当降低下限、提高上限，增强政策的吸引力和支撑力。二要扩展财政奖补人群。在控制全省总量的前提下，根据创业的实际情况，有条件地把大学生创业政策扩展到农民工、退役军人等返乡入乡创业群体、创业项目，加大政策效应释放力度，增强政策的公平性和惠及性。三要扩大财政奖补范围。统筹使用各类财政资金，把县级国有劳务公司、乡镇劳务专业合作社、村社区劳务经济人等就业创业服务机构纳入财政奖补范围，加大创业服务机构的扶持力度。

（四）着力于创业氛围营造

一要加强绩效考核。要推动进一步强化返乡入乡政策兑现落实情况的检查考核制度安排，进一步发挥考核"指挥棒"作用，着重解决部分省直部门和市县党委政府重视程度不够、制定细化和兑现落实政策不力的问题。二要常态化选树创业典型。要加大创业典型人物、典型项目的选树、表彰（表扬）、宣传力度，强化先进典型人物的使用激励，多方面提升创业典型的含金量和附加值。三要建立常态化创业人才（项目）招引机制。要建立优秀创业人才和创业项目招引工作的评估机制、动态调整制度，增强招引工作的实效性。

五　工作建议

返乡下乡创业者极具发展潜能，需要精准施策，释放其能量、树立其自信、助推其发展，形成"洼地效应"，努力做到"八有"，为其提供全方位、深层次、可持续的扶持。

第一，创业有引导——加强返乡下乡创业者的引导和支持，重点鼓励有能力的人员参与创业。将返乡创业试点工作与乡村振兴战略、新型城镇化建设相结合，避免返乡创业与地方总体发展战略脱节。加大对返乡创业的宣传力度，让已经返乡和尚未返乡的各类劳动者及时了解政府鼓励和支持返乡创业的优惠政策，以及可以获得的帮助和服务。让有创业意愿的各类群体学习创业知识、了解创业规律、知晓所需能力、清楚创业风险，不鼓励没有创业能力的人盲目参与创业，重点引导和支持有点技术、有点资金、有点营销渠道、有点办厂能力、对家乡有点感情的"五有"群体返乡创业，特别是要加大吸引"能人"返乡创业的工作力度。

第二，政策有集成——统筹政策资源，搭建政策统一发布平台，积极发挥政策合力。继续强化组织领导，加强工作协调，将国家和四川支持返乡创业的优惠政策和乡村振兴、特色小镇建设、精准扶贫、农副产品加工、扶持小微企业、休闲农业、农村电商等扶持政策有机结合，多方面争取政策支持。加强创业政策整合，将创业相关政策统一集中在基层平台上，提升政策的知晓度和可获得性。开辟返乡创业"绿色通道"，进一步改进优化创业服务，创新服务方式，丰富服务内容，提升服务的便捷性。

第三，产业有合作——依托本地资源优势，打造产业集群，构建创业生态圈。鼓励返乡创业者充分挖掘和利用当地资源优势，顺应市场需求，推动当地新业态发展和产业升级。支持创业企业加强上下游产业合作，加速资金、技术、服务和管理的提升，依托产业链发展。将政府的政策和服务优势、当地的资源优势和返乡创业者的个人优势有机结合，变以往给钱给物的"输血"为因地制宜的"造血"。

第四，服务有质量——加强创业公共服务能力建设，强化创业资源整合，着力提升服务质量。不断加强自身创业服务能力建设，提升创业服务水平，加强各类创业资源的整合，依托专业力量拓展创业培训、创业指导、创业孵化等服务功能，嫁接植入创业选项立项、技术支撑服务、融资融商、经营指导、人才供求、行政审批等综合服务功能，让基层创业服务平台成为各职能部门和社会组织发挥作用的共同平台。大力发展创业服务市场中介组织，支持培育和发展专业化创业服务机构，鼓励创业孵化平台、教育培训机构、创业指导咨询服务企业、电子商务平台、行业协会、群团组织等社会各方参与，提升创业服务的精细化水平，针对创业项目的萌芽、孵化及成长等不同阶段，结合青年创业者的不同需求，形成相互衔接、各有侧重、协调联动的服务体

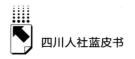

系，将创业服务从碎片化发展为系统化、由单点式扩展至全过程。

第五，园区有扶持——继续加强园区建设，不断完善园区功能，加大返乡创业扶持力度。加强返乡创业园区建设和资源整合，进一步增强软性服务功能，落实奖补政策，聚集创业要素，降低创业成本。对从事小规模经营创业的返乡创业者，可以通过进入孵化基地的途径解决经营场地的问题，而对于需要较大场地的生产制造业、加工业和种植养殖业，通过创业园区提供经营所需场地和配套设施。在建设或整合创业园区之前，要对在返乡创业可能涉及的领域摸底调查，合理布局园区内部产业结构，形成互补、有序的产业链，降低上下游部门、行业之间衔接的成本，最大限度发挥园区对创业的支持作用。要加强创业孵化园区的孵化功能建设，尤其是创业指导和辅导功能的提升。要着力培养和引进创业载体运营、创业指导和辅导专业人员，使创业者能及时有效地得到相关帮扶和指导。

第六，资金有帮助——积极拓宽融资渠道，努力破除融资障碍，提高创业扶持资金的可获得性。开发适应返乡创业人群的金融产品和符合新型农业经营主体特点的金融服务，探索设立"返乡创业"专项贷款、特色农产品开发贷款等返乡创业信贷产品。用好创业担保贷款政策，不断优化服务流程，减少不必要的限制条件和审批环节，提升贷款发放速度，探索自然人担保、园区担保、财产担保、"公司+农户"担保等多种方式，降低贷款获取门槛。建立健全政银企合作机制，创新融资模式，完善项目遴选机制和风险防控机制，提高开发性金融对返乡创业的支持作用。推动"两权"抵押、林权抵押等多种返乡创业贷款抵押品创新，完善确权登记、抵押品价值评估、交易平台建设、处置方式确定等配套改革，使政策落到实处。加强对返乡创业投资的引导和扶持，调动社会资本对返乡创业的参与，多渠道拓宽创业投资资本来源。

第七，人才有培养——加强创业人才培养，探索新型培养方式，不断提升创业能力。针对返乡创业所需知识技能，结合各市（州）经济特色，让返乡创业人员都能接受一次有政府补贴的创业培训。根据返乡创业者的实际需要分类开发不同主题培训项目，提高培训的针对性。加强创业师资队伍建设，建立企业家、创业专业人士、专家学者等组成的创业导师队伍。积极创新培训模式，引进来和走出去相结合，重点加强创业实践能力的培养。加强创业实训示范基地和创业孵化基地建设，探索培训与实操相捆绑模式，在返乡创业者在创业过程中强化培训，使培训切实提高创业能力。

第八，发展有支持——建设创业友好的营商环境，加强对返乡创业的深度支持。进一步加强基础设施建设，改善交通、网络、物流等创业条件，规范市场秩序，创造良好的营商环境。与返乡创业工作相结合，加强人才的培养和引进，使返乡创业项目能够招聘到合适的人才。加强对返乡创业项目成长阶段的扶持，在观念上加强引导、在资金上给予支持、在能力上重点培养、在市场上提供帮扶，引导和支持有潜力的返乡创业项目做大做强。

B.15
四川省农民工基本公共服务体系建设报告

赵华文　黄　文　韩　琪　王汉鹏*

摘　要：　健全农民工基本公共服务体系，是贯彻落实以人民为中心发展思想的必然要求，也是推进实现中国式现代化的重要举措。近年来，四川省委、省政府高度重视基本公共服务体系建设，坚持以农民工均等享有城镇基本公共服务为重点，加强标准化建设，强化均等化供给，提升便捷化服务，人民群众获得感、幸福感、安全感明显增强，但也面临标准不统一、供给不平衡、享受不充分、保障水平低、机制不顺畅、体系不健全等问题，需要坚持问题导向和经验导向，深入研究、推动解决。

关键词：　川籍农民工　基本公共服务体系　四川省

一　主要问题

（一）公共服务标准不统一

从全省情况看，部分基本公共服务事项缺乏国家标准或地方标准、行业标准，由有关地区、部门自行确定、各自实施，缺乏统一的标准体系；部分基本公共服务事项虽已制定实施国家标准或地方标准、行业标准，但

---

* 赵华文，四川省人力资源和社会保障科学研究所所长，长期从事劳动就业、农民工问题和社会保障等领域的理论研究和政策研究；黄文，四川省人力资源和社会保障科学研究所科研助理，主要研究方向为人社领域标准化；韩琪，四川省人力资源和社会保障科学研究所助理研究员，主要研究方向为劳动保障和人事人才；王汉鹏，四川省人力资源和社会保障科学研究所助理研究员，主要研究方向为就业创业。

也不同程度地出现城乡标准不统一、行业标准不统一、区域标准不统一、毗邻地区标准不统一等问题。例如,城乡居民基础养老金标准与城乡"低保"标准不一致,城乡居保待遇比农村"低保"水平还低;城镇和乡村公益性岗位补贴标准不一致;与兄弟省份、毗邻地区的基本公共服务标准不一致。

(二)公共服务供给不均衡

全省城乡基本公共服务供需结构性失衡现象较为普遍,未能充分考虑农民工的特征及真实需求,弱化了部分公共服务的功能。例如,农民工子女在流入地接受学前教育和跨省高中教育的问题日益凸显,特别是在成都等超大城市,农民工子女由于部分优质小学对户籍年限设定要求,面临就读公办学校难、本地升学不易等困境;保障性住房服务制度不够完善,准入门槛设置较高,未能有效覆盖所有农民工;农民工的就业咨询、技能培训、职业指导、就业援助等基本公共服务"开门等待服务"较多,"主动服务供给"较少。

(三)公共服务享受不充分

国家和省政府要求各地要建立健全城镇基本公共服务供给机制,稳步实现基本公共服务由常住地供给、覆盖全部常住人口。但由于体制机制、户籍制度和历史条件等多种原因,农民工难以和城镇居民完全共享同等基本公共服务。例如,《四川省基本公共服务标准(2022年版)》明确基本公共服务83项,但儿童关爱服务、计划生育扶助服务、老年人福利补贴、城乡居民基本养老保险、住房改造服务、最低生活保障、特困人员救助供养、医疗救助、扶残助残服务、优军优抚服务等10项基本公共服务只有本地户籍居民可以享有。

(四)公共服务保障水平低

随着基本公共服务保障范围扩大,外来务工人员和新市民纳入保障范围,各地的公共服务资源尤其是优质公共服务资源难以满足人民群众的实际

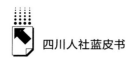

需求。有的地方保障措施尚不到位，造成基本公共服务人才流失，在一定程度上制约了服务质量的提升。例如，农村中小学的软硬件条件与城区学校差距较大，优质师资不断向城区学校流动；城乡医疗资源配置失衡较为突出，优质医疗资源集中在城市，镇（街）卫生院投入相对不足；工程建设、快递运营、商贸物流等领域的农民工社会保障水平低，社保缴费率低、工伤与失业保险受众面小，一些企业仍存在拖欠农民工工资的问题。

（五）公共服务机制不顺畅

城乡基本公共服务涉及面广，参与管理的部门多，存在"各自为政，条块分割"问题，缺乏有效的协作机制，难以形成合力。例如，农民工劳动关系协调机制不健全，基层工会组织不健全，部分企业尤其是中小型非公有制企业工会维权力量薄弱，集体协商和集体合同制度作用难以全面有效发挥；数据部门化、信息孤岛化现象较为普遍，部门间缺乏沟通协作机制，部分公共服务留有死角。

（六）公共服务体系不健全

部分基本公共服务体系大多覆盖到县级层面，未能有效延伸到乡镇，更谈不上到村社，公共服务出现断点和盲点。同时，社会组织、企事业单位参与基本公共服务的路径不够通畅，社会力量在基本公共服务提供方面的参与度有待提高。例如，公共就业服务网络没有延伸到村社，加上公共就业服务手段单一，不能满足农村劳动力外出和就地多元化就业服务需要；农村养老服务体系建立缓慢，农村老人养老绝大部分只能靠居家养老、空巢养老；农村精神文化生活大多为农闲时聊天，文化服务体系较为薄弱、泛散。

二　原因分析

造成城乡基本公共服务非均衡的因素有多方面，有历史的原因，也有现实的因素，综合起来主要有以下五点：一是受城乡二元体制制约。城乡二元体制是造成公共服务非均等化的制度性根源。长期以来，受"重城轻农"影响，在社会保险、义务教育、文化建设等方面存在城乡二元格局。政府财政资金大量投入城市公共服务，而对农村公共服务投入相对较少，导致城乡公共服务供给失衡。二是受财政管理体制制约。因受财税政策所限，市、县、镇三级财力现状与基本公共服务需求之间矛盾突出，基本公共服务的大部分职责在基层，镇、村力不从心。三是受行政区划制约。四川省很多村庄人口外流、位置偏、经济弱，投入设施建设容易造成利用率不高，浪费财力物力，不投入又出现影响基本公共服务均衡化发展的难题。四是受行政管理体制制约。对关系城乡居民切身利益的教育、医疗、文化、社会保障等方面的考核强度不够，使得基层政府对基本公共服务的供给重视不够、投入不足。五是受区域发展不平衡制约。城乡之间受历史沿革、要素禀赋、发展水平、区域条件、空间分布等因素影响，公共服务供给差距也较为明显。如经济发达地区在基本公共服务的供给数量和质量上，都明显优于经济实力弱的地区。

三　对策建议

（一）以高质量充分就业为着力点，健全城乡一体的就业服务体系

一要推动公共就业服务下沉。以创建省级高质量充分就业社区（村）为抓手，以建立健全县乡村公共就业服务、劳务服务和人力资源服务整合发展的就业公共服务工作体系为依托，在县城、中心镇和中心村规划建设一批零工市场为补充，制定全省统一的县乡村三级基本公共就业服务清单，推动岗位推送、职业介绍、技能培训和劳务输出等基本公共就业服务进村入社到户，着力构建农民工城乡一体的"15分钟便捷就业服务圈"，推动就业公共服务均等化、便捷化和品质化。二要推动城乡就业政策逐步统一。加强政策研究和资金测算，推动城镇和乡村公益性岗位补贴等城乡不同标准的就业补

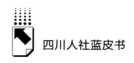

贴政策逐步统一,逐步实现城乡就业政策性岗位同岗同酬。同时,统筹兼顾不同群体的创业补贴政策标准,逐步实现大学生、农民工、退役军人的补贴范围、标准、条件相统一。三要科学配置就业培训资源。推动技能培训资源在城乡合理布局,科学设置培训内容,创新技能培训方式,提升劳动者就业技能,实现农民工进城返乡就业创业进退有技能。

(二)以宜居、安居、乐居为落脚点,健全城乡一体的住房保障体系

一要探索建立农民工住房需求调查制度。探索在县域内率先开展农民工务工地住房需求调查,建实农村进城务工农民工住房基本需求台账,对符合条件的要依法依规、分类分批解决。二要单列农民工保障性住房指标。每年在保障性住房总量中单列比例,用于农民工住房保障,实现"居者有其屋"。三要支持园区建设职工宿舍类住房。支持各类园区规划建设一批宿舍住房,依法落实保障性租赁住房在土地、财税、金融、项目审批等方面的支持政策,加强职工集中区生活配套设施建设,有效解决园区农民工"无房住""不愿住""留不住"的难题。

(三)以教育优质均衡为关键点,健全城乡一体的教育保障体系

一要合理配置教育资源。打破城乡限制,按照城乡户籍人口、常住人口和新生人口数量及变化趋势,合理配置学前教育、义务教育、高中(含职高)教育资源,着力解决农民工及其子女就学难题。二要优化就近入学条件。加大公办学校学位供给力度,增强居住证持有人随迁子女进入公办学校就读保障能力,减少或取消除居住证以外的入学条件,持续提高随迁子女在公办学校就读比例。完善随迁子女在流入地参加升学考试政策。三要扩大教育保障范围。将农民工随迁子女纳入流入地中等职业教育、普通高中教育、普惠性学前教育保障范围。

(四)以医疗便捷惠民为着眼点,健全城乡一体的医疗卫生服务体系

一要推动医疗资源下沉。加强城镇社区、乡镇卫生院和村卫生室建

设，加强医疗人才培养，保障农民工在户籍地、务工地均能便捷享有基本医疗卫生服务。二要推动卫生服务共享。完善基本公共卫生服务与常住人口挂钩机制，推动居住证、身份证信息与电子健康档案互通共享，落实农民工同等享受健康教育、儿童健康管理、孕产妇健康管理、老年人健康管理、慢性病患者健康管理等基本公共卫生服务项目。三要推动异地就医结算。推动住院费用、门诊费用跨省直接结算，扩大跨省异地就医定点医疗机构范围，推进跨省异地就医快速备案和自助备案，提高农民工异地就医便利度。

（五）以文化丰富多元为重点，健全城乡一体的公共文化服务体系

一要统筹城乡文体设施。完善城乡公共文化设施，统筹城乡公共文化服务提供和队伍建设，高水平建设城乡一体的"15分钟品质文化生活圈"和"15分钟文明实践服务圈"，提高服务的覆盖面和适用性。二要搭建城乡文体活动载体。常态化举办农民工运动会、农民工原创文艺作品大赛、农民工春晚等文体活动，鼓励和引导农民工参与群众性文化、体育赛事活动，丰富农民工精神文化生活。三要丰富文体服务供给方式。围绕新生代农民工等精神文化需求，引进和推广具有时尚性、引领性的文艺形式，打造一批有影响力、有吸引力的公共文化品牌，倡导自信乐观、积极健康的生活方式。丰富开放式网络课程、短视频等特色资源，加强线上公共文化服务供给。推动城乡公共文化服务社会化发展，引导社会力量积极参与。

（六）以民生保障有力为支撑点，健全城乡一体的社会保障体系

一要提高社会保险统筹层次。推动养老保险全国统筹，工伤保险、失业保险和医疗保险省级统筹，鼓励引导符合条件的农民工参加职工基本养老保险和职工基本医疗保险，加强基金监管和运营，增强社保基金保障能力。二要建立城乡居民基础养老金动态调待制度。坚持当期调整与长期动态调整相结合，研究建立民生政策标准动态调整机制，对标四川人均GDP全国排位，进一步加大财政投入力度，重点解决城乡居民养老保险待遇偏

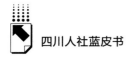

低等民生问题，逐步缩小与全国平均水平的差距。三要提升社保服务水平。引导外省户籍灵活就业人员在省内就业地办理就业登记后参加职工基本养老保险，推动养老保险、医疗保险关系跨区域转移接续更便利。完善新就业形态劳动者职业伤害保障机制，打通新就业形态劳动者单险种参加工伤、失业等保险政策，引导用人单位为劳动者缴纳工伤保险，努力实现工伤保险应保尽保。

B.16
2023年四川省农民工务工就业形势分析

四川省农民工就业研究课题组*

摘　要：　2023年，四川省农民工总量达2632.3万①，劳务收入突破7000亿元。据四川省农业农村经济研究中心监测分析，农民工务工收入占农村家庭收入的63%。农民工外出务工就业，是广大农民致富增收、广袤乡村持续发展最持久、最可靠的动力源泉。为进一步提升服务保障农民工质效，基于广大农民工普遍拥有使用手机实际，本文依托人社大数据实验室，利用中国联通手机信令大数据，对川籍农民工2023年就业规模、空间分布、流动迁徙、就业时长、就业收入、行业变化、返乡回流、县域农民工等进行全维度的精准画像并研究分析，为实施农民工高质量充分就业专项行动提供决策支撑。

关键词：　农民工　就业　四川省

一　研究设计

1.研究方法

首先，通过机器学习、卷积神经网络算法以联通用户的位置数据和三网

---

* 课题组组长：侯明，四川省人力资源和社会保障厅农工处处长。课题组成员：曾礼勇，四川省人力资源和社会保障厅农工处副处长；周韵，四川省人力资源和社会保障厅农工处三级主任科员。

① 2632.3万农民工总量基于手机信令大数据、城乡边界地理信息数据和农民身份信息数据得到，是根据联通足迹的全量人口外推专利算法，推算出的全量农民工数据。四川省农村劳动力实名制数据库系统显示，截至2023年12月底，全省农村劳动力转移就业人数达2659.37万人。

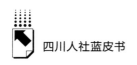
通话关系数据来推算异网用户位置，从而得出各区县联通用户市占率。其次，通过头部互联网 APP 数据及自研机器学习算法校准最终联通市占率。最后，基于城市宏观经济指标和人口抚养比校准后得到手机普及率。外推算法已获得发明专利证书，并在国家发改委、国家统计局等相关人口统计项目中应用并得到专家认可。

2. 数据来源

本报告使用中国联通手机信令数据，主要包括：匿名用户编号、时间、基站小区、时间类型、用户属性等。

手机信令数据的时间范围：2022 年 1~12 月、2023 年 1~12 月，用户量超过 3.8 亿。使用中国联通智慧足迹全量人口外推专利算法，以及人群画像识别模型、人口时空流动及返乡劳动力迁徙模型、返程返岗职住模型、劳动力供需匹配模型，开展农民工就业规模、空间分布、流动迁徙和就业形势分析。

3. 数据统计口径

就业人口：就业人口包括两部分，16 岁及以上有固定工作地的人口和灵活就业人口。（1）固定工作人口：当月在某地出现 10 天及以上，且工作日 9：00 至 17：00 在一个网格内累计停留时长最长的非居住地网格即为用户的工作地；（2）灵活就业人口：无固定工作地的灵活就业人群，如快递员、外卖骑手、网约车司机、货车司机、到家服务人员等。

农民工：基于手机信令大数据、城乡边界地理信息数据和农民身份信息数据（作为判别农村劳动力的正向种子用户），运用机器学习算法识别并确定农村劳动力的关键行为特征：春节前返乡时间特征、春节后返城特征、春节期间在农村驻留时长、全年在农村和城市驻留天数、全年农村和城市之间往返次数、月均话费、手机终端价格、消费能力指数等特征，识别出 16~64 岁的农村劳动力（不含大学生）。并根据联通足迹的全量人口外推专利算法，推算出全量农村劳动力。

新就业形态：统计频繁使用该工种所代表的 APP 人群，识别其位置轨迹，视为种子样本（如网约车司机频繁使用滴滴司机版 APP 且位置轨迹点数多），再通过行为集成技术，对种子样本的活动轨迹进行扩样，寻找全量新就业形态人群。

富裕指数：富裕指数主要利用联通运营商自2018年以来的手机信令数据和多个渠道的参考数据，对用户的资产、身份、真实消费、虚拟消费、社交及其他行为完成画像，进而通过机器学习、多维建模、抽样调查等方法对用户的富裕程度进行评估。通过富裕指数不同等级将人群分为：较低收入人群、低收入人群、普通收入人群、小康人群、准小康人群、中产人群、富裕人群。

相比于传统抽样调查，通信运营商的位置数据、性别、年龄等属性数据较为真实客观，且联通用户在中国大陆是全域覆盖，在用户群体上能够覆盖各类人群，在海量样本数据的基础上能够满足抽样样本的均匀忹。

二　就业机会形势分析

（一）地区生产总值（GDP）增速情况分析

根据国家统计局公布数据，2023年全年国内生产总值1260582亿元，按不变价格计算，比上年增长5.2%。分季度看，一、二、三、四季度分别同比增长4.5%、6.3%、4.9%、5.2%，呈现前低、中高、后稳的态势，向好趋势进一步巩固。分产业看，第一产业增加值89755亿元，比上年增长4.1%；第二产业增加值482589亿元，增长4.7%；第三产业增加值688238亿元，增长5.8%。2023年国民经济回升向好，高质量发展扎实推进。

（二）PMI（采购经理人指数）变化情况分析

根据国家统计局公布数据，2023年12月，全国制造业采购经理指数（PMI）为49%，同比增加2个百分点。2023年全年PMI平均值为49.9%，与2022年PMI均值相比，高0.8个百分点，增幅较明显。2023年PMI总体呈稳步上行态势（见图1）。

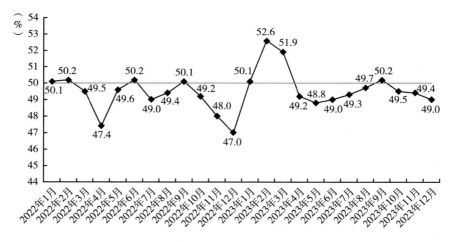

图1　全国制造业采购经理指数（PMI）走势

资料来源：国家统计局。

（三）企业登记注册情况分析

根据四川省就业局统计，截至 2023 年 12 月底，全国共登记注册企业 6461.1 万家，其中 2023 年新注册企业 1000.9 万家，较 2022 年多注册 173.5 万家，同比增长 21%，新注册企业数量同比大幅增长。从各省 2023 年新注册企业数量来看，排名前三的分别是广东 119.2 万家、山东 71.2 万家和江苏 60.8 万家，占比分别为 11.9%、7.1%、6.1%，同比分别增长 27.2%、10.7%、12.9%。从各省新注册企业数量同比增速来看，云南和西藏遥遥领先，分别增长 80.2%、79.1%，远高于全国平均水平 59.3 个百分点、58.2 个百分点。

截至 2023 年 12 月底，四川共登记注册企业 302.4 万家，其中 2023 年新注册企业 52.1 万家，占比 5.2%，全国排名第七，占比与排名前三的广东、山东和江苏相比，分别相差 6.7 个百分点、1.9 个百分点、0.9 个百分点。从四川新注册企业数量同比增速来看，同比增加 8 万家，增长 18.1%（见图 2）。从新注册企业数量在全国的占比来看，广东、山东、江苏、浙江等地务工就业机会相对多些，川籍农民工返乡务工就业机会仍然不足。

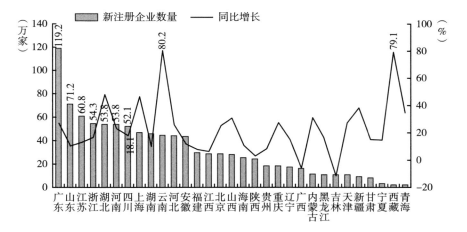

图2　2023年全国各省区市新注册企业数量及同比增长

三　全省农民工就业概况

（一）总体概况分析

2023年川籍农民工就业形势总体稳定，就业总规模达2632.3万人，同比增加9.2万人、同比增长0.3%。其中，省外务工1117.6万人，同比增加6.8万人，同比增长0.6%。省内务工1514.8万人，同比增加2.4万人，同比增长0.2%，其中，省内市外务工580万人，同比增长1.1%；市内县外务工138.5万人，同比增长3.1%；县内务工796.3万人，同比下降1%。川籍农民工近六成选择在省内务工。

（二）农民工特征分析

从性别来看，男性多于女性，并持续增多。2023年，川籍农民工男性务工规模1687.3万人，同比增长1.1%，占64.1%；女性务工规模945.1万人，同比下降0.9%，占35.9%（见图3）。

从年龄结构看，50岁以上大龄农民工增速明显。16~24岁、25~44岁、45~50岁、50岁以上农民工人数分别为221.2万人、1401.2万人、311.7万人、698.2万人，占务工总人数的比例分别为8.4%、53.2%、11.8%、26.5%（见图4），同比分别下降13.2%、0.8%、15.4%，以及增长19%。50岁以下农民工数量大幅减少，反映出未来一定时期内，劳动力的有效供给不足。

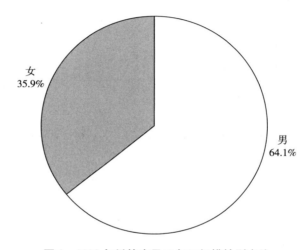

图3　2023年川籍农民工务工规模性别占比

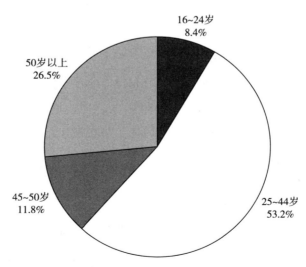

图4　2023年川籍农民工务工规模各年龄段占比

从务工区域来看，新生代农民工省外务工占比高于总体，而大龄农民工省外务工占比低于总体。新生代农民工（16~44岁）务工人数1622.4万人，其中，省外务工706.1万人，占比43.5%，高于总体1个百分点；省内务工916.3万人，占比56.5%。45~50岁农民工务工人数311.7万人，其中，省外务工144.6万人，占比46.4%，高于总体3.9个百分点；省内务工167.1万人，占比53.6%。大龄农民工（50岁以上）务工人数698.2万人，其中，省外务工266.8万人，占比38.2%，低于总体4.3个百分点；省内务工431.4万人，占比61.8%（见图5）。

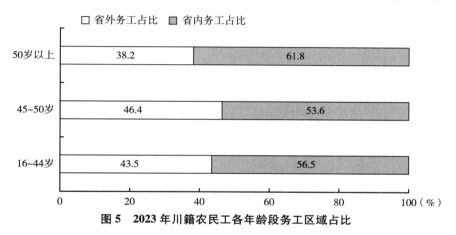

图5　2023年川籍农民工各年龄段务工区域占比

四　全省农民工就业区域分析

（一）省外务工地分析

2023年，川籍农民工省外务工1117.6万人，同比增加6.8万人，同比增长0.6%，占总规模的42.5%。

从市（州）输出规模看，转移到省外就业排名前五的是南充、达州、泸州、广安、宜宾，务工人数分别为148.8万人、108.7万人、96万人、82.1万人、77.2万人，占比分别为13.3%、9.7%、8.6%、7.4%、6.9%，合计占比45.9%。

从六大片区①看，转移到广州、上海、重庆、厦门、沈阳、北京片区的人数分别为401.1万人、297.3万人、204万人、120.4万人、57.7万人、37.1万人，同比分别下降0.4%、增长4.6%、下降3.5%、下降3.1%、下降2.9%、增长28.2%，占比分别为35.9%、26.6%、18.3%、10.8%、5.2%、3.3%，广州、上海片区务工规模最多，北京片区吸纳川籍农民工务工能力增强，重庆片区吸纳川籍农民工规模同比下降最多，一定程度反映出务工就业机会、环境和权益保障的趋势化选择。

从输出省份看，川籍农民工主要集中在东部沿海以及相邻省市。2023年，在省外务工的1117.6万农民工中，348.7万人在广东务工，占比达31.2%，同比下降0.2%；到浙江、江苏、重庆和福建务工人数分别为128.5万人、72.4万人、71.3万人、70.9万人（见图6），占比分别为11.5%、6.5%、6.4%、6.3%，五省（市）规模合计占比61.9%。

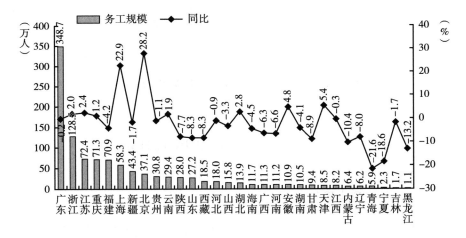

图6 2023年川籍农民工省外务工地务工规模及同比变化

---

① 六大片区如下，重庆：重庆、西藏、河南、湖北、陕西、甘肃、宁夏、青海、新疆。上海：江苏、浙江、上海、安徽、山东。广州：广东、广西、海南、云南。厦门：福建、江西、湖南、贵州。北京：北京。沈阳：辽宁、吉林、黑龙江、天津、河北、山西、内蒙古。

从城市群看，2023 年，珠三角①、长三角②、京津冀③、长江中游城市群④务工的川籍农民工分别为 311.9 万人、251.5 万人、63.6 万人、26.9 万人，同比分别下降 0.5%、增长 11%、增长 15.3%、下降 1.6%，占省外务工规模比例分别为 27.9%、22.5%、5.7%、2.4%。其中，珠三角、长三角农民工务工规模合计占比 50.4%。珠三角和长江中游城市群务工的农民工规模同比下降，长三角和京津冀的务工规模同比增幅较大，经济活跃度较高，吸纳就业能力进一步增强。

（二）省内务工地分析

2023 年，川籍农民工省内务工 1514.8 万人，同比增加 2.4 万人，增长 0.2%，占总规模的 57.5%。其中，省内市外务工 580 万人，同比增长 1.1%；市内县外务工 138.5 万人，同比增长 3.1%；县内务工 796.3 万人，同比下降 1%。

从省内务工地看，成都作为四川最大城市，备受农民工青睐，务工人数 615.5 万人，同比下降 0.4%，占比 40.6%，其次是宜宾、绵阳、凉山州、乐山，务工人数分别 87.9 万人、72.4 万人、71.3 万人、67.8 万人，同比分别增长 1.4%、3.9%、0.8%、0.3%（见图 7），占比分别为 5.8%、4.8%、4.7%、4.5%。四成以上省内务工农民工集中在成都，远高于排名第二的宜宾（5.8%）34.8 个百分点。成都务工人数微降，其余副中心区域务工人数适度增加，全省经济版图构建成效体现在农民工务工就业的选择上。

---

① 珠三角：广州、深圳、东莞、佛山、中山、珠海、江门、惠州、肇庆。
② 长三角：上海、南京、苏州、无锡、南通、常州、盐城、扬州、泰州、镇江、绍兴、嘉兴、金华、宁波、台州、杭州、舟山、滁州、芜湖、宣城、安庆、铜陵、合肥、马鞍山、池州。
③ 京津冀：北京、天津、石家庄、邯郸、廊坊、张家口、衡水、秦皇岛、承德、保定、沧州、邢台、唐山。
④ 长江中游：武汉、黄石、鄂州、黄冈、孝感、咸宁、仙桃、潜江、天门、襄阳、宜昌、荆州、荆门、株洲、湘潭、岳阳、益阳、常德、衡阳、娄底、九江、景德镇、鹰潭、新余、宜春、萍乡、上饶、吉安、南昌、抚州、长沙。

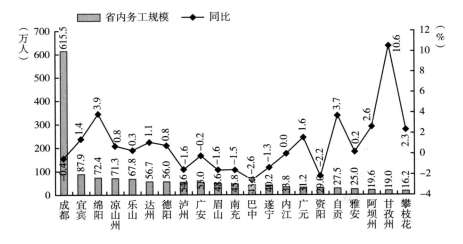

图 7　2023 年川籍农民工省内务工地务工规模及同比变化

五　全省农民工就业质量分析

（一）农民工就业稳定性分析

从务工时长来看，2023 年川籍农民工年平均务工时长 182.2 天，同比增加 12.3 天。其中，省外平均务工时长 174.1 天，增加 15.2 天；省内平均务工时长 188.7 天，增加 12.9 天。务工时长在 40 天以下 41 万人、占1.6%，减少 0.3 个百分点；40~59 天 48.5 万人、占 1.8%，减少 0.4 个百分点；60~90 天 135.7 万人、占 5.2%，增加 0.6 个百分点；90 天以上 2407.1 万人、占 91.4%（见图 8），增加 0.1 个百分点。九成以上农民工务工时长在 90 天以上，务工时长在 40 天以下、40~59 天的数量虽有所下降，但该群体务工就业的可持续性值得关注。

从省外务工时长看，2023 年省外年平均务工时长 174.1 天，同比增加15.2 天。务工 90 天以上的 1039.4 万人，占比 93%。其中，天津、海南、贵州、福建、广西占比分别为 96.9%、96.6%、96.3%、96.0%、95.5%（见图 9），高于总体 3.9 个、3.6 个、3.3 个、3 个、2.5 个百分点，务工相

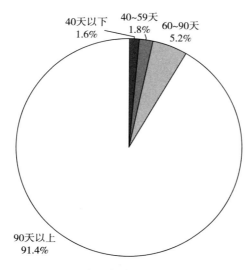

图8 2023年川籍农民工务工时长占比

对较稳定。务工90天及以下的78.2万人，占比7%。排名前五是广东、重庆、浙江、江苏、上海，人数分别为24.5万人、9万人、9万人、4.5万人、3.8万人（见图10），占比分别为31.4%、11.6%、11.5%、5.8%、4.9%，合计占比65%。

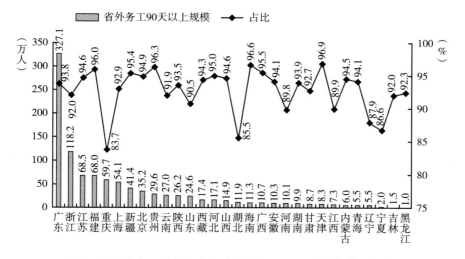

图9 2023年川籍农民工在各省区市务工90天以上规模及占比

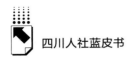
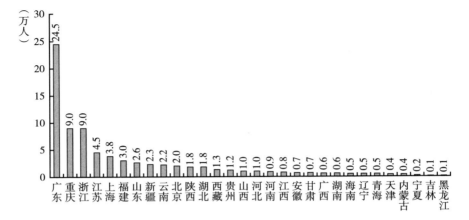

图10 2023年川籍农民工在各省区市务工90天及以下规模

从省内务工时长看，2023年省内年平均务工时长188.7天，同比增加12.9天。务工90天以上的1367.8万人，占比90.3%。其中，凉山州、眉山、绵阳、攀枝花、成都占比分别为94.5%、94.2%、93.6%、93.1%、92.0%（见图11），高于总体4.2个、3.9个、3.3个、2.8个、1.7个百分点，务工相对比较稳定。务工90天及以下的147万人，占比9.7%。排名前五的是成都、宜宾、乐山、德阳、凉山州，分别为61.5万人、8.3万人、6万人、5.6万人、5.4万人（见图12），占比为41.9%、5.6%、4.1%、3.8%、3.7%，合计占比59%。

（二）农民工省外流动性分析

从各省流出流入规模来看，2023年全国各省（自治区、直辖市）流出川籍农民工总数为178.8万人，流出较多的省份是广东、浙江、江苏、重庆、福建，分别为36万人、17.7万人、13.3万人、10.8万人、9.8万人（见图13），占全国流出总规模的比例分别为20.2%、9.9%、7.4%、6.0%、5.5%，合计占比49%；全国各省流入川籍农民工共237.7万人，流入较多的省份是广东、浙江、江苏、福建、上海，人数分别为61.7万人、25.6万人、17.5万

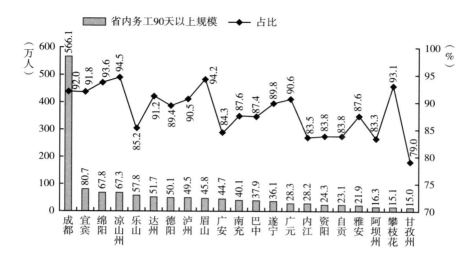

图11 2023年川籍农民工在省内各市务工90天以上规模及占比

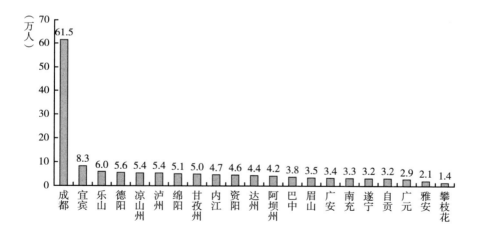

图12 2023年川籍农民工在省内各市务工90天及以下规模

人、17万人、14.9万人（见图14），占全国流入总规模比例为26.0%、10.8%、7.3%、7.2%、6.3%，合计占比57.5%。全国各省（自治区、直辖市）川籍农民工流出流入规模达416.5万，反映出省外农民工为寻找新就业机会无序流动加剧，当地产业吸纳就业能力减弱。

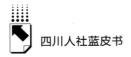

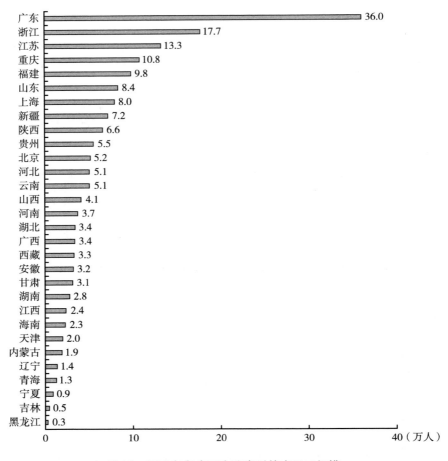

图13　2023年各省区市流出川籍农民工规模

从各省之间流动性看，2023年相比2022年全国各省（自治区、直辖市）流动的川籍农民工总数为50.7万人，其中从重庆流动到广东最多，为1万余人，占全国各省之间流动的川籍农民工总数的2%。其次从广东到浙江、上海到江苏、江苏到浙江、江苏到上海、浙江到广东、福建到广东之间流动的川籍农民工规模均在0.8万人以上（见表1）。在成渝双城经济圈战略背景下，川籍农民工舍近求远的择业选择值得研究。

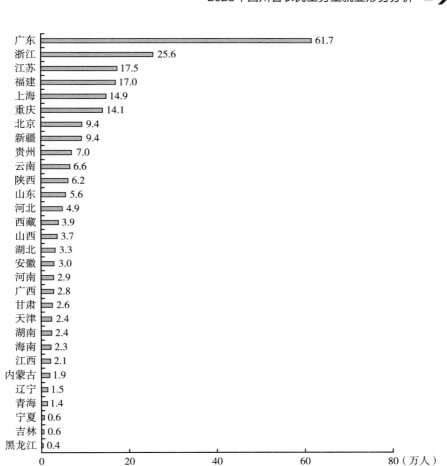

图14 2023年各省区市流入川籍农民工规模

表1 2023年川籍农民工流动规模排名前20省份

单位：人，%

流出省份	流入省份	流动规模	占比
重庆	广东	10062	2.0
广东	浙江	9668	1.9
上海	江苏	9049	1.8
江苏	浙江	8724	1.7
江苏	上海	8695	1.7

流出省份	流入省份	流动规模	占比
浙江	广东	8424	1.7
福建	广东	8366	1.7
浙江	江苏	6984	1.4
广东	福建	6452	1.3
上海	浙江	6123	1.2
广东	江苏	6122	1.2
浙江	上海	6032	1.2
广东	重庆	5617	1.1
江苏	广东	5301	1.0
北京	河北	4126	0.8
广东	上海	4118	0.8
重庆	浙江	3917	0.8
上海	广东	3770	0.7
福建	浙江	3683	0.7
广东	广西	3598	0.7

（三）农民工务工收入分析

1. 总体收入水平分析

从川籍农民工收入水平[①]来看，普通收入及以上人群2498.12万人，占比94.9%；低收入及较低收入人群134.2万人，占比5.1%（见表2）。收入在4000元及以下的较低收入人群28.95万人，建议纳入防止返贫重点关注人群。

---

① 收入水平：较低收入人群指的是年收入4000元及以下无固定工作且年度务工天数不足1个月的人群；低收入人群指的是年收入0.4万~3万元的无固定稳定工作的人群；普通收入人群指的是年收入3万~8万的从事普通工作，收入水平一般，普通职场白领等人群；小康人群指的是年收入8万~15万的生活富裕、衣食无忧、有固定经济收入来源的人群；准小康人群指的是年收入15万~35万的生活富裕、衣食无忧、有固定经济收入来源、具有一定金融资产人群；中产人群指的是年收入35万~100万的中高收入、追求注重高品质生活等人群；富裕人群指的是年收入100万以上的具有高尔夫等高端运动偏好、热衷海外旅行、偏好高端奢侈品等高消费人群。

表2　川籍农民工务工总体收入水平分布

收入水平	参考个人年收入（元）	参考场景化描述	务工总规模（万人）	占比（％）
较低收入人群	0.4万及以下	无固定稳定工作的低收入人群	28.95	1.1
低收入人群	0.4万~3万		105.25	4
普通收入人群	3万~8万	从事普通工作,收入水平一般,普通职场白领等人群	1488.85	56.56
小康人群	8万~15万	生活富裕、衣食无忧、有固定经济收入来源,具有一定金融资产人群	631.19	23.98
准小康人群	15万~35万		315.55	11.99
中产人群	35万~100万	中高收入、追求注重高品质生活等人群	62.23	2.36
富裕人群	100万+	具有高尔夫等高端运动偏好、热衷海外旅行、偏好高端奢侈品等高消费人群	0.3	0.01

2.省外务工收入水平分析

从省外务工收入水平来看,普通收入及以上人群1064.44万人,占比95.25％;低收入及较低收入人群53.13万人,占比4.75％（见表3）。省外务工收入略高于整体水平。

表3　川籍农民工省外务工收入水平分布

收入水平	参考个人年收入（元）	参考场景化描述	省外务工规模（万人）	占比（％）
较低收入人群	0.4万及以下	无固定稳定工作的低收入人群	4.82	0.43
低收入人群	0.4万~3万		48.31	4.32
普通收入人群	3万~8万	从事普通工作,收入水平一般,普通职场白领等人群	581	51.99
小康人群	8万~15万	生活富裕、衣食无忧、有固定经济收入来源,具有一定金融资产人群	281.24	25.17
准小康人群	15万~35万		160.71	14.38

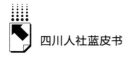

续表

收入水平	参考个人 年收入（万元）	参考场景化描述	省外务工规模 （万人）	占比（%）
中产人群	35万~100万	中高收入、追求注重高品质生活等 人群	41.29	3.69
富裕人群	100万+	具有高尔夫等高端运动偏好、热衷海 外旅行、偏好高端奢侈品等高消费 人群	0.2	0.02

从高收入人群省外务工地来看，41.5万高收入人群（中产及以上）集中在广东、北京、上海，分别为15.5万人、7.1万人、5.3万人（见图15），占比分别为37.3%、17.2%、12.7%，合计占比67.2%。省外务工高收入人群主要集中在一线城市，在经济发达区域的务工人员就业质量相对较高。

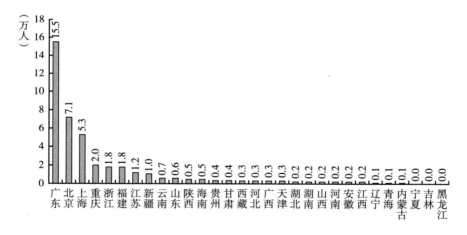

图15　2023年高收入人群省外务工地分布

从低收入人群省外务工地来看，省外务工低收入人群共48.31万人，占比为4.32%。其中，在黑龙江、宁夏、河北、湖南、山西、内蒙古务工的低收入人群占比较高，分别为8.6%、8.4%、7.8%、7.8%、7.8%、7.8%（见图16）。

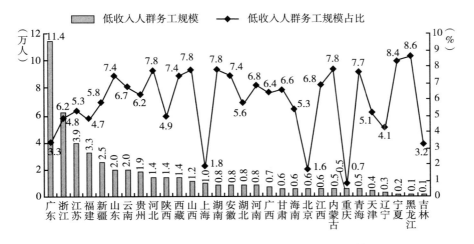

图16 2023年低收入人群省外务工地规模及占比情况

从较低收入人群省外务工地来看，省外务工较低收入人群共4.82万人，占比为0.43%。其中，在重庆、湖北、辽宁、广东、江苏务工的较低收入人群占比较高，分别为1.3%、0.6%、0.6%、0.5%、0.5%（见图17）。

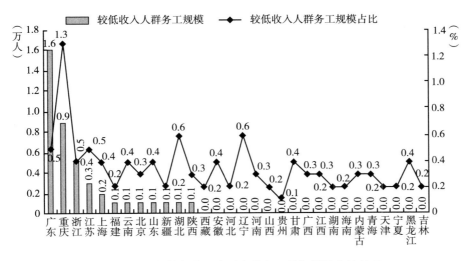

图17 2023年较低收入人群省外务工地规模及占比情况

3. 省内务工收入水平分析

从省内务工收入水平来看，普通收入及以上人群1433.68万人，占比94.6%；低收入及较低收入人群81.07万人，占比5.4%（见表4）。省内务工收入略低于整体水平。

表4 2023年川籍农民工省内务工收入水平分布

收入水平	参考个人年收入（元）	参考场景化描述	省内务工规模（万人）	占比（%）
较低收入人群	0.4万及以下	无固定稳定工作的低收入人群	24.13	1.59
低收入人群	0.4万~3万		56.94	3.76
普通收入人群	3万~8万	从事普通工作，收入水平一般，普通职场白领等人群	907.85	59.93
小康人群	8万~15万	生活富裕、衣食无忧、有固定经济收入来源，具有一定金融资产人群	349.95	23.1
准小康人群	15万~35万		154.84	10.22
中产人群	35万~100万	中高收入、追求注重高品质生活等人群	20.94	1.38
富裕人群	100万+	具有高尔夫等高端运动偏好、热衷海外旅行、偏好高端奢侈品等高消费人群	0.1	0.01

从高收入人群省内务工地来看，21万高收入人群（中产及以上）中，在成都务工13.3万人，占比高达63.4%，其次在绵阳、泸州、南充、乐山务工人数分别为1.1万人、0.6万人、0.6万人、0.6万人（见图18），占比分别为5.3%、2.9%、2.9%、2.9%。

从低收入人群省内务工地来看，省内务工低收入人群56.9万人，占比为3.8%。其中，巴中、广安、凉山州、广元、甘孜州务工的低收入人群县内务工规模占比较高，分别为13.1%、12.2%、9.1%、8.6%、8.2%（见图19）。

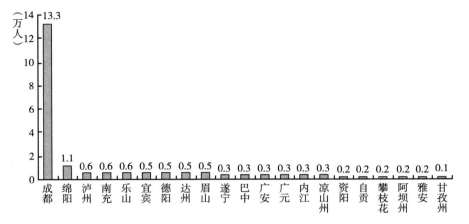

图18 2023年高收入人群省内务工地分布

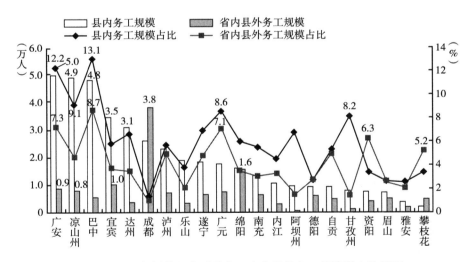

图19 2023年低收入人群县内、省内县外务工规模及占比情况

从较低收入人群省内务工地来看，省内务工较低收入人群24.1万人，占比为1.6%。其中，阿坝州、资阳、内江、甘孜州、凉山州务工的较低收入人群县内务工规模占比较高，分别为3.5%、2.6%、2.4%、2.3%、2%（见图20）。

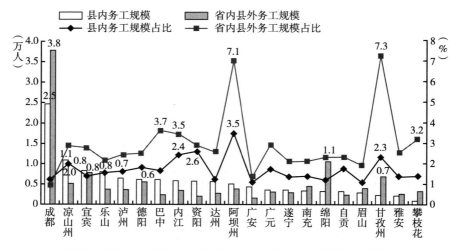

图20　2023年较低收入人群县内、省内县外务工规模及占比情况

六　全省农民工务工行业分析

（一）农民工务工行业分布特征

2023年，川籍农民工从事第三产业、第二产业、第一产业的比重分别为52.9%、46.5%、0.6%，比上年分别增加1个百分点、减少1个百分点、与上年持平。其中，排名前3的行业为制造业（26.8%，比上年减少0.3个百分点）、建筑业（16.1%，减少1.5个百分点）、居民服务修理和其他服务业（13.3%，增加0.3个百分点）。川籍农民工半数以上从事第三产业，且同比增加（见表5）。

表5　2022~2023年川籍农民工务工行业分布

单位：%，个百分点

行　　业	2022年	2023年	同比增加
第一产业	0.6	0.6	0.0
第二产业	47.5	46.5	-1.0

续表

行 业	2022 年	2023 年	同比增加
其中:制造业	27.1	26.8	−0.3
建筑业	17.6	16.1	−1.5
第三产业	51.9	52.9	1.0
其中:批发和零售业	12.9	13.0	0.1
交通运输仓储和邮政业	7.2	7.4	0.2
住宿餐饮业	6.8	7.2	0.4
居民服务修理和其他服务业	13.0	13.3	0.3

川籍农民工省外从事第三产业、第二产业、第一产业的比重分别为48.4%、51.2%、0.4%,与总体相比,分别低4.5个、高4.7个、低0.2个百分点;省内务工从事第三产业、第二产业、第一产业的农民工比重分别为56.9%、42.3%、0.8%(见表6),与总体相比,分别高4个、低4.2个、高0.2个百分点,省外务工以第二产业为主,省内务工以第三产业为主。

表6　2022~2023 年川籍农民工省外、省内务工行业分布

单位:%,个百分点

行 业	省外务工			省内务工		
	2022 年	2023 年	同比增加	2022 年	2023 年	同比增加
第一产业	0.3	0.4	0	0.9	0.8	0.0
第二产业	53.2	51.2	−2	42.2	42.3	0.1
其中:制造业	36.1	34	−2.2	18.6	20.4	1.8
建筑业	15.2	14.9	−0.3	19.8	17.1	−2.8
第三产业	46.5	48.4	1.9	56.9	56.9	0
其中:批发和零售业	13	12.9	−0.1	12.8	13.0	0.2
交通运输仓储和邮政业	6.2	6.6	0.5	8.1	8.0	−0.1
住宿餐饮业	6.1	6.9	0.8	7.4	7.5	0.1
居民服务修理和其他服务业	11.6	12	0.4	14.2	14.6	0.4

(二)农民工从事新业态情况分析

川籍农民工从事新业态规模增幅明显,2023 年川籍农民工新业态从

业者共193.2万人，同比增长20.1%，远高于总体增速（0.3%）19.8个百分点，占川籍农民工总规模7.3%。其中，到家服务人员最多，为81.6万人，占比42.2%；其次为货运司机，为44.3万人，占比22.9%；网约车司机26.3万人，占比13.6%；外卖员26万人，占比13.4%；快递员15万人，占比7.8%。新业态从业人员的快速增加，反映出农民工特别是新生代农民工择业观念的巨大变化，就业结构性矛盾恐将更为明显。

省外新业态从业者共112.9万人，同比增长12.4%，占川籍农民工省外务工规模比例为10.1%。省外务工从事到家服务、货运司机、外卖员、网约车司机、快递员占比分别为45.1%、20.5%、14.6%、12.6%、7.2%。省外新业态就业农民工更多从事到家服务职业。

省内新业态从业者共80.3万人，同比增长25.6%，占川籍农民工省内务工规模比例为5.3%。省内务工从事到家服务、货运司机、网约车司机、外卖员、快递员占比分别为38.2%、26.3%、15.1%、11.8%、8.6%（见图21）。省内新业态从业者增速较快。

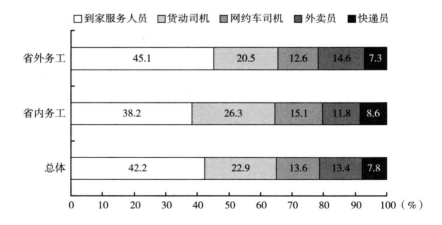

图21　2023年川籍农民工各类型新业态从业者规模占比

七 农民工省外务工返乡回流分析

（一）农民工省外就业返乡情况

2023年，川籍农民工省外返乡总人数34.9万人，同比减少15.4万人，同比下降30.6%，返乡比例（返乡人数/省外务工人数，下同）为3.1%，返乡比例同比减少1.4个百分点。

从各市（州）返乡情况看，凉山州、广安、成都、南充、达州返乡人数较多，分别为7.5万人、2.8万人、2.7万人、2.6万人、2.6万人，占比分别为21.5%、8.0%、7.7%、7.4%、7.4%，合计占比52.1%。凉山州、攀枝花、成都、阿坝州、甘孜州省外务工返乡比例较高，分别为16.3%、10.6%、9.9%、6%、5.7%（见图22），分别高于总体比例（3.1%）13.2个、7.5个、6.8个、2.9个、2.6个百分点。

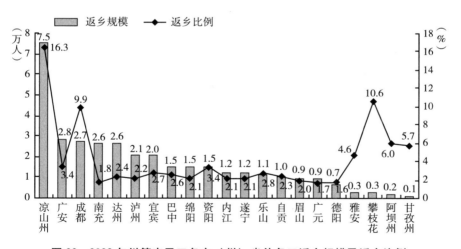

图22 2023年川籍农民工各市（州）省外务工返乡规模及返乡比例

从务工地返乡看，六大片区重庆、广州、上海、厦门、沈阳、北京返乡回流人数依次是10.2万人、9.5万人、8.1万人、3.7万人、2.5万人、0.9

万人，返乡回流比例分别为 5.0%、2.4%、2.7%、3.1%、4.4%、2.4%。从各省返乡回流规模看，广东、重庆、浙江、江苏、新疆返乡回流人数分别为 7.5 万人、3.6 万人、2.9 万人、2.1 万人、2 万人，占比分别为 21.6%、10.4%、8.3%、6.1%、5.7%，合计 52.1%。从返乡比例看，内蒙古、甘肃、宁夏、黑龙江、青海返乡比例较高，分别为 8.8%、7.9%、6.7%、5.9%、5.8%（见图 23），分别高于总体比例（3.1%）5.7 个、4.8 个、3.6 个、2.8 个、2.7 个百分点。

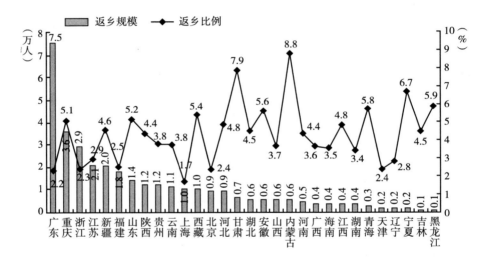

图 23　2023 年川籍农民工各省区市务工返乡规模及返乡比例

（二）省外返乡农民工省内就业从事行业分析

2023 年，川籍农民工返乡后从事第三产业的比重为 57.8%。其中，从事批发和零售业、居民服务修理和其他服务业、交通运输仓储和邮政业、住宿餐饮业的农民工比重分别为 14.4%、13.6%、7.2%、7.2%。从事第二产业的比重为 41.4%。其中，从事制造业、建筑业的比重分别为 21.6%、16.9%（见表 7）。相比返乡前，从事第三产业的比重提高了 4.9 个百分点。

表 7　2022~2023 年川籍返乡农民工务工行业分布

单位：%，个百分点

行　业	2022 年	2023 年	同比增加
第一产业	0.8	0.8	0.0
第二产业	42.0	41.4	−0.6
其中：制造业	21.8	21.6	−0.2
建筑业	17.5	16.9	−0.6
第三产业	57.2	57.8	0.6
其中：批发和零售业	14.5	14.4	−0.1
交通运输仓储和邮政业	7.0	7.2	0.2
住宿餐饮业	7.0	7.2	0.3
居民服务修理和其他服务业	13.3	13.6	0.4

八　大龄农民工省外务工情况分析

（一）大龄农民工省外务工情况分析

50 岁及以上大龄川籍农民工省外务工 266.8 万人，同比增加 30 万人，增长 12.7%，占省外务工规模的比例为 23.9%，占比增加 2.6 个百分点。主要从事制造业、建筑业、居民服务修理和其他服务业、批发和零售业、交通运输仓储和邮政业等行业。在整体就业形势压力加大及对大龄农民工歧视性对待的背景下，这一庞大的省外大龄农民工群体的就业空间需重点关注。

从各市（州）省外转移就业大龄农民工的情况看，2023 年，南充市省外就业大龄农民工人数最多，高达 43.2 万人，占省外大龄农民工务工人数的 16.2%，达州、绵阳、泸州、广安大龄农民工务工人数分别为 25.8 万人、21.6 万人、19.7 万人、18.3 万人（见图 24），占比分别为 9.7%、8.1%、7.4%、6.9%。

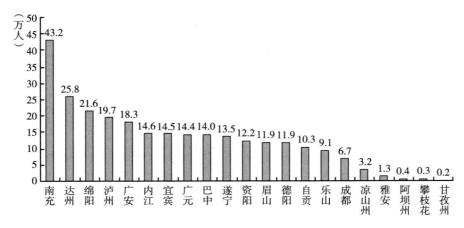

图 24 2023 年川籍大龄农民工各市（州）省外务工规模分布

（二）大龄农民工返乡情况分析

2023 年，川籍省外务工大龄农民工返乡总人数 10 万人，返乡比例为 3.8%，同比减少 1.7 个百分点。

从各市（州）省外务工大龄农民工返乡情况看，甘孜州、攀枝花、凉山州、成都返乡比例较高，分别为 21.4%、19.1%、18.6%、13.8%（见图 25），分别高于总体返乡比例（3.8%）17.6 个、15.3 个、14.8 个、10 个百分点。

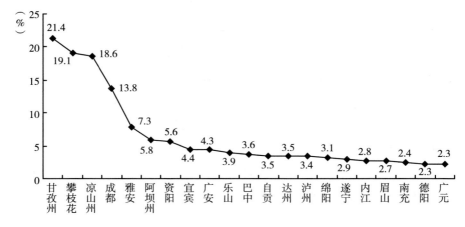

图 25 2023 年各市（州）大龄川籍农民工省外务工返乡比例

从返乡前的务工地看，重庆片区省外务工大龄农民工返乡比例最高，高达7%；沈阳、厦门、广州、上海、北京片区返乡比例分别为4.4%、4.1%、2.9%、2.6%、2.5%。从各省（自治区、直辖市）返乡比例来看，黑龙江、内蒙古、甘肃、青海、重庆大龄农民工返乡比例较高，分别为11.4%、9.9%、9.7%、9.6%、9%（见图26）。

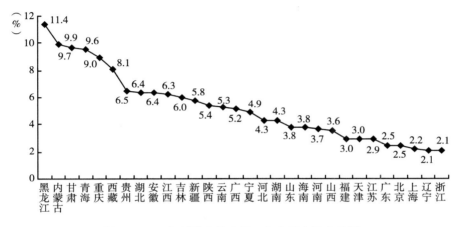

图26　2023年川籍大龄农民工各省区市返乡比例

九　县域农民工务工情况分析

（一）县域农民工务工情况分析

2023年，川籍农民工县内务工796.3万人，其中县域（县城范围内）农民工424.6万人，同比增长12.4%，县域农民工占县内务工的53.3%，同比提高6.4个百分点。分城市看，县域农民工人数最多的5个城市是成都、宜宾、达州、凉山州和乐山，人数分别为127万人、29.6万人、25万人、24.6万人、23.1万人，同比分别增加16.5万人、4.6万人、4.1万人、2万人、1.6万人，分别增长14.9%、18.4%、19.3%、8.8%、7.3%（见图

27)。对 5 个县域务工人数最多的区域，从相关维度进行深入分析，对于进一步提升城镇化率具有积极的参考价值。

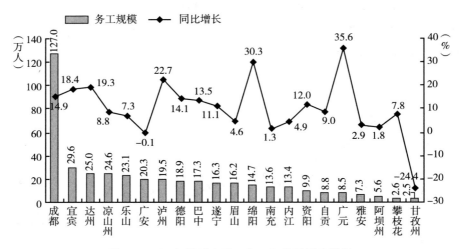

图 27　2023 年县域农民工务工规模及同比增长

（二）县域农民工特征分析

从性别看，县域农民工男性 242.5 万人，占比 57.1%，男性占比同比增长 2 个百分点，女性 182.2 万人，女性占比 42.9%。男性选择在县域务工的比例越来越高。

从年龄结构看，16~24 岁、25~44 岁、45~49 岁、50 岁及以上人数分别为 20 万人、214.6 万人、53.2 万人、136.8 万人，占比分别为 4.7%、50.5%、12.5%、32.2%。其中，16~24 岁占比较上年同期减少 1.1 个百分点；50 岁及以上占比较上年同期增加 4.8 个百分点。大龄农民工更倾向于在县城务工。

（三）县域农民工务工质量分析

从务工时长来看，2023 年，县域农民工务工 40 天以下 6.6 万人、占 1.6%，同比减少 0.6 个百分点；40~59 天 9 万人、占 2.1%，同比减少 0.5

个百分点；60~90天23.1万人、占5.4%，同比增加0.2个百分点；90天以上386万人、占90.9%，同比增加0.9个百分点。

从收入水平来看，县域农民工普通收入及以上人群389.9万人，占比91.82%；低收入及较低收入人群34.7万人，占比8.18%（见表8）。县域务工农民工收入低于整体水平。

表8　2023年县域农民工务工收入水平分布

收入水平	参考个人年收入（元）	参考场景化描述	县域务工规模（万人）	占比（%）
较低收入人群	0.4万及以下	无固定稳定工作的较低收入人群	5.36	1.26
低收入人群	0.4万~3万		29.37	6.92
普通收入人群	3万~8万	从事普通工作，收入水平一般，普通职场白领等人群	262.9	61.91
小康人群	8万~15万	生活富裕、衣食无忧、有固定经济收入来源，具有一定金融资产人群	105.61	24.87
准小康人群	15万~35万		17.58	4.14
中产人群	35万~100万	中高收入、追求注重高品质生活等人群	3.82	0.90
富裕人群	100万+	具有高尔夫等高端运动偏好、热衷海外旅行、偏好高端奢侈品等高消费人群	0	0.00

十　结论

（一）川籍农民工就业形势总体向好

2023年，川籍农民工就业规模达2632.3万人，同比增加9.2万人、增长0.3%。随着防疫政策的放开，省外务工占比从上年的42.3%提升到42.5%，省外务工更青睐于广东、浙江、江苏、重庆和福建等沿海及相邻城市。北京片区吸纳川籍农民工增长最多，增长28.2%；重庆片区吸纳川籍农民工减少最多，下降3.5%。

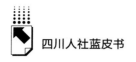

（二）务工时长高于上年，省外务工90天以上占比高于省内，低收入和较低收入人群占比降低

2023年，川籍农民工年平均务工时长182.2天，同比增加12.3天。川籍农民工务工时长在90天以上的占比为91.4%，同比增长0.1个百分点，务工稳定性较高。省外务工90天以上的占比（93%）高于省内2.7个百分点。务工低收入及较低收入人群占比为5.1%，同比减少0.04个百分点。

（三）整体从事第三产业的比重提高，省外务工以第二产业为主，省内以第三产业为主，新业态从业者增长较快

2023年，从事第三产业的比重达52.9%，同比增加1个百分点。省外务工以第二产业为主，占比51.2%；省内务工以第三产业为主，占比56.9%。新业态从业人员193.2万人，同比增长20.1%，远高于总体增速19.8个百分点。

（四）川籍农民工省外返乡规模下降

2023年，川籍农民工省外返乡34.9万人，同比下降30.6%，返乡后从事第三产业的比重为57.8%，相比返乡前，从事第三产业的比重提高4.9个百分点。

（五）大龄农民工规模增长较快

2023年，50岁及以上大龄农民工务工人数698.2万人，占务工总人数的比例为26.5%，同比增长19%。其中，省外务工266.8万人，同比增加30万人，增长12.7%。

（六）县域农民工规模持续增长

2023年，县域（县城范围内）农民工424.6万人，同比增长12.4%，男性占比同比增长2个百分点。

B.17

四川省农民工就业途径与方式研究报告

赵华文　王汉鹏　韩琪[*]

摘　要：　四川是农民工大省，农村劳动力转移输出从 1978 年的 118.79 万人增长到 2021 年的 2613 万人，转移输出总量占全国 9%。改革开放以来，四川农民工经历了"离土不离乡、就地进工厂""离土又离乡、进城又进厂""进城受管控、务工受限制""热血铸'大军'、潮涌天地间""服务有保障、阔步新征程"等五个发展阶段。当前农民工就业面临路径变化、愿望变化、行业变化等，应围绕加快建设培育当地特色劳务品牌，构建农民工就业动态监测机制，全面强化农民工培训提能等全方位提升农民工就业质量。

关键词：　川籍农民工　劳务品牌　就业质量

一　农民工概念及发展历程

（一）"农民工"概念

"农民工"是我国经济社会转型时期的特殊概念，最早出现在 1984 年中国社会科学院《社会学通讯》中，随后被广泛使用。2005 年，根据时任

---

* 赵华文，四川省人力资源和社会保障科学研究所所长，长期从事劳动就业、农民工问题和社会保障等领域的理论研究和政策研究；王汉鹏，四川省人力资源和社会保障科学研究所助理研究员，主要研究方向为就业创业；韩琪，四川省人力资源和社会保障科学研究所助理研究员，主要研究方向为劳动保障和人事人才。

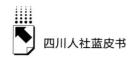
国务院总理温家宝同志批示，国务院在制定和完善涉及农民工的各项政策时，把"农民工"界定为：户籍身份还是农民、有承包土地，进城务工和在当地或异地从事非农产业、以工资为主要收入来源的劳动者。

当前政府和学界对"农民工"仍没有完整概念界定。从统计角度看，不同的工作部门有不同口径把握。一类是统计口径，指统计系统开展统计监测时，把农民工指标解释为户籍仍在农村，在本地从事非农产业或外出从业6个月及以上的劳动者，包括本地农民工、外出农民工和进城农民工。另一类是工作口径，是农民工主管部门人社系统开展服务保障农民工工作时的口径，将农民工界定为户籍仍在农村，通过务工取得劳务收入的劳动者。

（二）四川农民工发展历程

改革开放以来，四川农民工主要经历五个发展阶段。

（1）1978~1988年，农民工离土不离乡、就地进工厂。20世纪70年代至80年代末，全国农村陆续实行"家庭联产承包责任制"土地新政，极大地解放和发展了农村社会生产力，从此，农村剩余劳动力自发离土寻找非农就业机会。与此同时，改革开放初期全国各地乡镇企业蓬勃发展，乡镇企业总数从152.4万家增加到1888万家，总产值从514.4亿元增加到7502.4亿元，为大批农村剩余劳动力进入乡镇企业提供务工机会。到1984年，全省有343万农民成为"离土不离乡"的工人，占农村劳动力的比重达8%左右。这一现象促成了两个标志性意义的文件《关于农民自理口粮到集镇落户的意见》《关于农民进入集镇落户问题的通知》出台。

（2）1989~1993年，农民工离土又离乡、进城又进厂。党的十二届三中全会确立了我国社会主义经济是公有制基础上的有计划的商品经济，开放了沿海港口城市，拉开了中国发展社会主义商品经济的大幕。20世纪80年代末期，商品贸易带动工业生产，对产业工人需求大幅增长，农村劳动力转移就业数量快速增加，呈现"离土又离乡、进城又进厂"的新模式。20世纪90年代中前期，农民工流动更加活跃，农民工由省内流动快速扩展到跨省流动，1993年，全省农民工总量达870万人，创历史新高，其中到省外务工人数 500 万，占 57%。农村富余劳动力得到极大释放的同时，也对劳务输入地带来社会管理问题。

（3）1994~2001 年，农民工进城受管控、务工受限制。20 世纪 90 年代后期到 21 世纪初，农民进城务工遭遇诸多制度壁垒和管理限制，进入停滞乃至倒退阶段。《农村劳动力跨省流动就业管理暂行规定》（1994 年）等文件以及劳务输入地多项不合理限制措施的出台，对四川省农民工转移输出受到较大影响。1997 年，全省农民工总量仅为 730 万人，其中输出到省外仅为 365 万人，比上年减少 191 万人。同时，该时期的农民工就业环境差、合法权益难以保障等问题十分突出。

（4）2002~2011 年，农民工热血铸"大军"、潮涌天地间。党的十六大以来，为统筹城乡发展，国家对农民外出务工实行积极引导政策，陆续出台《国务院办公厅关于做好农民进城务工就业管理和服务工作的通知》等政策文件。2006 年出台的《国务院关于解决农民工问题的若干意见》首次将农民工明确为"新型劳动大军"，农民工进城务工的定位得以明确，2008 年出台的《劳动合同法》从根本上保障了农民工的法律地位，由此打开了农民工规模化快速流动的潮涌新局面。

（5）2012 年至今，农民工服务有保障、阔步新征程。2012 年至今，在全面建成小康社会背景下，农民工进入共建共享和返乡就业创业的全面发展阶段。2014 年，国务院印发《关于进一步做好为农民工服务工作的意见》，农民工享受到的城镇基本公共服务领域更广，保障水平更高，薪酬待遇和劳动条件明显改善，城市融合度进一步提高，农民工发展进入新阶段。

二　农民工主要贡献

（一）农民工是推进中国工业化和城镇化的主力军

改革开放以来，我国从初步建立工业体系的国家快速成长为世界制造业

强国，农民工是推动发展转变的重要力量。以四川为例，全省农村劳动力转移输出从1978年的118.79万人增长到2021年的2613万人，转移输出总量占全国9%，在1137.6万省外转移农民工中，有562万人集中在中国工业化程度最高的珠三角、长三角地区。四川省农民工中，从事第二产业的1345.4万人、占53.1%，每年为第二产业贡献超过3000万个小时的工作量。此外，我国城镇化率由1978年的17.92%提升为2022年的65.2%，年均增长1.07个百分点。农民工通过代际接力，为城市建设和服务产业提供源源不竭的劳动力资源，是推进县域城镇化的重要力量。

（二）农民工是中国社会二元分割到包容发展的关键力量

改革开放以来，在城乡间最先行动、最具活力且长期保持高度流动性的是农民工，他们是冲破城乡二元分割的劳动就业制度的主要推动力量。在经历了"排斥""接纳""融入"等阶段，城市逐渐走上包容性发展道路，不仅在维护农民工合法权益、完善就业保障等领域有了根本性转变，城乡二元的分配、户籍、医疗、社保、教育、住房等制度分割也逐步被打破，特别是在城市共建共享、提升城市发展品质等方面取得了突破性进展。2022年，四川省保障随迁子女接受义务教育93.95万人，在公办学校就读比例为93.02%，基本满足入学需要。累计向农民工提供公租房14.9万套，保障农民工45万人。全省工农互促、城乡互补、全面融合、共同繁荣的新型工农城乡关系正在加快建立。

（三）农民工是推动农村经济社会发展的重要引擎

在经历了改革开放之初的自发流动性外出到当前超过95%的农民工有序化输出，农民工成为四川省农业增长、农民增收和农村发展的重要保障，加速推动了农村社会由封闭走向开放。四川农业和非农业的就业结构比例由1978年的81.8：18.2优化为2021年的38.6：61.4；全省农民工人均劳务收入从1997年的340.17元增加到2022年的2.4万元，增长了近70倍。2022年，全省经济总量达5.67万亿元，农民工经济突破1.4万亿元（工资性收入达 6639.74 亿元，累计创业产值达 7866.34 亿元），相当于全省经济总量的五分之一，农民工是推动就业结构转型、促进经济社会发展的重要力量。

（四）农民工是提升全省农民素质推动乡村有效治理的重要途径

经过四十年的"走出去"，四川省农民工实现了从体力型输出到技能型输出，从人力资源向人力资本的转变。一是自身综合素质的提升。四川新生代农民工中，初中文化程度占 68.9%，高中（中专）文化程度占 11.9%，大专及以上文化程度占 2.1%，未说明的占 3.8%。二是外界先进理念的洗礼。农民工返乡带回了先进的理念、信息和知识，改变了传统的思想观念和行为方式。三是回馈家乡的情结。返乡农民工是推动乡村治理从传统走向现代的重要力量，是推动乡镇产业发展、助力脱贫攻坚的新动力。2022 年末，四川累计返乡创业农民工达 114.7 万人，创办企业 50.5 万家，年带动就业 246.5 万人。农民工返乡创业助推产业结构调整，促进了农村乡风文明建设，加快了农村现代化建设步伐。

三　当前农民工就业面临的新变化

（一）农民工就业路径发生转变

农村劳动力转移就业经历了自发流动性外出到政府组织有序化、成建制输出的发展路径，外输是主要路径。在 2012 年转移就业发生"拐点"，省内转移就业首次超出省外输出就业 169 万人后，省内就业人数逐年递增，2022 年末，省内就业高于省外就业 395.4 万人。农民工就业路径转变打破了传统的农村劳动力转移就业思路，由过去的"省外输出为主、省内就业为辅"就业路径向"转移输出就业与回乡创业并重"转变。据调查，成都及其周边地区已成为农民工净流入地区，省内其他市（州）来蓉务工人员达 293.6 万人。在成都带动下，周边地区也呈现出农民工快速流入状态，如

天府新区周边的仁寿县，从 2010 年县内外务工人员人数比的 4∶6，到 2022 年留在县内务工的农村劳动力占比超过六成。

（二）农民工就业愿望发生转变

近年来，随着新型城镇化的推进，城镇公共服务不断完善，以加快户籍制度改革、农村承包地"三权分置"改革和"人地挂钩"等政策为抓手，农民工就业创业、随迁子女教育、居住条件改善、基本卫生健康服务等城市基本公共服务全面推进落实，农民工外出就业愿望已由最初的打工挣钱向融入城镇平等享有城市基本公共服务转变。农民工就业愿望的转变推进了城镇化进程，政策的着力方向也需由传统的"开拓就业岗位、帮扶解困和改善就业环境"向"承接劳动密集型产业转移、完善和提供城市公共服务、保障农村的合法权益"转变。据调查，四川省已有 1200 多个建制镇集聚人口超过 1 万人，其中 20 多个超过 5 万人，农民工及其家属在小城镇人口聚集、产业集中和公共服务完善的过程中扮演着不可或缺的重要角色。

（三）劳务经济增长方式发生转变

农村劳动力转移就业从相对剩余到实现充分就业的发展历程，劳务经济增长主要依靠的是外出就业人口红利。据统计，四川省农民工从 1978 年的 118.79 万人增长到 2022 年的 2629.8 万人，增长了 22 倍，转移输出总量占全国约 1/9，巨大的人口红利带来了巨额的劳务经济收入。但是，随着转移就业规模的高位运行，农村可转移就业的人力资源优势逐渐减弱，自 2012 年转移就业突破 2400 万人、劳务收入突破 2389 亿元后，近十年来全省转移就业年均增长 1.6%，劳务经济年均增长 26.4%。四川省劳务经济增长已由传统的数量型向质量型转变，人力资源向人力资本转变。面对劳务经济增长新的变化，需由传统的"转移就业、技能培训、维权救助"向"系统开发农民工战略性资源、精准化实施服务保障、注重农民工人才培养使用和发展壮大农民工经济"转变，打造全省经济高质量发展新的增长极。

（四）农民工就业贡献发生转变

"人多耕地少"是农村的主要矛盾，农民外出就业有效缓解了这一矛盾，解放和发展了农村生产力，"一人打工，全家脱贫"已成为社会共识。随着国家乡村振兴战略向纵深推进必然对农村各类人才，特别是懂管理、懂市场、懂技术的人才提出新的要求。农民工在充分就业和社会融入中既了解城市和市场，又了解农业农村，顺应了乡村振兴发展的需求，他们不仅可以成为返乡创业的主力军，破解"谁来种、种什么、怎么种"的矛盾，更能成为乡村治理的主要力量。当前，面对乡村振兴发展新的需要，需由传统的"解放和发展农村生产力，带动农民发家致富"向"致力乡村振兴发展，培养现代农业人才和基层治理人才"转变，着力夯实乡村振兴人力资源要素保障。

（五）农民工人才培养方向发生转变

长期以来，四川始终把加强技能培训、提高农民工技能水平作为提升农民工就业素质的主要路径，先后实施了"千万农民工培训工程"、劳务品牌培训等一系列针对农民工的技能培训项目，农民工整体技能水平得到了提升。据统计，通过技能转化，全省农民工转移到第二、三产业就业的占比分别达到49.8%、45.9%。但是，随着社会的全面进步、沿海产业升级换代和乡村振兴战略的深入推进，农民工综合素质偏低、基层组织建设人才储备不足、乡村治理观念落后等问题凸显，农民工人才队伍建设亟待加强，需要由传统的"技能培训提质"向"培养综合型人才和选拔乡村治理能人"转变，为适应社会发展和基层组织建设注入新鲜血液。

四 农民工就业方法路径建议

（一）构建农民工就业动态监测机制

依托农村劳动力实名制数据库，采取逐户采集、数据比对、集中入库等

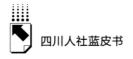

方式，精准掌握就业状态、技能水平、就业意愿等信息，做到就业状态、意愿、需求、政策扶持、跟踪帮扶"五精准"，按季进行跟踪监测，对未就业或就业不稳定的，实施"动态清零"就业帮扶。

（二）加大农民工现有就业政策落实力度

农民工工作机构牵头梳理现有政策措施，明确工作目标、责任单位和完成时限，确保现有政策落实落地落细。人社领域重点推动"返、拓、提、降、缓、保"政策落地，继续实施失业保险稳岗返还政策，拓宽技能提升补贴受益范围，计提职业技能提升行动专账资金，延续实施阶段性降低社保费率、阶段性缓缴企业社会保险费、保障失业人员基本生活等政策。

（三）细化完善农民工就业专门政策措施

省级层面在制定完善政策措施时，应根据财权与事权匹配的原则，适当赋予地、县财权及事权。市（州）及以下制定完善农民工就业政策措施时，应重点围绕农民工就业观、主动性、创造性和可行性等方面着力，重点激发农民工内生动力、提升就业愿望和本领，提高政策的针对性和可操作性。例如在建立农民工就业动态监测机制上，重点是数据采集、比对，以及在政策方面加强资金、技术和工作机制等措施保障。

（四）全面强化农民工培训提能

统筹资源围绕就业需求和农民工自身特点，建立订单式培训、菜单式教学、集团式输出、跟踪式服务劳务开发培训体系，分层分类组织开展外出务工型、产业发展型、居家就业型就业培训。对有转移就业意愿的，开展家政、建筑、挖掘机、水电工等工种培训。对从事产业发展的，围绕搬迁户办小产业、村建产业园和当地特色产业和优势资源，开展"特色产业+实用技术""优势资源+创业能力"培训。对不愿外出、居家就近就业的，围绕新农村建设新特点、新需求，开展农村"五匠"等乡土人才培训。

（五）建设培育当地特色劳务品牌

围绕全省"5+1"现代工业、"10+3"现代农业、"4+6"现代服务业，分区分类打造行业特色劳务品牌。定期开展劳务品牌项目竞赛、工作比赛、技能大赛和举办劳务品牌展示交流、高峰论坛、银企洽谈、宣传推广等活动，不断形成"塑造劳务品牌、消费劳务品牌、热爱劳务品牌"的浓厚氛围，引导带动农民工更加充分、更高质量就业。

（六）构建科学精准的劳务服务体系

鼓励建立县级国有劳务公司，搭建劳务输出平台。积极探索"县级国有劳务公司+乡镇（街道）劳务专业合作社+村（社区）劳务经纪人（劳务专业合作分社）"全链条劳务输出服务模式，不断提升农民工组织化输出程度。在设有农民工服务中心的乡镇（街道）成立劳务专业合作社，搭建县级国有劳务公司与村（社区）劳务专业合作分社之间的对接联系平台，协助开展乡镇（街道）内用工调度和劳务输出服务保障工作。充分利用村（社区）党群服务中心、农民工综合服务站、村组干部、农村集体经济组织等资源，建立劳务专业合作分社，搭建村（社区）内劳动力资源、用工信息互通共享、精准对接平台。

（七）构建稳定高效的劳务协作机制

重点构建县内、县外省内和省际三大劳务协作机制。强化农民工对本地重点产业、重要项目和重大工程劳务支撑，实现农民工就业与县域经济发展同步发力。开展省内县与县、地与地之间劳务协作，在省内循环，实现劳务调剂、优势互补。根据本地农民工务工习惯深化东西部等省际劳务协作。

（八）引导鼓励优秀农民工返乡创业带动就业

组织专家规划遴选本地区适合农民工返乡创业的优质项目，建立优质返乡创业项目库和专家库，为农民工返乡创业提供沃土和专业服务。通过亲情

恳谈会、座谈会、现场慰问等多种方式开展返乡创业政策宣讲和项目推介，鼓励引导优秀农民工积极投身家乡建设。组织开展农民工返乡创业大赛、农民工返乡创业专家行、农民工返乡创业维权服务行等系列活动，为农民工返乡创业提供广阔舞台和营造良好氛围。

（九）培育创建返乡入乡创业园区带动就业

结合当地资源禀赋、功能布局、产业规划和劳动力特征，因地制宜发展一批返乡入乡创业园，逐步构建市、县区、乡镇三级创业孵化培育体系，促进园区持续健康发展，充分发挥发展产业带动就业的倍增效应。

（十）用好公益性岗位托底安置就业

因地制宜合理开发乡村公益性岗位，优先安置符合条件的脱贫人口特别是弱劳力、半劳力，按规定给予岗位补贴，购买意外伤害商业保险，依法签订劳动合同或劳务协议。加强岗位统筹管理，同一地区保持类似岗位的聘任标准、待遇水平等基本一致。

B.18
新时代深化杭州—广元劳务协作
推动农民工高质量充分就业研究报告

李 坪 赵华文 王汉鹏*

摘 要： 劳务协作是促进区域就业协调发展的重要手段，在促进高质量充分就业、推动乡村振兴、促进城乡融合发展中发挥着关键作用。本文采用问卷调查、座谈访谈和实地走访等方式开展了调查研究和分析论证，总结杭州—广元东西部劳务协作经验成效、梳理问题差距、分析形势任务、提出政策建议。

关键词： 充分就业 东西部劳务协作 转移就业

一 杭广劳务协作取得显著成效与经验模式

（一）显著成效

1. 转移就业规模高位增长

截至 2024 年 6 月，7.68 万广元农民工在浙江实现稳定就业，其中新增就业 9777 人，同比增长 14.6%。通过东西部协作新增就业 6704 人，占新增就业人员的 68.6%；通过东西部协作新增杭州就业 3073 人，占通过东西部协作新增就业人员的 45.8%。

---

* 李坪，广元市人力资源和社会保障局党组副书记、副局长；赵华文，四川省人力资源和社会保障科学研究所所长；王汉鹏，四川省人力资源和社会保障科学研究所助理研究员。

2. 本地就业路径有效拓展

通过东西部协作招商引资，新带动 4041 名广元农村居民实现"家门口"就业。其中，吸引东部地区 34 个企业项目来广元落地，投资 42.79 亿元，带动新增 1719 个就业岗位；投资 15.4 亿元建产业园区 21 个，引导 21 个企业入驻，新吸纳 647 人就业；对口援建帮扶车间 54 个，新吸纳 1675 人就业。

3. 帮扶就业模式积极创新

剑阁县通过"政府搭平台、市场化运营、社会化发动"模式，引进浙江专业运营经纪人，成立四川帮帮商贸公司，目前已新培育各类帮帮摊位（店）193 个，带动就业 300 余人，帮助脱贫人员、残疾人员等低收入群体就近就业创业实现增收。

4. 劳动者技能有明显提升

调查数据显示，93.0% 的受访人员分别参加了对口的制鞋制衣、电工、平车、车辆维修、电车维修、农业种养、烹饪、保育、销售等企业岗前或劳务协作职业技能专班培训。从培训效果看，91.3% 的受访人员认为通过培训劳动技能得到明显提升。

5. 家庭成员生活持续改善

通过东西部协作，务工人员月均工资水平相对较高，且增长幅度超过同期经济增长速度。调查显示，受访者月平均工资水平在 3000～5000 元的占比 47.1%，5000 元以上的占比 36.9%。超过一半的受访者工资与去年同期相比增长 10% 左右，29.9% 的受访者工资同比增长 10%～30%。

（二）经验模式

1. 强化组织保障，协同推进工作

广元市协作办印发《2024 年东西部协作工作要点》《2024 年度东西部协作目标绩效考评细则》，制定市委、市政府主要领导赴杭对接东西部协作工作责任清单，明确责任部门，确定完成时限，开展定期调度，协同推进各项工作落地落实。2024 年，召开杭州市—广元市东西部协作工作联席会议 7

次，在科技、教育、医疗、统战等领域共开展互访调研对接达 651 人次，在产业合作、工作统筹、干部选派、支持广元城市大脑建设、助力广元建设国家儿童友好城市、恢复物流航班、提升办学水平等方面形成协同工作机制。

2. 促进供需对接，打造协作范式

一是将杭州所能与广元所需结合。借助杭州资金、技术、市场、人才、信息优势和管理经验，健全区域合作机制，完善配套服务政策，搭建招商引资、招才引智、选商引产重要平台，提升杭州帮扶精准度、产业合作发展深度。二是将振兴与协作结合。杭州通过向广元提供人力、物力、财力等方式，帮扶广元振兴；坚持"资源共享、市场共建、优势互补、互利共赢"原则，通过干部挂职锻炼、培训交流等方式，指导并直接参与广元各项产业建设，开展产业协作。三是将"输血"与"造血"结合。注重发挥杭州东西部扶贫协作优势，直接带动低收入地区群众发展，更注重引导群众不等不靠、感恩奋进，积极参与建设管理、参加培训提能、养成文明新风，提高群众就地转化资源、发展乡村产业的技能和经营农村、经营新业态的水平，培养更多高素质新型职业农民。

3. 构建人才梯队，促进人才交流

一是落实干部培训提能。组织党政干部、专业技术人才、企业管理者等赴杭州分层分类参加干部人才培训，围绕项目投资、产业发展、乡村振兴，聚焦重点行业、重点领域和重点群体，邀请浙江省知名专家学者到广元授课，提升干部专业化能力。二是组织干部互派挂职。结合杭广双方特色优势产业、行业发展情况，广元新选派 10 名党政干部、26 名专业技术人才赴杭挂职锻炼，杭州新选派 30 名教育、卫生等专业技术人才进行合作交流。三是组织基层干部跟班学习。分批次组织市、县行业部门、重点乡镇的 1000 余名乡科级干部、村干部、村级后备干部赴杭学习"千万工程"等经验做法，跟班学习农村基层党建、集体经济发展、美丽乡村建设、乡村治理、产业发展、乡村旅游、农产品营销、农村电商等内容。四是加强科技人才技术合作。与浙江高校、科研院所加强校地、院地合作，引进急需紧缺专业人才，加快工程技术中心、重点实验室、院士（专家）工作站、产业技术研究院等协同创新平

台建设，为广元提供智力支撑，推动先进技术、科技成果落地转化。当前已共建农业产业园区 12 个，新增引导浙江翰影传媒等落地企业 29 个。

4. 创新协作方法，打造"333"协作模式

一是做好三个精准保障。精准建立需求清单，全面摸清广元市劳动人口赴杭州就业信息，建立"赴杭州就业劳动者资源库""有转移就业意愿劳动者名单""已在杭州就业劳动者名单"，按季动态更新，做到劳动者到杭州就业意愿清、技能培训清、就业状态清。精准组织定向输送，按季与杭州方互通劳务信息，筛选适合劳动者的就业岗位信息，在广元公共招聘网、市县区人力资源市场、村（社区）LED 显示屏等媒介上广泛发布。按季组织杭州企业来广元下属县和重点乡镇开展招聘活动，实施现场对接，对接成功的，采取购买服务方式，由人力资源中介机构组织输送。精准提供就业服务，所有对口帮扶县区在杭州建立劳务协作工作站，开展就业稳定服务工作，每个工作站配置 1~3 个公益性岗位，至少聘请 1 名广元籍人员对新转移到杭州就业的广元籍劳动者，实施 3 个月就业稳岗跟踪服务，重点做好杭州方的政策落实、岗位匹配、权益维护等服务工作。二是架构三条技能提升路径。开展分段式培训，在广元开展初级培训，到杭州进行技能提高培训，在广元开展创业培训后，与杭州协同开展线上创业大讲堂、创业论坛等提升培训；组织"请进来"培训，邀请杭州市专家来广元开展授课培训；开展定向培训，为困难家庭子女提供职业生涯规划指导，组织到杭州接受职业教育。三是实施三种创业带动方式。引进杭州"能人"来广元创业，出台杭州协作企业来广元投资支持政策，为来广元创业的杭州企业提供土地协调、技能培训、人力资源保障等就业创业服务；引进杭州技术带动创业，围绕广元优势农业特色产业，推动广元"能人"与浙江大学食用菌研究所等高校科研院所深度合作，邀请 20 名浙江省专家教授担任产业发展顾问，推动广元特色产业规模化、高效发展；引导杭广企业合作创业，采取股份合作、订单帮扶、生产托管等方式，鼓励杭州企业与脱贫地区致富带头人合作创业，引导杭州企业在广元建设生产加工车间或基地，帮助低收入劳动者实现"家门口"就业。

二 新时代杭州—广元劳务协作面临的发展机遇和现实挑战

（一）发展机遇

1. 国家重大战略叠加为深化杭广劳务协作提供新一轮政策机遇

新时代推动西部大开发，要求创新跨地区产业协作，完善东西部协作机制，深化对口支援、定点帮扶，为西部地区有序承接产业梯度转移提供发展机遇。"一带一路"建设、长江经济带发展等国家重大战略汇聚叠加有利于两地进一步密切在科技创新、产业升级、资源开发、生态治理等各领域、各层次的交流合作，为促进区域协调发展、推动全面乡村振兴、促进农民工高质量充分就业提供了有利的发展环境。

2. 杭州经济社会持续高质量发展为深化杭广劳务协作夯实合作基础

2023 年，杭州 GDP 超过 2 万亿元，同比增长 5.6%，杭州工业基础扎实、产业门类齐全、高端企业聚集，稳固的经济增长是吸纳转移就业的"蓄水池"。此外，杭州与恩施州等地持续开展劳务协作，具有完备的政策体系和实践经验，为两地深化科技创新合作、产业升级迭代、动能加速转换、劳务协作赋能奠定坚实的基础。

3. 高质量充分就业需求为深化杭广劳务协作注入强劲动力

促进高质量充分就业，是新时代新征程就业工作的新定位、新使命。这需要两地在就业空间拓展、信息资源协同共享、人岗供需精准对接、职业技能合作培训、劳务品牌共建等领域开展更加深入、更可持续的劳务协作，夯实西部地区发展基础、提升发展能力、增强发展后劲，推动实现高质量充分就业的发展目标。

（二）现实挑战

1. 经济增速放缓，部分行业企业用工需求减少

当前我国经济面临国内有效需求不足、部分行业产能过剩、社会预期偏

弱等问题，加之外部环境的复杂性、严峻性、不确定性上升，部分行业企业投资预期降低，用工需求总体偏弱，农民工择业空间收窄。

2. 产业转型升级，技能供需不匹配更加突出

科技创新加速产业转型升级，新技术在提高劳动生产力、变革生产关系的同时，也深度影响就业数量、就业结构和人才需求。杭州作为全国创新型城市，数字经济发展迅速、产业转型升级加快，制造业"机器换人"的趋势明显，低技能农民工面临失业风险。

3. 农民代际分化，劳务协作模式需深化创新

广元农民工规模总体稳定，但大龄化问题突出，农民工高质量就业受技能水平制约较大。新生代农民工整体教育水平较高、职业期望高、物质和精神享受高而工作耐受力低，从事"体力型"职业意愿降低，深化劳务协作更需要精准提供公共服务，并从职业结构、行业结构、地区结构等方面考察农民工就业结构的代际差异及就业需求。

三 新时代深化劳务协作促进高质量 充分就业的对策建议

（一）创新劳务协作方式

一是深化产业协作促就业。继续发挥杭州市重点行业企业吸纳广元籍农民工就业的积极作用，为农民工外出就业提供更多机会。加大政策宣传力度和资金落实力度，扩大社会知晓面，提高劳动力参与积极性。对吸纳较多广元籍农民工就业的企业予以表彰奖励，提升劳务协作就业基地层次，营造良好就业环境，提升就业品质。二是强化数字赋能拓空间。依托数字经济发展，培育新就业形态、新零售模式有序发展，以新就业机会的可持续和就业质量提升为着力点，为发展新经济培育新动力，为农民工外出就业开拓新空间。在城市开发社区服务、城市运行维护及机关企事业单位后勤保障等公益性岗位，设立对广元籍农民工开放的公益性岗位。三是打造特色劳务品牌促就业。紧紧围绕广元主导产业发展和农村劳动力就业习惯，依托杭州培训资源，大力培育"川育核工""梨乡刀儿客""葭萌木匠""剑州豆腐师"等特色劳务品牌，输送到杭州企业实训就业，以品牌促输转、稳岗位、拓市场、增收入。

（二）强化就地就近就业

一是深化引企育企结合。结合对口帮扶区县优势，加强广元市县域产业发展规划，培育特色优势产业，扶持龙头企业，发展优势特色产业项目，力争培育"全链条产业集群"，增强区县发展动能。持续推进劳务协作、消费协作"两大平台体系"建设，开展文创经济培育发展、农村电商培育提升、巾帼建功守家创业、乡村振兴铸魂提能等"四大行动"，打造杭广东西部协作特色品牌。二是强化创业带动就业。发挥杭州数字经济产业和创新创业资源优势，提升广元双创示范基地，支持广元开展创业师资培训、网络创业培训及新经济、新业态、新模式培训等。加强杭广两地国家级创业孵化示范基地的交流和合作，共同推动创新创业发展。加大对农民工群体创业担保贷款和贴息政策落实力度，降低小微企业经营成本，优化县域营商环境。三是突出就业增收并重。深入实施县域农民工市民化质量提升行动，创新生产要素、培育特色产业、推动企业转型升级，促进城乡共享发展红利。发掘和培育一批能工巧匠型创业领军人才，引进杭州专业师资力量和创业资源，为懂技术、懂市场的农民工提供创业培训、创业服务和资金支持，促进创业带动就业增收。

（三）提升就业服务水平

一是搭建智慧高效的服务平台。定期对全市农村劳动力资源开展调查，准确掌握辖区内劳动力数量、就业状况、技能情况以及培训就业愿望等情况，摸清在杭州务工广元籍劳动者"家底"。对有意愿外出农民工的就业地、工种、薪资待遇、联系方式、返乡意向等情况进行实名制登记，按季度动态跟踪、更新农民工转移就业信息，并形成"就业需求清单"。二是拓宽

便捷精准的服务功能。充分发挥经营性人力资源服务机构中介作用，培育和发展县、乡（镇）、村三级劳务服务体系，对人力资源服务机构、劳务经纪人开展跨区域有组织劳务输出的，给予就业创业服务补助。加强政策享受对象比对识别，实现"无感智办"，加快惠企利民政策兑现。三是推广劳务协作的路径模式。深入总结杭广东西部协作的成功经验，打造一批有杭广特色、能展现东西部协作成效、可复制可推广的试点，全面梳理新时代东西部协作的路径模式，切实丰富东西部协作共同富裕范例的实践支撑。

（四）提高技能培训质效

一是创新培训方式提质效。聚焦重点产业链，结合市场急需紧缺工种和新兴职业，建立与产业联动的培训动态调整机制，大力实施"订单式""嵌入式""项目制"培训。聚焦新经济、新业态、新岗位，加强对农村劳动力特别是新生代农村劳动力的技能培训，促进就业技能提升转换。二是丰富培训内容提能力。拓展职业培训内容，结合生产生活实际合理确定教学内容、方式和载体，强化培训内容与市场需求对接，提高培训针对性和实效性。加强培训后的职业介绍、职业指导服务，进一步提高参训人员的就业率。进一步放宽培训限制，鼓励协作地各类培训主体结合自身实际主动发起培训项目，经核定后即可开展培训。三是创新培训载体强保障。充分挖掘现有培训资源，利用"杭广协作云"平台，提供数字化公共培训课程，使有培训意愿的劳动者都有免费接受就业技能培训的机会。推进职业教育"蓝鹰工程"，实施"驻校专家在校指导+企业导师在岗帮带"一体化培育模式，借鉴浙江先进经验和改革成果，助力"技能广元"高质量发展。

（五）加强农民工权益保障

一是持续开展普法宣传。严格落实"谁执法谁普法"责任制，加大《法律援助法》《保障农民工工资支付条例》《劳动合同法》等法律法规宣传力度，积极推进"法律进企业"行动，引导企业正确认识和支持农民工法律服务工作，提升农民工群体的维权能力。二是强化部门协调配合。加强与调解组织、仲裁部门、法院等的沟通协调，实行"调解优先、援调对接"工作机制，对双方争议较小的案件，通过诉前调解等非诉讼方式解决，对已进入仲裁或诉讼阶段的案件，加强沟通协调，实行"快调快裁快处"，切实减轻农民工维权的经济成本和时间成本。三是强化法律服务保障。将农民工群体的法律服务事项纳入政府购买公共法律服务目录，"东西联动"建立劳务协作工作站，重点关注农民工尤其是脱贫劳动力稳就业、技能培训和权益维护等情况。

收入分配篇

B.19
四川省公益性岗位开发研究报告

赵华文　马 杰*

摘　要：　公益性岗位制度作为一项具有中国特色的就业保障制度已实施多年，是我国积极就业政策体系的重要组成部分。2021年四川省印发《四川省公益性岗位开发管理办法》，在兜底困难群体就业、维护社会稳定、保障基本公共服务方面发挥了重要作用。同时，在政策实施过程中出现岗位开发过度、对象认定条件不精准、考核制度缺失、退出机制不健全等问题，需进一步优化政策方向及路径。

关键词：　就业公共服务　就业支持　公益性岗位

* 赵华文，四川省人力资源和社会保障科学研究所所长，长期从事劳动就业、农民工问题和社会保障等领域的理论研究和政策研究；马杰，四川省人力资源和社会保障科学研究所助理研究员，主要研究方向为劳动就业政策、人才发展。

一 基本情况

2023 年 8 月，四川省公益性岗位政策绩效研究课题组根据研究需求，设计发放并回收有效调查问卷 54592 份，其中劳动者问卷 48246 份，用人单位问卷 6346 份，现结合全省面上数据分析如下。

（一）基本现状

（1）从资金规模看，公益性岗位使用资金占就业资金比重大。2021～2023 年前三季度，全省公益性岗位使用资金量分别为 206186 万元、205741.39 万元和 150148.41 万元，占就业补助资金总量的比重分别为 46.5%、45.8%、45.3%；享受补贴人次总量分别为 295518 人次、421482 人次和 405217 人次，整体上，2022 年比 2021 年增加了 42.6%，按照 2023 年前三季度情况推算，2023 年公益性岗位预估享受补贴人次全年比 2022 年增长约 28%。

（2）从市（州）情况看，近三年资金使用规模最大的是成都、南充、达州。此外，巴中、广元、凉山州、宜宾也相对较多；享受公益性岗位补贴人次最多的分别为成都、乐山、达州。

（3）从岗位类别看，主要以乡村公益性岗位、公共服务类岗位为主。受访的 6346 家用人单位中有 72.36% 设置了乡村公益性岗位，受访的 48246 名公益性岗位人员中属于乡村公益性岗位的占 80.62%，农业户籍占 74.8%，综合来看乡村公益性岗位的占比约 80%；有 89.35% 的受访用人单位设置了公共服务类公益性岗位，以保洁、绿化、护林为主，也有少部分社区管理工作（计生、应急管理、妇联）、志愿服务。

（4）从安置群体看，主要以大龄、低学历的就业困难人员为主。受访安置对象年龄在 40～60 岁的占 74.4%，其中 45～50 岁之间的占比最高，达 22.07%。另有 60 岁以上的超龄安置对象占比 7.67%，超龄安置劳动者主要集中于乡村公益性岗位；从受教育水平看，52.9% 受访者为小学以下学历，初中学历占比 30.2%，整体学历层次低；安置对象中"4050"人员占比为

33.61%；18.26%属于城乡低保人员，7.66%属于失业登记一年以上的人员，有30.9%属于其他，根据调查问卷回答情况，主要为原建档立卡贫困户，也有少数退伍士兵被纳入政策范围。

（二）政策成效

1. 公益性岗位成为安置就业困难群体的重要途径

开发公益性岗位托底安置就业困难人员是积极就业政策的重要组成部分，也是兜牢民生底线的重要措施。四川省公益性岗位充分发挥兜底作用，成为安置就业困难群体的重要途径，特别是"4050"人员，该群体基本在社区（行政村）实行就近安置，从事力所能及的劳动以获得一定的经济收入，而规律的工作时间和就近的工作地点方便了他们照顾家庭，岗位安置人员对公益性岗位政策均表示了充分的肯定。

2. 在脱贫攻坚和乡村振兴中保障困难群体就业

公益性岗位在进一步帮扶脱贫人口实现就业、扎实推进巩固脱贫攻坚成果同乡村振兴有效衔接的进程中发挥了重要作用。例如，仁寿县2023年将乡村公益性岗位补贴标准由500元/（人·月）提高到600元/（人·月），全年安排资金2050万元，确保脱贫（监测）户家庭至少有1人实现就业，截至2023年6月底，在岗脱贫人口2857人，发放补贴资金875.5425万元；沙河镇针对年龄较大、文化程度较低、特别是弱劳动力的脱贫群众开发保洁员、护林员、护路员等公益性岗位，通过乡村公益性岗位实现了脱贫人员就近就业，有效提高了脱贫群众生活水平。

3. 在实践中充分发挥服务社会的重要作用

公益性岗位向基层公共服务和社会管理不断延伸的过程中积极发挥了服务社会的作用，城镇环境卫生、社会治安、化解社区纠纷等有较大改善。在大力推进"美丽四川·宜居乡村"建设中，公益性岗位发挥了巨大作用，聚焦群众需求强烈、短板突出、兼顾农业生产和农民生活条件改善等重要民生问题，优先开发相应公益性岗位，有效缓解了基层公共服务人力资源不足的问题。

二 外省份经验

（一）浙江省使用购买服务开发管理公益性岗位

浙江省提出可以通过政府购买服务的形式，委托第三方组织提供公益性岗位开发、人员招用和管理等服务，并建立完善公益性岗位就业人员数据库，及时掌握公益性岗位及就业人员的增减变动和劳动报酬发放、岗位履职、岗位补贴和社会保险补贴资金发放等情况，实现动态管理。

（二）山西省制定公益性岗位评价指标体系

山西省设置了公益性岗位绩效评价指标体系，包括决策、过程、产出、效益四个方面，满分100分。其中，决策类指标（10分）包括绩效目标设置的合理性及明确性、预算编制科学性、专项资金分配合理性；过程类指标（40分）包括管理机制健全性、岗位开发程序合规性、补贴审批流程合规性、岗位招聘程序合规性、资金使用合规性、用人单位管理规范性、实施管理和人员管理；产出类指标（30分）包括应补尽补率、应补足额率、应退实退率、补贴对象精准度、补贴对象权益保障情况、补贴标准合规性、补贴发放及时性情况；效益类指标（20分）包括零就业家庭就业援助情况、农村建档立卡贫困劳动力安置完成率、建档立卡贫困劳动力增收情况、公益性岗位动态监管长效机制。

（三）贵州省规定公益性岗位用人单位进行资金配套

贵州省按照国家鼓励社会筹集资金和用人单位配套的要求，规定公益性岗位用人单位承担40%、就业专项资金承担60%。

（四）新疆维吾尔自治区严格规范公益性岗位使用范围

新疆维吾尔自治区严格界定和规范公益性岗位的开发范围及到岗就业人

员条件，对就业困难大中专毕业生原则上限定在登记失业一年以上、享受城镇居民最低生活保障待遇以及"零就业"家庭的大中专毕业生范围内，杜绝超范围开发公益性岗位和超范围安置就业人员，防止把公益性岗位作为编制不足解决工作人员的渠道。

（五）其他公益性岗位开发管理特色做法

北京市建立了公益性岗位组织保障体系和城乡统一的岗位安置政策体系，要求全市各街道、乡镇建立社会公益性就业组织，通过承接实施各级政府公益性项目的岗位安置就业困难人员。湖南省将登记失业 1 年以上的"4555"人员（女性年满 45 周岁以上，男性年满 55 周岁以上），作为公益性岗位的重点安置对象。广西壮族自治区提出各地可结合就业困难人员特点和用人单位需求，在家庭服务业企业、物业管理服务企业、养老服务机构等吸纳就业困难人员就业能力强的经营性单位适当开发一定数量的公益性岗位。贵州省将乡村公益性岗位分为三类，普通岗位托底安置年龄偏大、无职业技能、身体残疾等弱劳力或半劳力，主要包括保洁员、巡河员、农村公路养护员；技术技能岗位安置具有一定专业技术技能、学历等要求劳动力，主要包括就业协管员、管水员、库管员、政策宣传员、辅助调查员、动物防疫员；专项岗位指从国家层面已明确规定开发设置标准、岗位补贴标准、工作时限要求的岗位，主要包括生态护林员。

三 四川省存在的主要问题

（一）岗位政策对象认定条件不精准

当前《四川省公益性岗位开发管理办法》中对"就业困难人员""乡村就业困难群体"的身份认定文件有两份：一是对"就业困难人员"身份的认定，依据的是《四川省就业困难人员申请认定办法》（川人社办发〔2015〕184 号）；二是对"乡村就业困难群体"身份的认定，因未出台专门的认定文件，目前沿用《关于加强就业帮扶巩固拓展脱贫攻坚成果推进乡村振兴的实施意见》（川人社发〔2021〕26号）中的界定："脱贫人口、农村低保家庭成员和残疾人等乡村就业困难群体。"各市（州）认定办法于2016年集中出台，在实际工作中因认定标准较为宽泛且覆盖面不全，认定结果具有一定随意性，用人单位存在权力寻租风险；同时，随着四川省经济社会的快速发展，该文件相关标准也需结合四川省实际更新完善。

（二）退出政策未与人员就业能力动态挂钩

公益性岗位从业人员大多为大龄就业困难人员，这部分群体就业竞争力相对较弱且难以提高，对公益性岗位的依赖性较强。按照政策规定，公益性岗位从业人员的服务期限不超过三年，这意味着部分人员在三年服务期满后未到60岁退休年龄的群体将再次面临失业；同时，三年后其年龄更大，就业难度不减反增，硬性设置公益性岗位就业援助政策的期限，实际上是以固定期限替代了动态认定，容易产生服务期限已满但仍无法市场化就业的情况。

（三）公益性岗位存在滥用及过度开发现象

一是部分城镇公益性岗位超范围使用。公益性岗位政策设计之初并非用于大量弥补机关事业单位编制不足的问题，部分基层用人单位将公益性岗位作为一种长期使用补充人手的重要途径，在岗人员往往是本单位主要工作任务的承担者，一定程度上背离了公益性岗位临时性、辅助性、救助性的设置初衷。如某县残联有4名城镇公益性岗位安置人员，该单位日常管理业务主要由其承担，4人从事该工作最短年限均已超过8年，前期则以临聘人员形式到岗，公益性岗位相关政策出台以后，便转为城镇公益性岗位安置人员继续从事相关工作。二是乡村公益性岗位存在过度开发的问题。部分地区为完成乡村公益性岗位开发"只增不减"的考核目标，保洁、绿化、护林等岗位反复安置、违规安置的情况并不少见，造成就业资金使用浪费。三是虚设公益性岗位骗取补贴的问题。公益性岗位实行"谁

用人、谁管理"的模式，人社部门只能通过抽查的形式开展监管，难以实现对具体使用情况进行全面监督，存在用人单位虚设岗位，与在岗人员联合骗取补贴的风险。

（四）岗位人员安置呈现"福利化"倾向

一是有市场化就业能力的人员占用公益性岗位。在实际工作中，部分寻求就业援助的群体把公益性岗位视为一种政府"福利"，滋生了路径依赖和懒惰心理，主观上回避就业部门提供的市场化岗位，坐等公益性岗位安置以获取岗位补贴。二是部分青年群体占用公益性岗位。调查问卷显示，48246名受访者中有5.5%的安置对象年龄为30岁以下，在后期的走访调研中课题组针对这一群体展开了调查：部分文化程度本科以上的中青年群体成为安置对象，一个重要原因是占用公益性岗位作为考公过渡，并没有很好地在岗履职。三是部分村干部成为安置对象。调研中了解到，部分地区村干部在领取其他补贴的同时也在领取公益性岗位补贴，作为额外的补贴福利。四是没有完成工作任务能力的人员成为安置对象。这种情况乡镇反映较为突出，为了完成安置指标任务，部分生理残疾程度较重、患有精神疾病等人群也成为安置对象，无法完成相应的岗位任务。

（五）公益性岗位绩效考评机制缺失

公益性岗位的开发总量大且分散，人社部门难以对岗位使用效益进行逐一考核量化。同时，尽管公益性岗位由用人单位使用，但实质并不占用本单位财政资金，部分用人单位在人员管理、绩效考核等环节随意性较强，并没有制定规范和明确的管理措施和考核办法，对在岗人员的管理及考核往往不到位，造成部分在岗人员缺少工作积极性、服务质效低下。调查发现，部分便民中心公益性岗位工作时长不足、工作量不饱和，甚至出现旷工的情况，乡村公益性岗位常见的保洁，平均每周只需在岗一天，一天工作时长2~3小时，每月在岗时长仅需8~12小时。

四　对策建议

第一，完善公益性岗位政策对象的认定办法。修订《四川省就业困难人员申请认定办法》。一方面，扩大就业困难人员认定范围的覆盖面，除城镇户籍人员、城镇常住人员、被征地农民中的大龄人员、残疾人员、低收入家庭人员、连续失业一年以上的人员，在文件中明确乡村就业困难群体纳入的范围；另一方面，细化就业困难人员认定标准，除需办理失业登记且无其他生活来源以外，原大龄人员认定标准建议调整为"距退休年龄不足 5 年且连续登记失业 6 个月以上"，原残疾人员认定标准建议调整为"持有《残疾人证》（根据岗位需求可明确伤残等级）、有一定劳动能力且有就业意愿的残疾人员"。

第二，建立分类别、多渠道、多层次完善人员退出机制。加强动态管理和分类帮扶，对公益性岗位人员退出进行分类处理，建立"能进能出、渐进渐出、岗位相对稳定、人员有序流动"的动态管理制度，避免"一刀切"的退出模式。分类处理岗位退出人员：第一类是大学生公益性岗位人员。建议其退出公益性岗位后的就业渠道与基层大学生优惠政策和项目相衔接。在各地"三支一扶""大学生村官""西部计划"等针对大学生的优惠政策中，面向在公益性岗位工作的优秀困难大学生，经过组织考察程序给予相应的优惠政策。第二类是大龄就业困难人员。建议针对这类人员首先鼓励其多渠道就业或创业，如实在难以就业，要加强在民政部门管理的基础上鼓励用人单位继续留用、续签劳动合同，待其达到退休年龄后自然退出。第三类是具有在市场上就业能力的公益性岗位从业人员。建立公益性岗位退出人员个人档案、政策咨询中心、再就业培训中心和企业用工服务平台，鼓励引导退出公益性岗位的人员自主择业、创业或从事灵活就业，充分发挥创业培训或者小额创业贷款等优惠政策工具，鼓励其自主创业或创办民间服务机构，拓宽再就业渠道。

第三，适度开发控制公益性岗位总量。一是提高公益性岗位信息化管理

水平。做实公益性岗位就业服务系统信息录入补充完善工作，通过信息化管理系统摸清公益性岗位人员底数，实现公益性岗位动态调整和在岗人员动态管理实时更新。二是合理确定岗位规模。对已开发的公益性岗位及时进行清理，结合实际制定清理计划，逐步控制到适合当地就业援助基本情况的岗位规模。三是对部分超范围使用公益性岗位进行集中清理。严格落实公益性岗位"托底线、救急难、临时性"原则，对非服务窗口的机关事业单位配备的公益岗位人员要制定整改措施，适时调整、逐步清退。四是据实按需开发乡村公益性岗位。取消部分区县政府对乡村公益性岗位"只增不减"的硬性考核指标要求。五是优化岗位开发和设置政策。根据就业困难人员规模、安全设施、基层社会管理和公共服务的需求等实际情况，合理确定并适时调整公益性岗位的开发种类、数量及用工形式；确定公益性岗位帮扶对象或聘用人员范围时坚持优先机制，实现需要优先、自愿优先、适合优先，确保设立的岗位与就业困难人员实际需求相符合。

第四，完善岗位管理办法及考核制度。一是规范岗位日常考核管理。坚持"谁开发、谁负责，谁使用、谁管理"，落实乡镇（街道）和村（社区）等用人单位的岗位管理责任，明确岗位职责具体工作要求，健全日常管理，指导用人单位根据岗位要求建立公益性岗位日常考勤考核管理办法，制定符合用人单位实际情况的考核激励制度，实行跟踪问效机制，对公益性岗位人员上岗情况、工作成效等方面进行考核，并将考核结果作为岗位工资差异化发放的依据。二是推动奖惩规范化、程序化、制度化。对工作表现突出、做出积极贡献的个人适当给予奖励。对工作完成情况不达标、考核不合格的个人，在工资待遇方面适当予以扣减，防止公益性岗位"福利化""养闲人"。

第五，构建公益性岗位实名管理体系。一是做好公益性岗位统筹管理工作。建立公益性岗位空岗监测和报告制度，及时掌握公益性岗位人员增减变动情况，帮助就业困难人员尽快实现再就业。二是落实岗位动态管理。建立动态管理服务机制，运用信息化、数据化管理手段，对岗位和人员实行"双实名"管理，定期主动公开一批公益性岗位开发和使用情况，接受社会公众监督，充实岗位监督力量，活化岗位监督机制，有效防止"虚报冒领"

"吃空饷"等情况发生。

第六，多措并举减轻岗位安置资金压力。探索引入社会资金参与安置，推动公益性岗位运行资金实现多元化筹资机制。按照人社部关于公益性岗位的界定，可借鉴浙江、广东、上海等地的经验做法，探索在国有企业、民营企业等其他用人单位中根据承担政府公共项目的情况，确定一批符合条件的公益性岗位，参照社会公益性就业组织安置就业困难人员，利用企业资金弥补基层财政补贴资金缺口。

B.20
凉山州易地扶贫搬迁安置点
后续治理研究报告

赵华文　李光复　黄　文*

摘　要： 为深入贯彻落实习近平总书记关于"强化易地搬迁后续扶持，多渠道促进就业，加强配套基础设施和公共服务，搞好社会管理"① 的指示精神，四川省人社厅和凉山州委、州政府于 2023 年 6 月 26 日至 30 日，联合组织开展了"智兴天府专家行"凉山州专项智力服务活动。基于实地察看、座谈研讨、入户交流等资料收集，本文分析了易地扶贫搬迁安置点经济发展和社会治理工作的基本情况和存在问题，提出了许多有利于巩固拓展易地扶贫搬迁安置点"搬得出、稳得住"后续治理的建议意见。

关键词： 易地搬迁　搬迁安置点　凉山州

一　基本现状

凉山州是四川省脱贫人口最多、易地扶贫搬迁规模最大的地区，共有脱贫人口 105.2 万，其中搬迁人口占比近三成；易地扶贫搬迁集中安置点 1540 个，约占全省四分之一，其中 80% 以上的大型集中安置点集中在该区域。

---

* 赵华文，四川省人力资源和社会保障科学研究所所长，长期从事劳动就业、农民工问题和社会保障等领域的理论研究和政策研究；李光复，四川省人力资源和社会保障科学研究所副所长，主要研究方向为收入分配；黄文，四川省人力资源和社会保障科学研究所科研助理，主要研究方向为人社领域标准化。

① 习近平：《论"三农"工作》，中央文献出版社，2022，第 6 页。

（一）基层党建坚强有力

越西县城北感恩社区、布拖依撒社区、喜德县彝欣社区、昭觉县南坪社区、金阳县天地坝镇东山社区等安置点通过党建引领，实现了基层党组织全覆盖。发挥党组织领导核心作用，建立健全"一核统筹、三治共抓"机制，落实党支部党小组组长兼任居民小组长，推选党员担任楼栋长，成为宣传党的政策、领导基层治理、团结动员群众的坚强战斗堡垒。

（二）就业创业势头向好

各安置点均建设有越西县现代农业产业园、布托布江蜀丰及高原蓝莓基地、喜德集中安置点配套产业园区（生猪代养场、就业扶贫车间）、昭觉县九如生态草莓现代农业园区等配套产业园区，促进搬迁群众就业增收。2022年引导了5439名搬迁群众参与政府投资、社会管理和公共服务项目建设，组织了5357名搬迁群众在44个龙头企业、种养大户、农民合作社等新型农业经营主体零散务工2.7万个工日。建立了创业孵化基地，发展起便利店、小餐饮、快递物流等自主创业项目200余个。通过东西部扶贫协作、对口帮扶、与用工地政府主动对接等方式，不断开展劳务输出。2022年凉山州搬迁劳动力劳务输出5.69万人，同比增长30%以上。

（三）技能培训效果明显

各安置点贫困劳动力文化水平和技能水平整体偏低，近5年有约3万名劳动力参加过培训，约占安置点总劳动力的一半，培训形式以政府组织的免费培训为主。技能培训工种以中式烹调、种植养殖和焊工为主，分别占40.72%、12.65%、8.8%，民族特色培训为彝绣，占6.51%。85%的学员反馈培训能有助于增强就业信心、促进移风易俗，一定程度上拓宽就业渠道和提升职业技能，15.81%学员认为培训能有效增加收入。

（四）政策保障落实到位

四川省在全国首先提出"确保有劳动力的贫困家庭至少有一人就业"

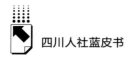
的总体目标，率先将贫困劳动力纳入就业困难人员援助范围，与城镇人口享受同等的就业促进政策，创新出台了就业扶贫九条措施，优化制定就业扶贫十五条和彝区八条等措施，制定了"一库五名单"管理办法等一揽子"含金量"较高的操作办法。针对凉山州实际，出台《促进凉山州易地扶贫搬迁集中安置点就业增收十条措施》，聚力实施劳务合作输出一批、帮扶载体吸纳一批、项目建设承载一批、产业发展带动一批、落实政策兜底一批、重点群体帮扶一批等"六个一批"工程。

（五）公共就业服务不断完善

依托覆盖凉山州17个县（市）6.02万户搬迁家庭、29.24万个搬迁人口、18.81万名搬迁劳动力的"易地扶贫搬迁集中安置点人员实名制数据库"和375名集中安置点专兼职就业创业服务专员，动态监测务工就业、返乡回流等情况，对有失业返贫风险和就业创业需求的搬迁群众，实行精准帮扶。落实职业指导、岗位推介、技能培训、政策咨询等"一条龙"跟踪服务，分类实施"1次上门劳务服务、1次职业指导、3次岗位推荐、1次免费就业创业培训"的"1131"精细化帮扶，对5.12万名具备外出务工条件但尚未就业的搬迁群众实施精准就业帮扶，促进897名残疾人及其家庭成员就业，对1.5万名半劳动力、弱劳动力实行公益性岗位兜底安置，"零就业"搬迁家庭实现动态清零。

二　存在问题

通过走访入户、实地调研集中安置点及其配套产业园区，调研发现在稳定和扩大就业、精准职业培训、人才工作上面临诸多挑战。

一是就业形势更加严峻复杂。当前，欧美等主要经济体正处于衰退中，而国内经济处于弱复苏且经济增长下行压力增大，市场主体面临前所未有的压力，给就业带来更加复杂和长远的影响，让原本就业难、就业不稳的搬迁群众面临更多的就业挑战和更大的失业风险。同时，受区域经济发展、文化技能水平、语言交流、风俗习惯和传统生产方式等影响，凉山州搬迁劳动力外出就业的主观能动性不强、内生动力不足。据调查，外出务工的搬迁劳动力中，通过亲戚朋友传帮带的占 51.84%，而通过政府组织外出务工的仅占 15.27%，从事行业以建筑业、制造业为主，平均工资 3300 元左右，处于较低水平。同时，搬迁群众外出务工平均时长在 6 个月以上的仅占 38.14%，还有相当部分的搬迁群众靠季节性、临时性务工来增加收入，长期可持续就业面临较大困难。

二是产业吸纳就业容量不够高。凉山州是以彝族为主的少数民族聚集区，大型以上安置点地处偏远交通不便，多以发展农业为主，自主经营的企业少、规模小，缺少大型劳动密集型企业，产业配套支撑体系尚不健全，产业集聚优势尚未形成，提供就业岗位少，吸纳就业能力不足，且提供所能承载的就业岗位具有季节性、短期性、劳动报酬低的属性，本地劳动力资源密集与就近就业承载能力不足构成的结构性矛盾长期存在。凉山州 147 个就业帮扶车间吸纳搬迁劳动力平均不足 20 人，仅有 22 个大型以上集中安置点配套建设了产业园区，且普遍刚刚起步，安置点产业园区在配套数量和发展质量上严重不足，产业发展带动就业能力不强。

三是搬迁群众就业稳定性不强。部分中老年群众不能较好地适应生产生活方式变革，非农就业转型难度大，部分青年群众自我再投资激励性不足，追求自由灵活的短期收益，收入稳定性不足，"一户一人"就业目标实现质量不高。特殊时期内，部分抚育赡养负担较重的搬迁户返贫返迁风险值得关注，生产生活成本陡增叠加，收入来源不稳，稳定群众增收压力持续加大。据调查，有部分老年户搬回迁出地继续从事农业生产，在外部环境持续波动情形下，有更多搬迁户存在回迁务农的倾向。

四是技能培训供需矛盾依然突出。一方面，搬迁群众培训意愿不强、文化程度较低，没有建立分类精准培训机制，培训时间和成本更大，搬迁劳动力就业能力提升空间缩窄，据样本数据显示，仍有 7.34% 的劳动力因缺乏就业技能而居家待业。同时，培训后就业不稳定，往往面临"培训完就走人"的尴尬境地，企业用工成本加大。另一方面，青壮年劳动力务工积极

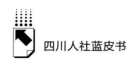

性高,自主外出务工比例大,且务工时间长,大部分时间在外务工,不愿回乡参加就业技能培训,提升技能水平,没有外出务工的劳动力年龄普遍较大,缺乏工作技能,转移意愿较弱,继续向城市转移会面临较大就业困难。

五是技能人才短缺问题长期存在。人是实现乡村振兴战略的核心和推动者,乡村振兴归根到底是人才振兴,当前凉山州在人力资源方面还存在总量不足、能力水平不高、结构不合理、人才队伍不够稳定等问题。同时,受经济发展、投资成本、营商环境等因素影响,县域普遍缺乏具有带动效应的龙头企业和高层次、高技能人才,人力资源的专业知识水平和政策水平均有待进一步提高。脱贫攻坚以来,劳动力年均外出务工占比70%以上,旅游业、产业发展促增收尚待发展扩大中,家庭主要收入来源依靠外出务工增收为主,人口不仅外流,而且吸引留乡回乡发展的优势、潜力不明显,人才结构错配具有持久性、复杂性、动态性,"用工荒"难题一定程度上存在。

六是公益性岗位体量过大后续支撑乏力。公益性岗位原本是政府出资,通过过渡性兜底安置就业困难人员,解决残疾等弱劳动力或零就业家庭就业增收问题,但很多地方把公益性岗位作为解决搬迁劳动力就业增收问题最直接、最简单的方法。据统计,全州就业帮扶载体、产业园区总共吸纳搬迁劳动力不足5000人,仅为公益性岗位安置人数的1/3,从事保洁工作的占比达67.52%,公益性岗位开发体量大、安置数量多,福利化、同质化倾向严重,且后续面临土地财政的乏力,政府长期支持公益岗位的压力将更大。

三 对策建议

通过调研,结合实际,为着眼解决凉山州易地搬迁安置点的后续治理和可持续发展问题,更好书写易地扶贫搬迁集中安置点"后半篇文章",特提出如下建议。

(一)在推动就业创业高质量发展上动真格

一是用活产业"驱动链"。根据当地资源特点和产业结构,积极引进一批农商文旅龙头企业，引进适合当地群众就业需求的劳动密集型、生态友好型项目或企业，建设一批适合搬迁群众特点、吸纳就业能力强的就业帮扶园区、车间、基地或工厂，支持产业发展带动就业，加大对重点帮扶县的项目、资源倾斜支持力度，拓宽就地就近就业渠道，扩大当地就业机会。引导新型经营主体因地制宜发展特色种植养殖基地，吸纳搬迁群众从事田间管理、劳务服务等。不断调整优化保市场主体的政策举措，强化对吸纳就业能力强的企业扩岗支持。

二是激活创业"新引擎"。持续推进创业项目库、创业导师团等服务载体建设，建立乡村振兴机会清单制度，梳理和发布乡村振兴发展项目、人才供需信息以及支持政策，为外出务工人员提供回乡发展入口和机会。加强产业集聚区、特色商业街区和创业孵化基地建设，为返乡创业者提供平台支持，拓展返乡创业空间。设置返乡创业服务专员，吸纳创业模范、技术人员、企业家等组建创业服务团队和农村创新创业导师队伍，为搬迁创业者提供与创业相关的各类专业咨询服务。支持在符合条件的大型安置点周边建设天府微创园、创业孵化园，引导具备创业能力和意愿的搬迁群众优先入驻。

三是靶向服务"稳就业"。探索建立政府、人力资源服务机构、企业和高校四方联动机制，搭建供需对接合作平台。在县级层面建立产业、培训与就业对接机制，围绕县域特色产业发展，重点聚焦县域支柱产业、安置点配套产业园区、产业基地等务工需求开展项目制培训，将搬迁劳动力培训数量纳入任务指标。在社区一级建立常态化劳务对接机制，做好招聘渠道提供、岗位信息推送、就业公共服务等工作，合理统筹州内临时性用工需求，重点做好县内务工资源与安置社区的对接工作，建立常态化劳务沟通机制并下沉至社区一级。积极培育鼓励非营利组织参与易地扶贫搬迁安置点就业服务，通过购买服务委托专业化机构开展就业创业服务，充分利用市场化手段提升就业服务质量。

（二）在推动对口帮扶共享发展上出实招

一是以系统思维统筹各方力量。坚持促进市场化就业和拓宽政策性岗位多管齐下，发挥各部门职能优势、人才优势、资源优势，充分调动省内外对口帮扶地区、"一帮一"职业培训机构、专家服务队伍等各方力量，构建横向到边、纵向到底的帮扶体系，进一步提升就业帮扶整体工作水平。依托省内外劳务协作和对口帮扶机制，落实人岗精准对接，着力稳定外出务工规模，不断健全劳务协作机制和强化有组织输出，大力培树劳务品牌提高输出质量。继续鼓励大型安置点成立社区劳务合作社或劳务服务公司，加大劳务输出组织化程度，实现劳务经济增长由数量型向质量型转变，劳动力转移输出由自发流动型向政府组织引导转变，搬迁劳动力工作由输出管理型向综合服务型转变。

二是以开放思维整合专家资源。借势用好"智兴天府专家行"活动，建立专家常态化帮扶机制。引导人才服务乡村振兴，加大对本地人才支持力度，支持在县以下基层开展职称评聘"定向评价、定向使用"，落实完善工资待遇倾斜政策，适当放宽事业单位招聘条件。继续实施高校毕业生"三支一扶"招募计划向重点帮扶县倾斜。建立城市医生、教师及科技、文化等人才定期服务乡村制度，将重点帮扶县作为重点服务对象。

三是以底线思维抓实就业帮扶。常态化组织专项就业服务活动实施集中帮扶，对就业压力大的县开展结对帮扶，"一地一策"定向送岗位、送政策、送资源、送服务。对脱贫家庭、零就业家庭、低保家庭以及有残疾的、较长时间未就业的等重点群体，建立专门台账，开展"一对一、结对子"帮扶，优先提供就业创业服务。用足用好各类公益性岗位，充分挖掘养老服务、社会救助等就业机会，拓宽基层就业空间，不断扩大就业的"蓄水池"。

（三）在推动精准培训提质增效上下功夫

一是因地制宜开展技能培训。将安置点符合条件的搬迁群众全部纳入培训范围，科学制定年度培训规划，依托用工企业、职业院校、技工学校、一对一帮扶机构等，采取整建制购买培训项目、直接补贴等方式，开展外出务工型、社区服务型、居家就业型等技能培训，大力开发能与乡村振兴有效衔接的技能工种。围绕集中安置点产业发展需要和搬迁群众培训就业需求，开发一批适用于乡村振兴、社会事务、旅游发展等方面的培训项目，加强农村实用技术类、种植养殖技术类、四川特色餐饮类和彝族手工类等专项职业能力培训，对不会汉语、缺乏外出就业经历的搬迁群众开展语言培训和引导性培训。

二是完善精准培训机制。建立订单式培训机制，创新推出"群众点单、政府配单、机构接单、企业用单"全流程订单式培训。对省外劳务输出较为集中的地区，加强与当地企业和培训机构合作，开展岗前培训、异地稳岗培训及在岗培训；不断与当地社会工作机构合作，重点开展民族地区外出人员的城市适应性培训，提高外出务工的适应能力。同时，对流入地企业管理人员和社区工作人员开展民族文化习俗的培训，增进民族沟通与理解。

三是创新开展创业培训。结合高校毕业生、返乡农民工、退役军人、搬迁劳动力的财务能力、知识储备、技能特长、项目特点和市场前景等，"私人定制""量身打造""全链保障"式开展培训，提高创业水平和成功率，培养创业机会识别能力、风险抵御能力和管理经营能力。大力建设创业孵化基地，常态化开展创业巡诊、创业培训、项目沙龙等一系列活动，对有创业意愿的高校毕业生、返乡农民工、退役军人、搬迁劳动力进行免费创业培训，提高他们的创业基础知识，培育一批创业者，对成熟的创业项目进行创业孵化、培育，促进他们更好更快地创业成功。

（四）在推动人才工作创新发展上求突破

一是完善人才培养机制。主动与教育部门协作，积极探索"就业—招生—培养"联动机制，健全学科专业动态调整机制，推动高校专业设置、学生知识结构同社会就业结构相匹配，促进人才培养更好适应经济社会发展需要。依托农经产业园区、农村致富示范户、特色种养基地，建立实用人才实训基地，为开展人才实践锻炼提供支持。组织各类人才赴对口帮扶单位挂职、培训、学习，稳步推进人才实训基地建设。注重人力资源协同发展，常态化开展招才引智活动，加大高技能人才招引力度。着眼产业发展，采取

"人才+项目+资本"模式，大力培育集聚一批全州急需紧缺人才，补齐重点产业发展人才短板，有效改善人才供给。

二是提升劳动技能水平。健全终身职业技能培训制度，高质量组织开展职业技能提升行动，对大学生加大技能培训力度，大力推行企业新型学徒制、菜单式、项目制等定岗定向培训模式。推进政产学研用深度融合，建立一批企业技术中心、工程技术中心、专家服务基地、技能大师工作室等，加强专业技术人才队伍建设。大力开展职业技能提升行动，积极为企业职工等重点群体送政策、送培训、送服务，引导和鼓励各类劳动者积极参加有针对性的职业技能培训，激发和促进培训主体积极参与职业技能提升行动，有效增加培训供给，持续推动职业技能提升行动向纵深发展，切实提高就业重点群体、贫困劳动力等各类劳动者的劳动技能和综合素质，增强贫困人口脱贫致富本领，加快建设知识型、技能型、创新型劳动者大军，助推全州经济高质量发展、搬迁群众增收致富。

三是强化就业创业服务。常态化组织职业指导师"进学校""进社区"，积极举办大学生职业生涯规划大赛等活动，引导高校毕业生树立"劳动光荣"理念和正确的择业观、就业观。立足产业优势和特色，大力打造创新创业孵化服务基地，推动更多高校院所科技人员到园区和孵化基地创办经济实体、转化技术成果，促进创新链、人才链与产业链深度融合。借助西博会等平台，积极推广创新创业活动，培育全州创新精神和创客文化。依托人力资源服务中心，完善人才信息、政策咨询、创业指导、教育培训、发展保障等公共服务系统，全方位做好人才就业创业服务。

B.21
泸县农民工工资性收入差异化状况
分析报告

摘 要： 泸县是四川省劳务输出大县，常年转移人数超过 40 万人，其中，农民工是主要人群，涉及到该群体问题既多且杂，其中工资问题涉及民生，牵涉部门和领域较广，需要重点关注并分析研究。为深入了解泸县市劳务输出农民工的工资性收入状况，分析其原因。泸县农民工服务中心通过线上问卷发放和线下调研的形式对部分转移农民工进行了调查，了解了泸县转移的农民工群体的工资性收入情况，经过分析发现，造成该群体工资性收入差异化的原因主要有学历不同、技能水平不同、行业不同、区域不同。为进一步增加农民工工资性收入，本文从提升农民工技能水平稳就业保增收、发展县域内优势产业促就业稳增收、加强东西部劳务协作扩就业促增收等三个方面提出建议。

关键词： 农民工 工资性收入 差异化

泸县是四川省劳务输出大县，常年转移就业农民工超过 40 万人，其中省内务工 20.34 万人，占全县转移就业的 49%，主要分布在县域内、县外市内和成都周边及宜宾、内江、自贡、乐山等地；省外务工 21.89 万人，占 51%，主要分布在贵州、云南、广东、广西、重庆、浙江等珠三角和长三角地区，全县农民工年劳务收入超过 100 亿元。为进一步了解泸县农民工工资性收入状况及其影响因素，优化就业结构，稳住农民工的"钱袋子"，不断

---

* 洪林，泸县农民工服务中心回引创业股股长。

提升农民工的获得感、幸福感和安全感，泸县农民工服务中心依托四川省就业服务管理 V3.0 信息系统和微信问卷星小程序，采取线上调查与线下调研相结合的方式，于 2023 年 7 月 3 日起，通过全县已建成的村（社区）农民工综合服务站、异地农民工党总支，广泛动员农民工参与线上调查，同时走进园区企业，走进返乡创业企业家和就地就近就业农民工，开展线下调研。截至 2023 年 8 月 15 日，参与调查的农民工共计 5420 人，企业共计 31 家。现将调查调研情况报告如下。

一　农民工工资性收入基本情况

根据泸县农民工服务中心对泸县部分农民工线上问卷调查及线下调研的数据，参与调查的 5420 人中，工资性月收入 2000 元以下的农民工 849 人，占 16%，这部分农民工年龄普遍偏大，主要从事小区物业保安、保洁等工作，福利待遇相对较少，生活压力较大，是低收入群体；2000 元以上 3000 元以内的 1429 人，占 27%，这部分农民工年龄在 35~45 岁的居多，女性居多，主要在生活超市或门店里担任导购员、收银员或是在餐厅从事服务员等工作，技术含量不高，可以兼顾家里的老人和小孩，是中低收入群体；3000 元以上 5000 元以内的 1350 人，占 25%，这部分农民工掌握了一定的技术，在服装类、机械类等加工制造企业流水线上的居多，除基本工资外，更多的靠工作时长或是生产量增加收入，是中等收入群体；5000 元以上的 1792 人，占 32%，这部分农民工学历层次、技能水平和工作经验相对更高更丰富，他们在企业从事管理、研发和技术指导等工作，是农民工中的高收入群体。

二　工资性收入差异化原因分析

（一）学历差异导致工资性收入差异

走访调研县域内园区企业中了解到，企业现有员工中高中及以下学历占比 94.4%，其中，初中以下学历的农民工占 80.72%，这部分农民工除极个别担任了生产车间班组长外，都留在了流水线上，靠计件发放工资，熟练工每个月能挣 4000 元左右，愿意加班的工人每月能挣五六千元。按时上下班产量基本符合要求的，这类农民工每月的工资性收入基本保持在 3500 元左右。

在公司现有员工中，大专学历占 3.62%，本科及以上学历仅占 1.99%，企业亟须实现可持续发展，产品研发和更新换代，这就需要更多高学历、高层次的人才加入，这部分人才的待遇在公司是很可观的，有的月收入 1 万元左右。

目前，制衣厂 90% 以上的员工都是高中以下学历和年龄偏大的农民工，他们外出务工已很难找到合适的岗位，在家门口就业每月都能挣到三四千元。公司为了拓展市场，招聘了几个大学本科生，开通直播带货业务，他们的工资收入相比一般员工要高很多。

由此可见，学历差异是导致农民工工资性收入差异化的关键因素。学历层次高，从事的岗位含金量就更高，他们在企业中更容易获得高薪职位，拥有更好的职业发展前景，工资待遇就更有保障。学历层次相对较低的农民工，他们难以胜任企业中较为复杂或精密的工作，简单枯燥的流水线作业，难以获得较好待遇和晋升机会。

（二）技能水平导致工资性收入差异

据统计，参与调查的 5420 人中，有技能有证书的 68 人，占 2%，这部分农民工工资性收入水平普遍较高，月收入保持在 5000 元以上，其中获得高技工证书的 5 人，占有技能有证书的 8%，月收入都突破了 7000 元。他们的生活富足，在务工地买房买车，可解决包括子女入学、就医等问题。全国优秀农民工泸州沱江液压件有限公司高级焊工胡绍兵说，他在公司每月的保底工资接近 5000 元，加上带徒津贴、产能补助等，每月打到卡上的工资接近 8000 元。

有技能无证书的 1238 人，占 23%，这部分农民工的月工资性收入基本

上处于3000~5000元，如果在公司生产车间担任了班组长的，平均工资会在此基础上增加800~1500元，也就是说这部分农民工的工资性收入最高可达3800~6500元，他们是农民工中的中偏上收入群体。

无技能、无证书的4114人，占75%，这部分农民工更多的是从事流水线生产作业，工资性收入根据工作时长和生产量来确定，基本上保持在2500~3500元之间，也有从事物业公司小区保安、保洁或是餐厅服务员、洗碗工。

数据分析显示，技能水平是导致农民工工资性收入差异化的核心因素。农民工掌握了一技之长，拥有较高的技能水平，能给企业带来更大的产值，更适合企业的用工需求，就会受到企业的青睐，从而拥有更多更适合自己的就业机会，获得更多、更优厚的工资报酬。反之，缺乏技能或是技能水平低下的农民工，面对企业严苛的要求，只能被动地从事一些简单机械的工作，而且劳动强度大，给企业带来的劳动附加值低，工资性收入也低。

（三）行业不同导致工资性收入差异

四川省就业服务管理V3.0信息系统数据显示，泸县从事第一产业大类的农民工有5.92万人，占全县农村劳动力转移就业的14.02%；第二产业大类的有21.82万人，占51.65%，其中建筑类从业人员最多，超过16万人；第三产业大类的有14.49万人，占34.33%，主要分布在批发零售、住宿餐饮、小区物业及交通运输等领域。

农民工工资性收入差异跟他们从事的行业息息相关。从在线调查数据来看，第一产业大类的农民工主要分布在农、林、牧、渔等传统行业，他们的工资性收入受季节性、周期性等自然因素的影响，普遍不高。以果蔬种植为例，他们在培土、施肥、疏果、采摘等时段，劳动量密集，工资性收入高，其余时段对果蔬的看护管理，含金量不高，休息时间长，工资待遇就显得要低很多。这类农民工的工资性收入在2500元以下，占38.84%，低收入群体占比相对较多；收入在5000元以上的基本上都是掌握了农科技术，且负责项目管理的人员。

从事第二产业大类的农民工中，月收入 2500 元以下群体最少，仅占 6.91%，月工资性收入超过 5000 元的人数最多，占 46.18%，尤其是含金量较高的机械加工制造和传统与新型相融合的建筑业，其中，采取项目制分包管理的建筑从业人员，工资更高，比如：钢筋工、模板工可达 350 元/天，砌筑工、抹灰工可达 300 元/天，工地上的项目经理甚至可达 1.5 万~2 万元/月。当然，这类人员的收入也是相对的，除了自然因素影响施工导致没有稳定收入来源，他们结束一个工程到重新入手一个项目，中间会有一个等待期，这个时间段是没有收入的，也就拉低了他们的平均收入水平。相比较而言，金融或是 IT 行业的从业人员，他们的收入更高更稳定。

从事第三产业大类的农民工中，新业态从业人员工作时间、工作地点更灵活，除养老护理、母婴生活护理等工作外，企业对学历、技能等方面的要求不高，只要肯接单，肯付出努力，在充分保障安全的情况下，他们的收入普遍更高。调查发现，新业态从业人员月工资性收入超过 5000 元的占 63.7%。当然，在第三产业大类中，从事物业公司小区保安、保洁，或是生活超市、门店导购员、收银员以及餐厅服务员、洗碗工等工作的农民工收入并不高，这部分人员工作含金量不高，工作时间相对固定，他们的工资性收入基本上按小时工的方式计算，工资往往不稳定。

由此可见，行业不同是导致农民工工资性收入差异化的重要因素。相对而言，从事第二产业大类的农民工工资性收入较高，其次是第三产业，第一产业工资性收入最低。

（四）区域不同导致工资性收入差异

调查数据显示，省外就业农民工的工资性收入明显高于省内就业农民工。其中，省外就业农民工月工资性收入在 5000 元以上的 10.98 万人，占全县省外务工人数的 50.18%，而省内就业的农民工月工资性收入在 3500 元以下的 12.28 万人，占全县省内转移就业人数的 60.38%，省内外就业工资性收入平均差异在 1000~1500 元之间。

究其原因，四川地处西部内陆地区，泸县又是农业大县，经济发展相对

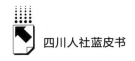

滞后，用工成本不高，导致省内就业、县域内就业农民工工资性收入不高。而省外，尤其是东部长三角地区和南方珠三角地区，产业结构更合理，经济发展更强劲，就业岗位多元化，既能满足不同层次农民工的就业需求，也能提供更高的薪资待遇。

省外的企业，尤其是东部地区和南方地区的企业，区位优势明显，发展空间大。但农民工在这些地区务工生活成本相对更高，这些企业为了留员工、稳生产、保效益，采取了一系列措施，包括免费返岗、免费培训、提供免费住房、工作餐以及提高农民工薪资待遇等，从而吸引了更多农民工外出务工。总而言之，就业区域不同是导致农民工工资性收入差异化的客观因素。

三 增加农民工工资性收入建议

（一）提升农民工技能水平稳就业保增收

依托县域内、市域内优势资源，广泛动员农民工利用返乡契机或工余时间，参加政府购买服务的再技能化提升培训。深入园区企业、项目工地、人才市场开展调研，把在新业态、家政服务、乡村旅游、农村电商等从业的市场急需紧缺的技能人才纳入培训范畴，制定培训大纲，编写培训教材，组织优秀讲师团队，"送培训"到村（社区）和园区企业或异地建筑工地，让农民工通过培训获得选择更多就业岗位的机会。开展政府补贴性高技能人才培训，为企业组织"订单式培训"，不断提升农民工适合新时代企业发展的需求。通过多渠道、多元化技能提升培训，让农民工掌握一技之长，力争获得职业技能证书，从而提升农民工的市场竞争力，能够实现稳定就业，保障工资性收入稳中有增。

（二）发展县域内优势产业促就业稳增收

泸县是农业大县，将新农村建设与乡村旅游结合，鼓励和支持农民工返乡创办休闲农业、观光农业等农业发展综合体，提供更多就业岗位和机会，既促进农民工就地就近转移就业，又能稳定农民工增收，从而提升农业附加值。泸县是国家高新区医药产业园，吸纳更多高新优势企业入驻现代医药产业园，吸引更多技术技能型农民工加盟企业，参与产品研发，促进市场营销，提升企业产能效益，实现农民工就业增收双赢与企业多赢的局面。依托页岩气开发，发展能源化工，在县域内页岩气丰富的区域，开发更多就业岗位，提供更多就业机会，促进农民工在"家门口"就业。建筑产业是泸县的支柱产业、富民产业，出台一系列政策措施，鼓励和支持建筑企业资质提档升级、设备更新换代，同时，组织建筑工人参加再技能化提升培训，促进农民工技术技能的提升，为高质量就业和稳定增收打下坚实的基础。

（三）加强东西部劳务协作扩就业促增收

泸县地处川渝滇黔结合部，成渝双城经济圈结合部，是国家西部大开发建设排头兵。泸县现有农村劳动力超过 53 万人，常年转移就业 40 余万人，有丰富的剩余劳动力资源。东部地区产业发达，企业管理成熟，但用工成本相对更高。随着县域内现代工业园区的建设与发展，有相当一部分农民工更愿意留在"家门口"就业，东部地区一度出现了"招工难""用工难"的现象。加强东西部劳务协作，通过县域内农民工网站、"当家人"微信群等渠道，大力宣传东部地区企业用工环境、用工条件和用工待遇等，鼓励和支持一部分农村剩余劳动力到东部地区企业务工，扩大泸县农民工外出转移就业规模，在促进农民工增收的同时，让他们在当地学技术、学管理，将来带着资金、带着企业运营管理经验，返乡创业，带动就业，助力乡村振兴。

数字人社篇

B.22
四川数字人社建设情况报告

赵华文 杜云晗 邓彬婷*

摘 要： 随着改革开放不断走向深入，一方面社会结构深刻变化，社会需求日趋复杂，另一方面新的生产要素及组合配置方式不断涌现，科学技术发展突飞猛进，特别是人工智能、大数据和云计算等数字技术发展迅速，为推动政府治理创新、增强政府治理效能奠定了生产力基础。数字人社即数字技术在人社治理领域的运用，数字人社建设的关键在于推行人社治理体系数字化改革，更好满足人民群众对高品质公共服务的期待，引领和支撑人社事业高质量发展。近年来，四川省数字人社建设在网络安全、数据共享、平台建设等方面卓有成效，但也暴露出信息化队伍人员配备不足、信息化建设运维资金保障不足、系统抗风险能力亟待提升等问题。

关键词： 政府治理 数字人社 四川省

---

* 赵华文，四川省人力资源和社会保障科学研究所所长，长期从事劳动就业、农民工问题和社会保障等领域的理论研究和政策研究；杜云晗，博士，四川省人力资源和社会保障科学研究所助理研究员，主要研究方向为人口与经济发展；邓彬婷，四川省人力资源和社会保障科学研究所科研助理，主要研究方向为人口与社会。

一 四川数字经济与数字人社发展趋势

四川省关于加快推进数字经济发展出台多项政策举措。《关于深化"互联网+先进制造业"发展工业互联网的实施意见》（川府发〔2019〕19 号）提出，要深入推进互联网、大数据和人工智能和实体经济深度融合，增强工业互联网产业供给及能力，赋能制造业转型升级。《四川省人民政府关于加快推进数字经济发展的指导意见》（川府发〔2019〕20 号）提出，要加快构建形成具有较强核心竞争力的数字经济生态体系，加快建设数字四川、智慧社会和网络强省，以"数字产业化、产业数字化、数字化治理"为发展主线，加快推进数字经济发展。2021 年，四川省政府印发实施《四川省"十四五"数字经济发展规划》，提出 7 大发力方向、21 项重点任务，包括以数字政府为先导，打造一流营商环境，开创数字治理新局面等。

四川省数字经济发展亦取得一系列显著成效，网上政务服务能力进入全国第一方阵，并出台《四川省数据条例》。2022 年，四川省数字基础设施建设优化升级，全国一体化算力网络成渝国家枢纽节点（四川）启动建设，已建在建超 100 个标准机架的数据中心 93 个、总机架数量 27 万架；数字技术创新能力不断增强，新认定数字经济领域高新技术企业 4111 家，建成100 余家省级企业技术中心、23 家省级重点实验室、62 家省级工程技术研究中心和 9 家制造业创新中心；数字产业化步伐加快，数字经济核心产业增加值达 4324.1 亿元，同比增长 6.5%、高于地区生产总值增速 1.6 个百分点，对全省经济增长的贡献率达 10%；产业数字化转型成效明显，两化融合发展水平居全国前十，累计认定 30 家省级数字化转型促进中心。2022年，四川省有 5 个市数字经济核心产业增加值超过 100 亿元，成都、绵阳、宜宾数字经济核心产业增加值规模居前三。其中，成都居全省第一，占比接近 2/3。

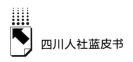

二 兄弟省市"数字人社"建设经验做法

（一）上海市经验

《上海人力资源和社会保障数字化转型行动方案（2021—2023年）》以建设具备"数字底座、数字经办、数字决策、数字监管"四"数"一体的上海"数字人社"平台体系为目标，全面推进上海人力资源和社会保障数字化转型。

主要经验点在于：一是全力打造"一体化"支撑体系。按照"统筹规划、共建共享"原则，利用云计算、云存储、大数据、中台服务、AI人工智能、区块链、微服务框架等新技术打造自主可控的统一底层技术平台，并以平台为核心构建"市区联动""多渠道采集、一体化输出"的安全、高效业务支撑体系。二是构建全天候便民服务综合体。以提升业务办理效率为目的，构建集合网上、移动、柜面、社区、第三方渠道"五位一体"多渠道智能服务体系，实现"7×24"人社服务不打烊。同时建设基于社保卡的居民服务"一卡通"服务平台，推动在人社领域率先完成民生服务"一卡应用"。三是建设人社领域全覆盖的决策支持系统。综合运用数字人社平台的基础能力，建设包含数据统计、指标分析、趋势预测、地图成像、风险防范、综合管理等功能设计的决策支持系统，充分发挥"数字"的决策支持作用。融合分析多类服务数据和行为数据，准确掌握个人和企业的业务诉求，变"人找政策、人找部门"为"政策找人、服务到人"。四是打造智能风控体系。丰富前端智能化监控手段，全面提升视频实时感知设备在智慧服务大厅、人事考试中心等人社相关业务办理场所的应用。基于实时分析引擎和模型在线推理，在社保基金平衡和智慧预算、职业年金投资运行、社保基金安全和就业培训资金安全等方面，开展科学监测，实现风险可预警、可阻断。

（二）浙江省经验

2020年浙江省人社系统围绕省委政府"最多跑一次"改革和数字化转型工作，强化数字赋能，推动人社信息化建设①。

主要经验点在于：一是推进"一体化"业务系统建设，实现数据共享。对人社核心业务全面梳理，实现模块之间的协同共享、相互衔接，推进一体化平台建设，打破业务界限，实现社保、就业等业务经办一体化。加快数据共享，实现跨部门、跨地区、跨层级数据共享。二是推进人社政务工作流程优化简化。推进政务服务由网上、掌上可办向"好办""易办"转变，落实"一件事"改革，将事业单位人员职业生涯全周期相关业务整合成"一件事"，相关业务办理时限从1~2个月压缩到1~2天。三是探索"一卡通"便民服务。开展覆盖医疗、公共交通、图书借阅、健身优惠、旅游惠民等30多项公共服务的"一卡通"工作。四是健全人社大数据分析应用场景。充分利用人社数据归集平台，多方获取并归集数据，利用平台推进人社大数据分析决策平台建设，建成人社指数、政策绩效评估、东西部扶贫劳务协作、欠薪联合预警等20多个大数据分析应用场景。

（三）重庆市经验

重庆市人力资源和社会保障局通过数字化转型和智能化升级，以系统集成、数据赋能为重点，打造重庆版的"数字人社"②③。

主要经验点在于：一是实现"一网通办"。利用好"智慧+"全面打通

---

① 《浙江：强化数字赋能　推进人社整体智治》，http://www.mohrss.gov.cn/SYrlzyhshbzb/dongtaixinwen/dfdt/202101/t20210122_ 408171.html，最后访问日期：2024年10月14日。

② 《"智能+便民"精准匹配　重庆人社　"智慧人社"新系统　足不出户尽享便捷》，https://rlsbj.cq.gov.cn/zwxx_ 182/gzdt/202212/t20221222_ 11409678.html，最后访问日期：2024年10月14日。

③ 《就业、社保、公共服务……重庆市人力资源和社会保障局升级"数字人社大脑"打造90个数字应用场景》，https://www.cq.gov.cn/zt/shfgfg/cqxd/202305/t20230519_ 11980829.html，最后访问日期：2024年10月14日。

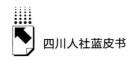

包括但不限于"渝快办"平台事项管理中心的系统壁垒，做到统一规划、数据同源、标准统一、更新及时，全力推进经办服务"一网通办"。二是打造"一库四联盟"。依托人社西部（重庆）数据实验室，联合就业服务联盟、培训联盟、创业联盟和人力资本联盟，精准匹配就业创业资源，通过人力资源信息数据摸清各类人员的基础信息和服务需求。三是养老待遇资格实现"无感认证"。通过大数据推广的"静默+互联网"认证，对领取养老金的人员进行全方位行为轨迹分析，动态判断其生存状态。四是实现"人策精准匹配"。利用"大数据"智能逐个比对，精准锁定各类政策适用人员和企业名单，实现"免申即享""直补快办"。

（四）对四川省数字人社的启示

各地"数字人社"建设工作有序推进并略有成效，总的来说建设经验点包括三个方面：一是夯实硬件支撑。一方面，着力于打造一支精通政策、熟练操作的"全能型"队伍，实现个人、企业窗口办事便捷化。另一方面，通过集中办事地点、简化办事流程、办事地点基层化、实现24小时服务等方式，实现"数字人社"便民化。二是加强软件建设。第一，利用区块链、大数据等新技术构建"多渠道采集、一体化输出"的数据共享平台，力图实现人社领域业务"一机办完""一屏展示"。第二，充分发挥数据的数字化、网络化、智能化作用，建立决策支持系统，评价和优化决策，为决策提供支持。第三，筑牢"数字人社"发展安全屏障，充分发挥人社部门有序引导和规范发展的作用，压实数据治理责任，增强数据安全保障。三是以便民为发展核心。一方面，以现有社保卡为基础开通跨地区、跨场景的"一卡通"服务，实现公共服务便民化。另一方面，利用大数据精准识别的特征，实现个人、企业与政策高度匹配，促进人社服务由"人找政策"向"政策找人"转变。

三 四川省"数字人社"发展中的现状与问题

近年来，四川省紧跟当前新形势变化，强化问题导向，厚植为民情怀，充分利用互联网、大数据、云计算等信息技术手段，以保安全为出发点，以创新提升行动为基准线，大力实施"数字转型"工程，目前已建成四川人社在线公共服务平台及"四川人社"APP，构建起"一网络、一中心、一平台、一品牌、N系统"的"5+N"信息化支撑体系，从六个维度助推"温暖人社"建设，硕果累累，实效显著，为人社事业高质量发展和推动治蜀兴川再上新台阶做出巨大贡献。但四川省人社系统数字化发展仍处于初级阶段，存在一些亟须改善的问题。

（一）发展现状

一是构建四级网络，确保网络安全。目前，四川省金保专网已触达人社部、省本级、市（区、县）和乡镇（街道）四级，为各类人社业务经办和视频会议的召开畅通了渠道。同时，建成了四川省省级政务云人社数据中心，整合了123台服务器，可分配虚拟资源总量共计CPU23560核、内存69628.69GB、存储634.98TB，为各类人社信息系统的省级集中提供了强大的硬件保障资源。按照等保三级的相关要求，适时增加网络安全相关设施设备，逐步完善数字人社网络安全防护体系，为党的二十大、大运会等重大活动顺利举行，筑牢网络安全的"紧箍咒"。

二是筑牢基础支撑，加强数据共享。目前，建成14个计算节点、31个存储节点的高性能数据库，确保人社各个核心系统数据库的运行高效和稳定，确保了数据安全。同时，建成门户集成、身份认证、金融交易、系统协同、数据运维、电子证照等基础支撑平台系统共计16个，为各类人社业务经办提供了120余万次接口调用、1200余万次生物认证、1400余万次核查认证、102亿次业务协同、4000余万次短信推送和5200余万次评价服务，推送6类人社证照目录信息1700余万条，实现各类人社待遇、补贴资金发放7918.26亿元。还整合人社政务数据资源，形成拥有160余项、910亿条数据资源的人社数据汇聚库，完成数据跨部门核查比对近8000万条，实现数据的跨部门、跨地区、跨层级共享应用，并会同四川联通建设人社大数据联合创新实验室，以及与重庆人社共同探索人社西部数据实验室建设，助推

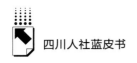
人社大数据应用。

三是优化线上平台，打造"温暖人社"。建成纵向与部平台、省政务一体化平台和市（州）公共服务渠道对接，横向与重庆人社业务协同的人社线上服务总枢纽"四川人社在线公共服务平台"，平台涵盖网上办事大厅、"四川人社"APP 等自有渠道，融合合作银行、支付宝、微信等第三方渠道，构建起多维度、多层次、多渠道、全天候的人社在线公共服务体系，实现相关人社服务的"掌上办、指尖办、随时办"。平台上线以来，累计有652 万用户注册人社自有渠道，年均为群众提供近 12 亿人次服务，"四川人社"APP 累计下载量 530 万次，切实为群众提供更加方便快捷的暖心服务。在 2022 年 3 月省本级 12333 话务工作整体移交四川省 12345 热线后，仍承担政策业务培训、工单转办等工作，双方加强沟通，共同探索建立起协作机制，优化了工单处理流程，提高来电转办工单的处理效率。

四是深化优势拓展，创建全国品牌。近年来，四川省社保卡工作聚焦群众需求，围绕成渝双城经济圈建设，以点带面深化管理，借势借力全面拓展应用，着力打造"一卡通"服务生态。截至目前，全省社保卡持卡人数达9030 万人，基本实现常住人口全覆盖，其中 2313 万人持有三代卡，4181 万人领取电子社保卡。全省深化"社银一体化"建设，共建成服务网点 1.5 万个，设立快速制卡网点 4900 余个，并拓展线上服务渠道，优化服务流程，实现"网上办""掌上办"。强化跨地区、跨部门、跨层级协同，实现人社领域全业务用卡和在政务服务、资金发放、交通出行、文化旅游、医疗健康等重点服务领域的应用。还协同重庆，创造性推出以受办分离模式开展川渝社保卡申领、补换服务，实现了川渝两地在人社、医保、文旅等领域的社保卡跨地区应用。

五是推进省级集中，强化技术保障。自 2017 年以来，按照"互联网+人社"总规划，以中台+微服务为技术路线深入推进省集中建设。完成总集成平台、公共服务平台两个内外系统枢纽的建设，完成四川公共就业创业服务管理信息系统、四川省社会保险信息系统、四川省社会保障卡管理信息系统和四川省技能人才信息管理系统等 13 个省集中系统建设，夯实了全省人社信息系统的基础，确保了"省内通办""跨省通办"的顺利实施。建成了统一的运维工单平台、数据库安全运维平台，出台了《四川省人社厅集中业务信息系统运行维护暂行管理办法》，为人社业务的办理做好系统运维保障，截至目前，已为全省就业V3.0、社保共建版、社保卡V2.0、流动人员人事档案、专家专技、事业单位人事管理等系统，以及公共服务和总集成各基础支撑平台提供数据运维服务累计22.5万笔。

（二）取得的成绩

第一，四川省设立社保卡快速制卡网点模式。该模式被人社部作为典型经验在全国推广，还多次承接了国家级试点工作，部分工作属全国首创，整体工作处于全国前列，取得了卓越成效。多项社保卡工作受邀在各类全国的人社会议上作经验交流发言。第二，中心受邀派员参加全国人社数字化转型方案的编制。第三，负责维护的厅门户网站荣获2022年度"政府网站十佳"荣誉称号。第四，精选工单《加强信息互联互通 数据多跑路群众少跑腿》荣获"2022年度四川省12345政务服务便民热线典型案例"奖。第五，《优化APP功能设置 连心港澳台同胞》被选为"2022年度全省走好网上群众路线为民服务办实事优秀案例"。

（三）存在的问题

一是信息化队伍人员配备不足。信息中心在全厅信息化建设中，既承担了系统建设运维，又承担了人社信息化安全责任，还承担了多项国家级试点任务，以及大数据分析应用工作。目前，信息中心编制数为24名，在编21人，较2015年成立之初的26名还划转了2名，还聘用编外人员28人辅助工作。近年来，全国网络安全形势严峻，金保专网和四川省社会保障卡管理信息系统已被列入关基设施，在业务系统省集中后，各地不再承担信息系统的建设和运维，机构和编制也被大幅缩减，但所承担的网络安全责任依然未减弱。同时，中央、部省也分别对信息化建设提出了新的部署和工作要求，特别是社保卡工作在政务、民生领域的拓展应用，面临了史无前例的工作量和压力。日常工作中，各地编制和人手与当前的工作任务和责任严重不匹

配，工作人员长期处于高负荷、高压力工作状态，面临压力大、责任重、任务多、风险大等诸多现实问题，亟须增强各地信息化机构和队伍的力量。

二是信息化建设运维资金保障不足。前两年通过机保建设所筹集的银行建设资金，到目前已快消耗殆尽，加之部分运维项目即将进入有偿运维期，所需资金量巨大，仅靠社保卡项目建设筹集资金予以保障较为困难，亟须向财政部门沟通协调，尽量使用财政资金进行保障，才能保障整个系统的正常运转。

三是系统抗风险能力亟待提升。现有数据中心硬件资源仅够保障业务正常运行，尚无冗余，若某个信息系统出现故障，可能会造成全省业务较长时间停摆，群众无法办事，甚至导致较大事故，引发网络舆情风险较高。同时，按照等保三级安全标准来看，部分设施设备老旧，存在较大的网络安全风险。

四是数字人才培育不足。人才是"数字人社"良性运行的基础和保障。四川"数字人社"发展中人才队伍建设方面存在的问题表现在：一是缺乏"复合型"人才。"数字人社"高质量发展急需既懂政策、又懂技术的复合型人才，当前四川"政策通"和"技术通"较为割裂，省厅作为平台搭建需求端，人才多只懂政策不懂技术，第三方公司作为供给端，人才则只懂技术不懂政策，导致供需沟通存在一定困难，增加了时间成本、沟通成本。二是缺乏前端"全能人才"队伍。"数字人社"发展的基本原则是以人民为中心，着力破解人民急难愁盼问题，一线基层工作人员对政策、终端熟悉程度不够，缺乏专门的培训、学习体系。

五是数字平台建设不亟待优化。平台建设能够提高工作效率、促进信息流通和资源共享，四川"数字人社"平台建设相对滞后，主要体现在：一是一体化程度不高。各子系统之间联系不够紧密，子系统和相关数据共享对接存在一定困难，数据暂时无法实现实时交互，因而推行"一门综窗""一网通办""一机全办"的任务仍然艰巨。二是系统功能不能完全满足需求。部分子系统有待升级改造，例如流动人员人事档案管理系统于2017年开发建设，至今未进行更新升级，一定程度上制约了流动人员人事档案公共服务效能，无法满足人社部对档案管理的新要求。三是精准化服务新模式构建困难。以数字化推行主动服务、推动政策精准落实，实行"人策匹配"，实现政策待遇"免申即享"是数字人社建设的重要内容。当前受数据电子化率较低的限制,实现多源数据为服务对象精准"画像"任重道远。

六是数据安全交互不强。一是数据安全意识薄弱。"安全红线"宣贯不到位,具体表现为部分子系统没有明确的系统账号密码管理制度,账号多人使用、密码强度较低等问题时有发生。二是数据横向共享力度不足。数据共享能够创造更优质便捷的人社服务环境,一方面,当前省厅内部各部门数据共享力度不足,造成人社业务"一件事来回跑"的局面。另一方面,人社部门与教育、工商等数据共享通道尚未打通,不利于优化办事流程、简化办事材料。三是数据纵向流通通道闭塞。市(州)部分数据电子化率较低,为深入实施人社政务"通办服务、智慧服务、优质服务",实现全省人社政务服务一体化,市(州)人社数据电子化建设迫在眉睫。

四 对策建议

(一)加强建设系统化立体协作组织体系

一是充分发挥人社政务系统平台一体化建设领导小组职能。进一步加强领导小组的领导、统筹协调职能,推进厅内各系统组既分工、分类、分方向开展工作,又按照一体化建设的思路整体推进,确保各子系统及早上线运行,提高人社政务信息化水平。二是加强各系统组、三方平台搭建公司沟通交流。适时开展交流会,尽快沟通完善需求确认和系统测试,积极提供三方公司所需支撑材料,配合开发人员完善系统功能,督促公司加快推进系统新建和改造进度。三是加大基层窗口工作人员培训力度。组织开展"线上+线下"政策解读培训、现有终端操作培训,定时开展一线人员政策知识问答大赛及终端操作比拼,提升窗口服务效能,提高群众办事便利度。四是加强全省信息化队伍建设,协调编办,增加编制人员,或争取单独设立社保卡专门机构和配备专职人员的政策支持,以应对当前信息化建设新形势下人少事多责任大的困境。

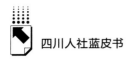
（二）加快构建一体化人社政务服务系统

一是推进系统加快开发，实现数据实时交互。一方面，要坚持整体协同，抓住系统协同、数据共享、预警处置等关键环节，快速完成系统配套接口、数据库架构调整，优化并简化现有系统。另一方面，建立省市（州）数据双向联动机制，督促市（州）健全信息系统向上报送渠道，实现全省各市（州）数据实时交互。二是加快现有模块升级改造。根据政务一体化平台、人社部跨地区平台和省厅信息系统平台接入要求，快速完成相关业务模块改造升级，推进各业务模块逐步实现三级（省、市、县）联网通办、川渝通办、跨省通办。三是力争打通各端口数据联通。一方面，从数据资源整合共享、人社服务"一网通办"、社会保障卡"一卡通用"等方面入手，加强省厅各部门数据整合共享，推进数据赋能创新，提升数据应用能力，实现内部数据共享互通。另一方面，力争快速打通教育、工商、社保数据联通，持续推进人社领域政务服务"线上线下融合""一网通办""跨省通办"等重点工作，提高政府服务精准度、便捷度，打造全省统一、共建共用的人社大数据分中心。四是争取财政部门的大力支持。尽量保障信息化建设资金投入，谋划好自筹资金的使用规划，做到物尽其用。在资金有保障的情况下，优先强化安全保护，提升系统抗风险的能力。

（三）加深强化全方位人社数据保密制度

一是完善数据保密制度。制定专项数字人社保密制度，根据业务流程完善各环节保密制度，与三方公司签订保密协议，确保数据安全性。二是完善基础账户设置。严格把好账户申请关，对申请者数据使用目的、范围、方式等的合法性、正当性、必要性进行事前评估，限定不同类别账户可查看数据范围。三是强化数据保密工作。一方面，制定系统操作手册，强调数据安全意识，避免因操作不当导致的数据泄露。另一方面，对账号密码强度进行明确规定，并由系统按期提醒更换账号密码。

B.23
四川人社财务管理报告

人社系统财务管理及内部控制信息化建设研究课题组 *

摘　要： 2023年2月，中共中央办公厅、国务院办公厅印发了《关于进一步加强财会监督工作的意见》，旨在进一步加强财会监督工作，更好发挥财会监督的职能作用。为调查了解全省人社系统财会监督工作现状，汲取各地先进经验，加快推进数字人社建设进程，2023年5~9月，课题组先后赴德阳、绵阳、攀枝花、遂宁等市州以及湖南、宁夏等省市进行了实地考察调研，采用座谈交流、现场访谈、问卷调查等方式，重点了解各市州、区县内部财务机构建设、财务制度完善、内部控制开展、信息化手段运用、相关配套政策等方面的经验做法、存在的问题，并就改进提升财会监督管理水平提出工作建议。

关键词： 财务制度　内控体系建设　财会监督　四川省

一　调研过程与现状分析

本次调研采用实地考察与问卷调查结合的方式，针对加强财会监督工作的各个方面，如单位财务人员配置、财务制度完善、内部控制开展、信息化

---

* 课题组组长：王飞云，四川省人力资源和社会保障厅规划财务处处长、一级调研员。课题组成员：张宗闯，四川省人力资源和社会保障厅规划财务处副处长、三级调研员；刘小平，四川省人力资源和社会保障厅规划财务处三级调研员；余江，四川省人力资源和社会保障厅规划财务处三级调研员；曾玲，四川省人力资源和社会保障厅规划财务处四级调研员；高翔，四川省人力资源和社会保障厅规划财务处四级调研员；魏静，四川省人力资源和社会保障厅规划财务处三级主任科员；吴筱萱，四川省人力资源和社会保障厅规划财务处专业技术十三级职员；何洁，四川省人力资源和社会保障厅规划财务处七级职员。

水平等，设计了相应调查问题，其中涉及单位基本信息收集问题 5 项，涉及具体工作开展情况问题 23 项，共 28 个问题样本。问卷采用线上调查的方式面向全省各市（州）并下沉到区县发放，共发放问卷 182 份，回收有效答卷 136 份，回收率为 74.72%，问卷调查结果分析如下。

本次成功提交有效答卷的市级单位为 20 家，占比 14.71%，县级单位为 116 家，占比 85.29%。

预算规模在 1000 万元及以下的单位合计占比为 55.9%，预算规模 5000 万元以上的占比为 9.56%（见图 1）。

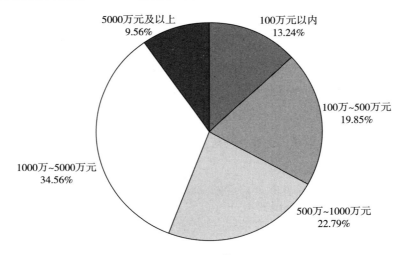

图 1　单位预算规模

单位财务人员配置数量以 2~3 人为主，占比超过 77%，单位财务人员配置数量在 4 人及以上的占比较低，不足 22%（见图 2）。

预决算编制、会计核算和财务报表编制是单位财务管理人员的主要职责，预决算编制共有 130 人选择，占比为 95.59%；会计核算共有 129 人选择，占比为 94.85%；财务报表编制共有 131 人选择，占比为 96.32%；国有资产管理共有 104 人选择，占比为 76.47%；银行账户管理共有 127 人选择，占比为 93.38%；职工代扣代缴核算共有 117 人选择，占比为 86.03%；共有 17 人选择其他选项，占比为 12.5%。

　　单位财务人员主要配置在会计岗和出纳岗：会计岗共有 133 人选择，占比为 97.79%；出纳岗共有 134 人选择，占比为 98.53%；审核岗共有 88 人选择，占比为 64.71%；预算绩效管理岗共有 57 人选择，占比为 41.91%；国有资产管理岗共有 54 人选择，占比为 39.71%；内部控制管理岗共有 59 人选择，占比为 43.38%；其他岗位共有 5 人选择，占比为 3.68%。

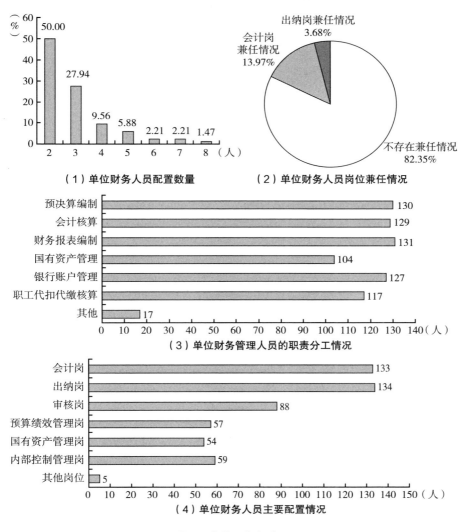

图 2　人员配备与分工

单位财务人员岗位存在兼任情况的比例为 17.65%（19 人兼任审核岗与会计岗，5 人兼任审核岗与出纳岗，共计 24 人），不存在兼任情况的比例为 82.35%（112 人）（见图 2）。

80.88% 的单位已经建立并执行了关键岗位轮岗制度，5.88% 的单位已经建立了该制度但未执行，还有 13.24% 的单位未建立相关制度，大部分单位已经认识到关键岗位轮岗制度的重要性并开始执行，但仍有一部分单位需要进一步加强制度建设（见图 3）。

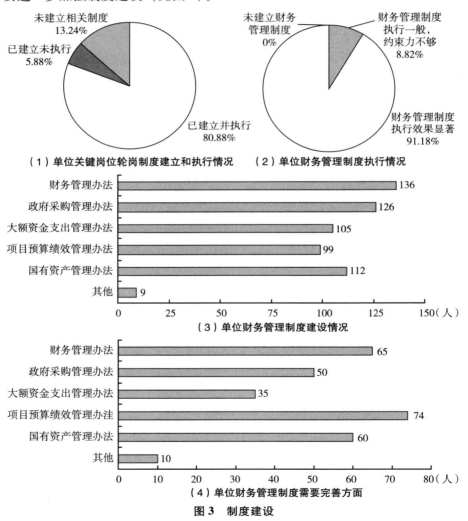

（1）单位关键岗位轮岗制度建立和执行情况　　（2）单位财务管理制度执行情况

（3）单位财务管理制度建设情况

（4）单位财务管理制度需要完善方面

图 3　制度建设

单位财务管理制度执行情况中，有 124 人（91.18%）认为其单位的财务管理制度执行效果显著，仅有 12 人（8.82%）认为财务管理制度执行一般，约束力不够。此外，没有人表示其单位未建立财务管理制度（见图 3）。

在需要进一步明确和细化完善的单位财务管理制度方面，财务管理办法、大额资金支出管理办法、项目预算绩效管理办法等选择比例相对较高，意味着对这些方面的规定还不够明确或过于笼统，需要进一步细化；政府采购管理办法和国有资产管理办法选择比例也较高，表明现有政府采购和国有资产管理制度可能还存在一些不足之处，需要进一步完善。同时，也可以考虑通过定期的财务审查和审计，确保财务管理制度的执行和落实。

在单位 2021 年内部控制报告得分情况方面，普遍对内部控制报告的满意度较高。选择"优"的占比 44.12%，选择"良"的占比 47.79%，两者合计超过总人数的 92%（见图 4）。

97.79% 被调研单位意识到内部控制的重要性，已建立内部控制领导小组并采取了相应的组织措施来加强内部控制，仅有少数单位（2.21%）没有设立内控领导小组（见图 4）。

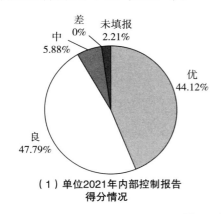

（1）单位2021年内部控制报告
得分情况

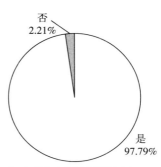

（2）单位内部控制领导小组
（或类似机构）设立情况

图 4　内控报告

单位内部控制制度建设情况普遍良好，在内控六大业务中，建设项目是被调研单位制度建设覆盖率最低的业务，仅 49.26% 已完成建设；预算、收支、采购业务内控制度建设覆盖率最高，均在 90% 以上，合同、资产业务

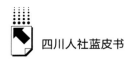

均在80%以上。

被调研单位对信息化平台建设的重视程度逐渐提高。启动信息化平台建设时间中，2020年及以前的占比最高，达到45.59%；其次是2023年以后占比为33.09%；2021年和2022年分别占比9.56%和11.03%（见图5）。

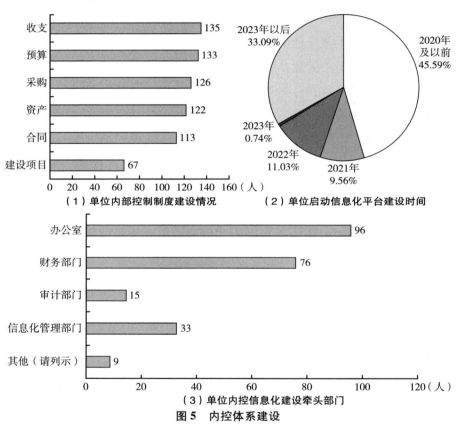

图5　内控体系建设

办公室是单位内控信息化建设的主要牵头部门，占总数的70.59%，其次是财务部门，占55.88%，信息化管理部门占24.26%，审计部门占11.03%，其他部门占6.62%。

单位自行开发建设或完善内控信息化系统占19.85%；委托第三方机构建设或完善内控信息化系统占20.59%；单位和第三方机构共同完成占41.91%；其他方式占17.65%（见图6）。

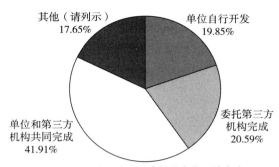

（1）单位建设或完善内控信息化系统方式

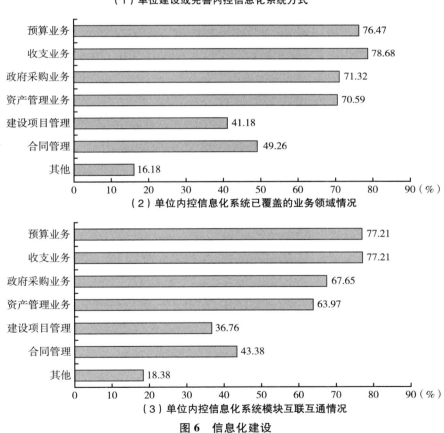

（2）单位内控信息化系统已覆盖的业务领域情况

（3）单位内控信息化系统模块互联互通情况

图6 信息化建设

　　预算业务和收支业务是单位内控信息化系统模块互联互通情况中被重点关注的模块，单位已实现互联互通的内控信息化系统模块中，预算业务和收

233

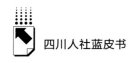

支业务各占 77.21%，其次是政府采购业务，占 67.65%，资产管理业务和合同管理分别占 63.97% 和 43.38%。建设项目管理模块占 36.76%（见图 6）。

单位最希望内控信息化建设实现的功能或效果是各项数据自动提取和填报，减少人工录入、将财务资金管理嵌入业务工作流程，实时同步反映资金和业务情况，以及实现全过程预算管理、提高资金使用效益。这三个功能或效果选择人数分别为 111 人、104 人和 91 人。

对于内部控制信息化建设，提高系统易用性、加强数据安全、风险管理、培训力度等被认为是最需要改进的方面。共有 65 人选择数据安全，有 80 人选择系统易用性，有 51 人选择风险管理，有 48 人选择培训力度，另外分别有 39 人及 36 人选择为数据分析和业务流程管理（见图 7）。

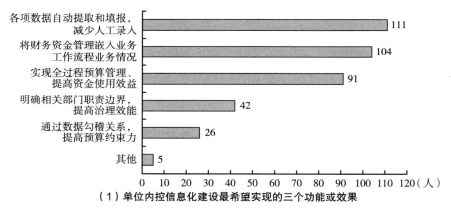

（1）单位内控信息化建设最希望实现的三个功能或效果

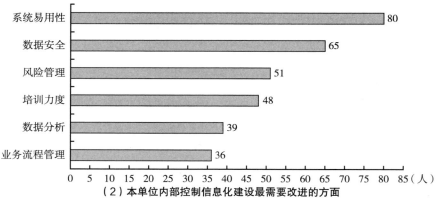

（2）本单位内部控制信息化建设最需要改进的方面

图 7　系统建设成效与改进

被调研单位认为内部控制信息化建设能够有效地支持内部控制工作的比例为 81.62%, 而不能有效地支持的比例为 18.38%(见图 8)。

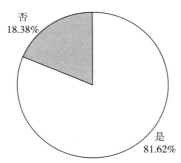

（1）本单位内部控制信息化建设有效支持内部控制工作情况

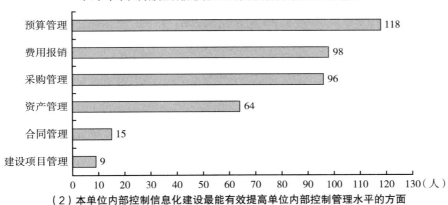

（2）本单位内部控制信息化建设最能有效提高单位内部控制管理水平的方面

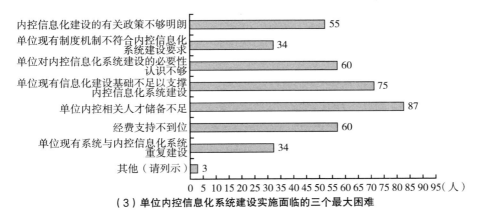

（3）单位内控信息化系统建设实施面临的三个最大困难

图 8 系统建设意见与建议

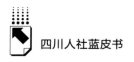
被调研单位认为内部控制信息化建设最能有效提高单位内部控制管理水平的模块分别是预算管理（118人）、费用报销（98人）、采购管理（96人），这三个选项占据了总有效次数的87%以上（见图8）。

单位内控信息化系统建设实施面临的三个最大困难是，现有制度机制不符合内控信息化系统建设要求、单位对内控信息化系统建设的必要性认识不够、现有信息化建设基础不足以支撑内控信息化系统建设。

对本次调研本身提出了意见和建议的单位有27家，所提建议主要集中在希望上级部门加强业务指导和支持、统一建立系统平台、强化培训和加大宣传力度这几个方面上。

二 存在的问题与不足

基于以上数据分析发现，各市（州）人社局在财务管理和财会监督上存在以下较为共性的问题和困难。

（一）财务内控相关人才资源普遍缺乏，缺少业务专业指导及培训

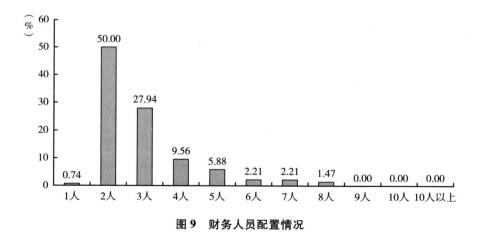

图9 财务人员配置情况

根据调研结果显示，财务人员配置总体偏少，50.74%被调研单位配置了2人以下的财务人员，在日常工作中需承担包括预决算编制、会计核算、

财务报表编制、银行账户管理等十余类相关业务，涉及工作范围广，业务复杂度高，很多单位存在财务人员岗位兼任情况。某些单位反映财务人员在编仅2人，除本职工作外，还需要负责工会工作的开展、食堂建设、党费收缴等工作，有很多综合性的工作也安排在财务部门，业务部门的统计工作、推进力度的把控也要求财务部门来完成，相应的数据整理、材料上报等业务数据的反复采集，也进一步增加了财务人员的工作；已有技术工具和信息化手段还不能有效支撑现有人员的工作强度，63.97%的被调研单位认为当前内控建设面临的最大问题分别是内控相关专业人才储备不足（见图11），希望加强业务指导和专业培训。

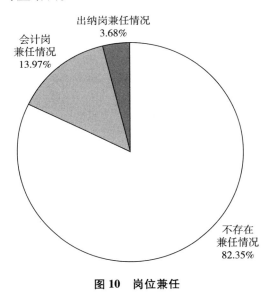

图10　岗位兼任

（二）单位内控体系的制度建设缺乏统一标准，体系制度建设均有不同程度缺失

内控建设总体存在标准不明确、体系不完整、制度不健全、发展不平衡等问题。40.44%被调研单位认为内控建设的有关政策不够明朗（见图11），普遍反映缺乏统一、合规、有效的内控建设标准，导致单位内控体系建设覆盖度不完整，内控制度建设专业性不足。部分市（州）单位存在不同程度

关键审核点缺失、关键业务部门岗位职责不明确、关键业务环节管控要求不清晰、关键业务管理流程不清晰等常见问题，相当一部分单位的内控制度建设有较长时间没有根据现有业务变化进行迭代和更新，部分内控制度内容已经不能支撑现有业务的内控管理需要，对于内控制度建设的重新梳理和标准完善是较为集中的需求。

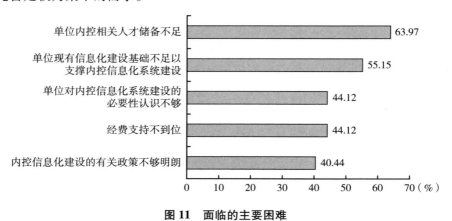

图 11　面临的主要困难

（三）信息化建设缺乏统一建设规范，信息化平台应用深度和覆盖面不高

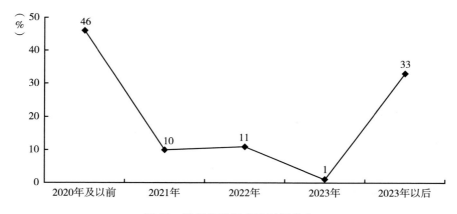

图 12　信息化建设启动时间分布

被调研单位由于缺乏信息化建设统一标准和相应指导，存在系统建设范围不清晰、平台建设完整度和覆盖度不足的情况。81.62%的被调研单位认同信息化是提升单位内控工作治理水平的有效手段，信息化建设的主要牵头部门集中在办公室、财务部门和信息化管理部门，均表现出了对信息化平台建设的重视；但仍有55.15%的单位认为现有信息化建设水平尚不足以支撑内控工作开展所需的信息化能力，希望能提高单位信息化基础，加大政策宣传力度；81.62%的单位应用诉求主要集中在减少工作量、提升效率上。有单位由于对内控信息化平台涉及内控业务的管理要求理解不充分，将一些对外的信息系统也当作单位内部控制管理系统使用，导致单位建立的相关内控制度的控制作用得不到体现，无法满足《行政事业单位内部控制规范》提出的管理要求。部分单位也提出建议省厅能搭建全省统一的单位内控信息化系统平台，能明确系统功能，规避内控系统与实际操作脱离，实质效果不明显的情况发生。

（四）执行监管以事后监督为主，缺乏事前预防手段和事中过程监控

大部分被调研单位的内控监管和财会监督手段，通常是借助第三方机构对包括关键岗位设置、社保基金管理、预算绩效管理等主要业务进行审计，工作重点偏于事后监督，相对缺乏事前预防手段和事中过程监控。例如，部分单位具体业务事前没有明确预算控制，有会议费、培训费预算表滞后的情况发生，由于各业务系统之间缺乏对相关数据的统一管理、互联互通，预算执行实时监控也无法实现，事中监控力度薄弱。

综合以上情况，目前面临的主要问题有：财务内控专业人才资源不足，内控建设标准不一、信息化程度不高、执行监管不严、执行效果不理想，整体现状与加强财会监督的要求还存在一定的差距。

三　加强内控体系建设，提升财会监督管理水平的建议和措施

《关于进一步加强财会监督工作的意见》（以下简称《意见》）提出加

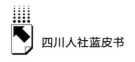

强财会监督工作的主要目标是：到 2025 年，构建起财政部门主责监督、有关部门依责监督、各单位内部监督及其他社会机构构成的财会监督体系；财会监督法律制度更加健全，信息化水平明显提高，监督队伍素质不断提升，在规范财政财务管理、提高会计信息质量、维护财经纪律和市场经济秩序等方面发挥重要保障作用。

基于目前的工作现状，结合《意见》"加强组织领导""推进财会监督法治建设""加强财会监督队伍建设""统筹推进财会监督信息化建设""提升财会监督工作成效""加强宣传引导"的要求和 2024 年数字人社建设工作的要求，通过建立人社领域"业务管理标准化、审批管理规范化、过程管理精细化、监控管理智能化"的内部控制标准，构建"一套管理规程、一套监管体系、一个数据中心和一个管理平台"的财会监督体系，实现对财会监督工作的有力业务支撑和管理手段保障，借以推进单位内部治理水平提升，实现数字赋能人社财务发展工作的目标，现阶段建议可以从以下三个方面着手。

第一，加强人社领域内控体系的标准化、合规化、实效化建设。建议省厅制定人社领域内部控制建设规范和建设指引，统一内控体系建设标准，便于各单位规范建设，有章可循，有效执行，实现"一套管理规程"的内控体系建设目标。

第二，加强人社系统内控信息化平台的规范建设与推广。建议省厅研发适合人社领域管理要求，具有人社特色的内控信息化通用版本，以"一个数据中心"和"一个管理平台"的内控信息化平台建设为目标，加快推进实施数字人社建设进程，实现数字赋能人社财务发展工作的目标。通过信息系统固化规律性的控制措施，落实各项管理制度，推进全人社领域内部控制建设，依托信息化平台进一步将已经成熟的应用管理经验和信息化工具复制推广到市州区县，提升基层单位的内控管理整体水平。

第三，加强省厅对市州人社系统财会监督工作的指导与支持。建议在财务治理与监督方面进一步加强对市州的相关业务指导，建立监督协调工作机制，加强沟通协调，抓好统筹谋划和督促指导，形成"一套监督体系"，提高财会监督的质量和效率。

B.24
四川人社舆情风险数字化防控研究报告

袁铁宸*

摘　要:　在数字化时代,人社各领域面临着舆情风险的挑战。进行人社舆情风险防控,通过一系列策略和措施来预防、识别、评估、应对和监控可能人社领域中出现的舆论信息,能够有效应对各类负面情况和不良现象,在危机发生时最大化减少损失。本文旨在研究四川省的舆情风险数字化防控手段情况,分析当前存在的问题并提出相关对策建议。

首先,本文通过文献综述法和调查访谈等方法阐述人社舆情防控工作的重要性和背景,并采用实地走访和问卷发放的形式对四川省部分地区进行有针对性的专题调研,了解四川省部分地区的舆情风险数字化防控手段情况,包括舆情谋划、文件出台、专业队伍建设等方面。其次,通过调查分析发现,四川省部分地区在舆情防控方面存在监测预警不及时、信息公开不充分、协调联动效率不高、舆情应对专业性不强等问题。最后,在发现问题的基础上,提出了健全舆情监测预警机制、持续推进信息公开、强化政府多方协调联动、完善舆情应急队伍培养等建议,期望能够对四川省的舆情防控工作提供一定的帮助。

关键词:　人社舆情　数字化　风险防控　四川省

按照学习贯彻习近平新时代中国特色社会主义思想主题教育的相关要求以及中央、省委和厅党组关于大兴调查研究的部署,为进一步提升人社系统

---

* 袁铁宸,四川省宣传中心舆情管理部部长。

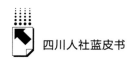
舆情风险管控水平，结合宣传中心职能职责，2023 年，我们有针对性地开展了专题调研。现将有关情况报告如下。

一　调研背景

党中央、国务院历来高度重视政府舆情风险管控工作，并将其列入意识（网络）形态工作责任制重点督查内容之一，陆续出台了一系列涉及网络综合治理体系构建、政务舆情风险应对等指导文件，2019 年中央网信办发布了《网络舆情应对三大痛点及解决方案》、2021 年中共中央办公厅印发了《党委（党组）网络意识形态工作责任制实施细则》，要求各级政府持续提升网络舆情应急管控能力，并将其作为地方社会治理的重要标准之一。

人社部门作为最大的民生部门和经济助推部门，政策涉及群众切身利益，社会关注面广，舆情呈现易发频发特征。本文旨在以四川人社舆情风险管控工作实践为例，结合危机管理理论、"沉默螺旋"理论、议程设置理论等，探讨舆情产生后，如何从机制上及时完善、处置上有效应对。

二　调研情况

2023 年 6 月中旬到 7 月下旬，厅宣传中心组成调研组，先后赴成都、德阳、广元、巴中等地，对人社舆情风险管控工作进行调研。主要采取召开座谈会和发放调查问卷的方式，深入研究四川人社舆情风险管控工作实际情况及面临的困境。在研究方法上，采取调研访谈法和文献综述法，在掌握实地素材和案例的基础上，查阅分析大量国内外涉舆情相关的研究文献，借鉴政府应对舆情的理论手段，尽可能提出与当前形势发展相适应，有助于四川省人社部门科学应对舆情的方式方法。

本次调研共发放调查问卷 400 余份，问卷调查对象为四川省各地区人社部门舆情工作相关人员及部分地区窗口工作人员，并选取成都、广元、遂宁、达州、阿坝州、巴中等地人社部门舆情相关负责人作为访谈对象，通过召开座谈会、面对面交流等方式进一步了解掌握相关情况。

从调研情况看，省内大多数市（州）舆情风险管控工作尚处于起步阶段，少数地区人社部门（成都市、广元市和巴中市）工作取得了一定成效，主要体现在以下几个方面：一是主动谋划推动舆情工作。成都市、广元市和巴中市人社部门均成立了以主要领导挂帅、办公室归口管理的舆情处置工作领导小组，形成主要领导抓全面、分管领导抓具体、专职人员抓统筹、责任单位抓直接的工作格局。局党组定期召开舆情风险研判相关会议，听取舆情工作情况汇报，分析当地人社工作领域可能存在的舆情风险。二是制定出台相关制度文件。2022 年，成都市人社局印发《舆情应对处置实施办法》，围绕舆情的收集、发现、会商、研判、分类、预警、分析、响应以及处置机制等闭环式流程的操作规范，创新"日监测、周研判、月报告"工作机制，全时段、全网络开展人社领域的舆情监测，每周分析研判舆情风险点，每月按典型案例以及次月的风险评估通报舆情走势。巴中市人社局先后出台舆情信息管理、新媒体管理、新闻发言人管理、舆情回应与问责处理机制等 5 项制度，制定应急预案，细化实化应对措施，形成制度完备、流程规范、责任明确、协同高效的舆情工作保障机制。广元市人社局印发《新闻宣传管理办法（试行）》，将舆情工作作为重点内容之一，要求建立健全舆情收集、会商、研判和回应机制，并提前做好重大政策发布前的舆情风险评估工作。三是组建专业应对处置队伍。成都人社部门目前有超过 120 人的市区两级网评员队伍，市本级拥有 30 人左右的核心网评员队伍，定期举办舆情引导培训班，通过实战化演练、模拟新闻发布会等方式验收培训成果。巴中市人社局在全系统抽选 159 名青年干部组成网评员队伍，近年来，先后组织宣传策划、新媒体运用、舆情监测应对等专题培训和实战演练 364 人次，外派学习 30 人次。

三　存在的主要问题

在互联网和信息化快速发展的今日，国际国内经济下行压力持续加大，

就业、劳动关系等人社领域社会矛盾不断增加，民生诉求更加凸显，四川省人社舆情风险管控面临新形势、新考验。

（一）监测预警不及时

舆情监测预警系统的建设是完善整个舆情风险管控机制的重要内容，除成都外，多数地区人社部门由于领导重视程度不够、经费不足等原因，没有专业的第三方参与，舆情信源受限，舆情监测预警形同虚设。多数市（州）舆情工作人员由于专业培训较少、舆情工作经验不足，风险研判局限于话题热度、传播链条等维度，判断及分析结果偏差较大，无法科学准确分析出可能存在的舆情风险。多数市（州）没有建立定期报告反馈机制，没有形成常态化的舆情监测分析日报、周报、月报等监测分析专报，重大活动、重大项目开展前未制定相应的舆情应急预案或风险评估。

（二）信息公开不充分

调研发现，舆情产生时，多数人社部门未能紧跟事件调查处置情况和网民关注焦点及时公开权威信息，导致网民对事件成因、背景和发展过程保持质疑态度，使网络谣言因此产生并推动舆情迅速进入扩散期，让民众产生对政府公信力和执行力的不信任感，从而刺激舆情发展，最终形成恶性循环。个别人社部门虽然通过官方媒体渠道对事件相关信息进行了公布，但公布内容仅限于事件发生时间、地点等简单信息，没有针对事件的焦点和重点进行有效回应，缺乏设置议题的主动性以及引导舆论走向的能力，没有抢占话语权，可能让群众对政府应对处置能力和社会治理能力产生质疑。

（三）协调联动效率不高

调研发现，舆情风险研判及应对处置过程中，涉事单位与其他部门、人社与媒体间配合不足的现象普遍存在。虽然，多数人社部门已建立起舆情会商与联动机制，但受制于舆情危机意识、责任心强弱等因素，内部各科室（单位）之间的联动配合效率不够高，协同应对处置难度较大。在此外，个别舆情由于事件复杂，可能涉及人社、教育、公安等多个单位，因各单位间存在的"信息壁垒"导致信息无法准确快速共享，使舆情处置进一步滞后。

（四）舆情应对专业性不强

舆情的应对处置工作专业性较强，相关从业人员需掌握一定程度的传播学、社会心理学知识。调研发现，部分市（州）对舆情往往采取回避、拖延和不回应的态度，坐视舆情在网上发酵，使得舆情向负面转化并急速扩大的可能大大增加，以至于错失了舆情应对的最佳时机。同时，相关工作人员缺乏相应的媒体素养，缺乏相应的应对手段，对网络舆情的演变规律认识不深，也可能导致网络舆情加剧发展和恶化。

四　对策建议

构建舆情风险管控快速响应及处置机制是一项复杂的工程，必须坚持"正能量是总要求、管得住是硬道理、用得好是真本事"，持续强化舆情风险防范意识，严守舆论阵地，统筹网上网下两条战线，不断提升人社领域舆情风险管控水平，切实维护国家政治安全和社会稳定。

（一）健全舆情监测预警机制

一是充实舆情工作人员及资金。舆情监测预警对人力和物力耗费较大，做好舆情风险防控监测工作需要人社系统安排大量的工作人员和充足的专项资金。各地要相应增加舆情专业人员编制或聘用数量，招录选聘媒介素养较高、舆情专业应对能力较强的人员从事舆情监测预警工作。同时，要结合地方实际，培养学习能力较强和身体素质较好的年轻人以充实壮大舆情监测预警的队伍。各地人社部门可通过设置舆情风险防控专项资金预算，加强和具备舆情专业监测资格的公司的合作，从而建立全方位覆盖当地人社各个敏感、重点领域的舆情监测预警网络。二是加大网络舆情信息搜集和分析研判力度。安排专门人员整理汇总舆情监测预警平台信息，从信息业务相关度、信息演变为负面舆情的可能性等方面入手，采取科学性、针对性较强的方式进行分类。结合当地实际情况，进一步对负面舆情信息和分类、网民关注热点、舆情演变态势等信息进行有针对性的分析研判。通过有效快速的预警渠道，及时为单位主要负责人及分管负责人提供第一手舆情信息，从而为人社重要活动开展、重大政策制定发布、重要项目推进等提供必要参考。三是建立突发事件网络舆情分析案例库。通过建立人社典型舆情案例分析资料库，把人社领域发生的各类舆情事件纳入库中，按照"事件回顾""事件分析""媒体及网民观点""舆情分析与建议"等方面进行梳理，并按照就业创业、社会保险、人才人事、劳动关系、公共服务及其他领域等对舆情进行分类，从不同的角度对舆情的发生发展、演变规律、应急处置以及后续工作的经验做法展开思考总结，为以后的舆情处置提供学习借鉴。

（二）持续推进信息公开

一是畅通信息公开渠道。舆情产生后，应积极畅通媒体沟通渠道，主动与公安、网信等部门联系，对散布谣言、谎报险情、煽动极端情绪的网民进行批评或惩戒，对于网民提出的与事件有关的合理提问、质疑等进行针对性回应，积极运用传统媒体和政务新媒体等手段及时将事件的调查处置情况等信息向全社会公布。二是完善政府新闻发言人制度。建立完善新闻发言人制度，确立单位主要负责人为"第一新闻发言人"，逐步设立专职新闻发言人。定期组织新闻发言人开展媒体回应应对技巧等方面专业培训，不断提高新闻发言人的公关素养和反应能力，把新闻发言水准和社会舆论最终反响情况作为年终考核的重要指标。三是通过议题设置加强舆论引导。结合议程设置理论分析，当前，涉人社领域相关舆论多发、频发，人社部门应把握舆论特点规律，增强政治敏锐性和鉴别力，加强主动设置议题意识，掌握议题设置的定义权、主动权和主导权，通过与媒体联动配合，结合舆情的演变情况，适当设置一些积极向上、富有正能量的话题，以吸引舆论关注，引发网民热烈讨论，从而正向引导公众情绪，以正能量占领舆论场。

（三）强化政府多方协调联动

一是提升领导干部舆情危机意识。统筹协调各业务部门负责人积极参与省厅或市（州）宣传、网信等单位组织的舆情相关培训，提升领导干部学网、懂网、用网能力，提高网络综合治理能力；在党组会、局务会等重要会议中研究讨论舆情相关工作；引导领导干部学会转变思维观念，主动融入网络社会，培养互联网思维，提高对网络舆情的敏锐性，树立起"共享协作"的理念，逐步打破传统行政部门在信息交流中存在的壁垒。二是完善政府单位协调联动机制。确定牵头部门，建立健全关于加强各部门舆情风险会商研判及处置、舆情信息共享交流等相关制度。此外，舆情处置根源在于线下，各地人社部门也要积极构建科学合理的线上线下联动机制，以更好地实现线上舆论引导与线下事件处置的良性互动。三是加强与媒体沟通协作。充分发挥主流媒体和网络大 V 作用，通过项目合作、主动对接交流等方式建立紧密联系，畅通信息共享渠道。当网络舆情特别是谣言类舆情信息产生后，可通过自有政务媒体平台并联合主流媒体和本地大 V 发布相关辟谣信息，从而更好地引导舆论走向，有效地遏制谣言的扩散。

（四）完善舆情应急队伍培养

一是加强三级舆情应急队伍建设。在发挥好本单位网评员及相关宣传舆论引导员作用的同时，需要建立相应的协调联络机制，充分调动县（区）、乡镇等下级单位人社宣传员积极性，将各方资源纳入协作范围，形成一支覆盖市、县、乡三级，强有力的人社宣传舆论引导工作队伍。二是强化舆情应急演练。积极与当地宣传、网信、公安等单位沟通联动，定期组织系统内人员积极参与舆情应急演练。通过设置不同类型舆情事件主题，以舆情知识竞答、现场模拟舆情对抗、模拟新闻发布会记者问答等方式进行培训，从而持续提升相关人员舆情应对技巧与经验。三是建立有效问责和激励机制。探索建立"首位责任人"的问责制度，即舆情事件发生后相关涉事单位如未能

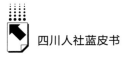

及时有效地配合舆情应对统筹部门进行舆情应对处置，则对部门相关负责人和相关的舆情工作管理人员追责问责。完善建立激励机制，对正确应对处置舆情事件的相关人员，在年终绩效考核、职业晋升等方面予以适当奖励，激发舆情人员的工作积极性和学习主动性，进一步提升舆情人员应急能力。

Abstract

Sichuan Human Resources and Social Security Development Report (2023 −2024)
collects some excellent research results on the development status and trend of
human resources and social security undertakings in Sichuan Province from 2023 to
2024. These reports cover labor employment, personnel, social insurance, labor
relations, migrant workers, digital human resources society, etc. They are the
investigation, research, judgment and analysis carried out by relevant theoretical
and practical workers in Sichuan province on major issues and hot and difficult
issues facing the field of human resources and social affairs, aiming at providing
strong support for promoting the high-quality development of human resources and
social affairs. The book consists of a general report and six thematic chapters,
totaling 27 reports.

This book reviews the main achievements in the development of human
resources and social security in Sichuan Province since the 20th National Congress
of the CPC, comprehensively analyzes the current and future major situations,
analyzes the contribution of employment promotion, social security, personnel,
labor relations, income distribution and other aspects to Sichuan's human social
work, and tries its best to stabilize and expand employment. Improve social
security and income distribution, strengthen personnel and talent work, build
harmonious labor relations, continue to build a " warm people's society", and
strive to write a new chapter in the high-quality development of Chinese modern
Sichuan people's society, and put forward the general ideas and countermeasures
for the next step of the development of people's society. There are 5 reports on
labor and employment. The general report points out that Sichuan has achieved
remarkable results in implementing the employment priority policy, improving the

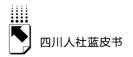

employment of key groups, improving the quality of human resources and social services, and promoting digital reform, but at the same time, it is faced with uncertainties and instability brought about by changes in domestic and foreign situations, development and transformation of economic regions, etc. It is proposed to promote human resources and social services steadily on the basis of fully grasping the inherent laws of human resources and social work. We have made continuous efforts to innovate employment and entrepreneurship policies and human resources services. The sub-report research pointed out that a common problem in the current employment field in the province is the reduction of the size of the working-age population and the imbalance of supply and demand structure. The phenomenon of "slow employment" and "slow employment" of college students is obvious, and efforts should be made to focus on employment guidance, talent cultivation, vocational skills training and other articles, while new forms of employment have become a common phenomenon. In the future, people's social work, including industrial injury insurance and labor relations identification, should keep pace with The Times and constantly adapt to new employment forms and market mechanisms. The personnel talent section consists of five reports, focusing on the current situation of personnel file management services for mobile personnel in Sichuan Province, the analysis and countermeasures of the education and management of mobile party members, and putting forward relevant countermeasures, as well as the analysis of the research situation of the "Skills Sichuan" construction project system. The research finds the working mechanism of the management of mobile personnel and mobile party members in Sichuan province is not coupled with the organizational structure, the efficient and quick disposal is insufficient, and the information construction is promoted slowly. It is necessary to accelerate the innovation of the working mode, management mode and operation mechanism, and continue to improve the level of information and digital management. In terms of talent development, Sichuan's professional and technical talents have problems such as weak industrial support ability and weak effect of leading talents. It is necessary to strengthen talent policy design on the basis of establishing and improving the statistical system of professional and technical talents, enhance the efficiency of talent introduction and education, and optimize the environment for talent development. There is a report in the social insurance chapter, which mainly studies the problem of multiple refunds of unemployment insurance benefits in Panzhihua area, and finds that information integration and linkage, unclear policies and imperfect punishment mechanism for dishonesty in the social security field are the main reasons, emphasizing that it is necessary to standardize legal documents, establish internal and external coordination, integrate information resources and other aspects to gradually resolve the problem of difficult to eliminate the refunds of insurance benefits. The labor relations chapter consists of three reports, focusing on the construction of a harmonious labor relations ecosystem with Sichuan characteristics. The study found that the implementation of the labor standard in Sichuan was generally good, with effective and orderly measures for rest and vacation, protection of the rights and interests of female employees, labor protection and wage payment, but there were also actual situations such as damage to the rights and interests of overtime protection, insufficient leave for young people, and imbalance in the rights and interests of female employees. Countermeasures should be found in speeding up the revision of relevant laws, improving the regular investigation system, promoting the digital transformation of labor arbitration work and innovating mediation and arbitration work. There are five reports on the work of migrant workers, which study and discuss the employment situation of rural migrant workers in Sichuan, the performance of the policy of returning home to start a business, and the ways and means of employment. It is found that Sichuan's policies to promote returning to the countryside to start businesses have achieved remarkable results in terms of cost reduction and efficiency increase, financing support, talent attraction, etc. In the future, targeted policies and measures should be designed and implemented to address the mismatch between supply and demand of skills in the employment of migrant workers, the disunity of public service standards, aging and the increase in the number of returnees in counties. There are four reports in the income distribution section, mainly studying the implementation of the policy on public welfare posts and the wages of migrant workers. The research on public welfare posts found that the current public welfare post system in the implementation of overdevelopment, inaccurate identification, lax assessment, unclear exit and other

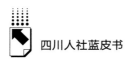

diseases, should be corrected by improving the policy object identification method, improve the exit mechanism, control the total amount and strengthen the assessment. The research on the wages of migrant workers found that unpaid wages still occur frequently in the construction industry, which should be prevented and solved through market management norms, enterprise capital supervision, responsibility main body division and strengthening the awareness of migrant workers' rights and interests protection. There are three reports in the Digital Human Society, which study the construction of Sichuan digital Human Society, financial management and internal control informatization construction of Sichuan Human society, analyze the digital prevention and control measures of Sichuan human society public opinion risk, emphasize the importance of the construction of digital human society to improve the governance capacity of human society and achieve high-quality public services, and also point out that the digital human society has multiple fields, wide coverage and high complexity. Improving the internal information construction management level, monitoring and resolving network public opinion is still the only way.

Keywords: Labor Employment; Social Security; Labor Relations; Income Distribution; Digital Human Resources Agency; Sichuan

Contents

I General Report

Abstract: Since the 20th National Congress of the Communsivy Party of China, the development of human resources and social security in Sichuan Province has achieved great results. The employment situation in the province is stable and improving, the reform of the social security system continues to improve, the cause of personnel and talents continues to advance, the harmonious labor relations system is becoming more perfect, the income distribution system is more balanced, and the development of digital human resources society is gradually accelerating. The all-round improvement of all aspects of the cause helped further deepen the reform of human resources and social security system, greatly promoted the high-quality and full development of Sichuan's economy, and promoted the maintenance of social harmony to stability. This report comprehensively analyzes the important measures and remarkable results of the development of human resources and social security in Sichuan Province from the aspects of labor employment, personnel and talents, social insurance, labor relations, migrant workers' work, digital human resources and social security, analyzes the new situation and new requirements facing the current and future period of time, and

puts forward overall ideas and countermeasures for further promoting the high-quality development of human resources and social security undertakings.

Keywords：Sichuan Province；Human Resources；Social Security；Sichuan Province

Ⅱ Labor & Employment

B . 2　Research on the Establishment of High-Quality Employment
　　　Pioneer Zone in Sichuan

Research Group of "Sichuan Province to Create a High-quality

Employment Pioneer Zone" / 016

Abstract：Employment is the most basic livelihood. Sichuan is a province with large population and large human resources, so it is a major political task to solve the problem of "rice bowl" for the masses. In order to promote the realization of high-quality full employment in Sichuan and accelerate the exploration of the creation of high-quality employment leading areas, we have organized a survey and research, analyzed the great significance and vivid practice of the employment priority strategy, and put forward countermeasures and suggestions.

Keywords：Employment First Strategy；High Quality Full Employment；Sichuan Province

B . 3　2023 Sichuan Province New Business Employment Analysis
　　　Report　　　　　　　*Zhao Huawen*, *Wang Hanpeng / 026*

Abstract：Based on the scientific research mechanism of digital human resources and social security, this paper obtains market-oriented data related to employment in new business formats through its partner China Unicom, identifies the new business group based on mobile phone signaling big data, based on the spatio-temporal flow and labor migration model, combined with APP characteristics, behavior characteristics and call characteristics, and calculates the number of new business groups through its full population extrapolation patent algorithm, and analyzes the size, spatial distribution, gender, age, and working hours of the new business population in Sichuan Province.

Keywords: Digital Human Society; Big Data; New Business Form; Sichuan Province

B . 4　General Situation of Labor Resources in Sichuan Province
　　　　—*Intertemporal Studies Based on Six and Seven-Pronged Data*

Zhao Huawen, Deng Binting / 035

Abstract: Labor resource is the core factor that determines the high-quality development of a region. Sichuan is a province with a large population and large labor resources. According to the data of the seventh national population census, Sichuan has entered the stage of aging, but the labor resources are still rich and the quality has been improved, which provides a solid foundation and continuous driving force for the construction of modern Sichuan.

Keywords: Labor resources; Aging and Low Fertility; Sichuan Labor Force

B . 5　Research on Employment Status of College Graduates in
　　　　Dazhou City

Li Xinghai / 045

Abstract: Employment is the most basic livelihood, is the key to social and political stability. College graduates are valuable human resources, and promoting the employment of college graduates is related to people's livelihood and the future

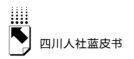

of the country. Taking Dazhou City as an example, this paper tries to explore the realization path of promoting the employment of college graduates from the perspective of city. Based on the analysis and research on the employment status of college graduates in Dazhou City, five paths of "strong publicity, strong guidance, strong service, strong skills, and strong driving" are put forward to promote Dazhou college graduates to achieve high-quality and full employment, focus on easing employment pressure, secure the bottom line of people's livelihood, and provide important talent support for promoting the high-quality economic and social development of Sichuan.

Keywords: College Graduates; Employment; Talents Support; Dazhou City

B.6 Study on the Path of High-Quality Full Employment from the Collaborative Perspective

Zou Chuanhong, Long Chengchun / 052

Abstract: At present, employment situation in our country remains overall stable. However, there is still a shortage of skilled workers, production workers are difficult to recruit, and the structural contradictions that are difficult to recruit and difficult to find employment are still prominent. From the perspective of synergy, this paper designs 26 countermeasures and suggestions from three aspects: policy synergy to "stabilize employment", industrial synergy to "expand employment", and government, school and enterprise cooperation to improve quality to "promote employment", in order to cope with the impact of economic growth pressure, industrial transformation and upgrading, technological progress impact, employment concept and new business forms on employment, and provide decision-making reference for promoting high-quality full employment.

Keywords: High-quality, sufficient employment; Synergy; Structural Contradiction

III Personnel & Talents

Abstract: Mobile personnel personnel file is a part of personnel file management, but also an important link of human resources management. Public employment and talent service agencies at all levels to standardize the unified management of personnel files, to provide enterprises and individuals with appropriate services, can allow employers to better understand the situation of employees, provide employees with better development opportunities and welfare benefits, while promoting the convenient flow of talents, efficient services for economic and social development. Therefore, taking Sichuan Province as an example, this paper analyzes the current status, existing problems and weak links of personnel file management of mobile personnel, and puts forward targeted countermeasures and suggestions to optimize personnel file management services of mobile personnel, hoping to better promote the orderly flow and mutual exchange of talents with the help of the institutionalization, standardization and information management and construction of personnel files of mobile personnel. Further improve the quality of talents, enhance the core competitiveness of enterprises, and promote high-quality economic and social development.

Keywords: Mobile Personnel; Personnel File Management; Infromatization; Sichuan Province

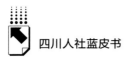

B.8　Study on Structural Characteristics and Spatial Distribution of
　　　Professional and Technical Talents in Sichuan Province

　　　　　Zhao Huawen, *Tang Qing*, *Ma Jie*, *Liu Yue and Du Yunhan* / 067

Abstract：Human resources are the first resource for economic and social
development, and innovation-driven is essentially talent-driven. As the backbone
of the talent team, the professional and technical personnel team plays an important
supporting role in promoting economic and social development and scientific and
technological innovation. Sichuan is a large province in terms of economy,
population, science and education, and the high-quality development of the
economy is inseparable from technical talents. In order to understand the structural
characteristics, spatial distribution and existing problems of professional and
technical talents in Sichuan Province, the research team collected relevant data of
professional and technical talents in Sichuan Province and carried out sampling
surveys in some enterprises. After investigation, it is found that the structural
characteristics of professional and technical talents in Sichuan Province are obvious
in six aspects, including age, gender, education, professional title, category and
ownership, and the characteristics of their spatial distribution are also very clear.
Subsequently, the problems and reasons for the development of professional and
technical talents in Sichuan Province were further analyzed, and relevant
countermeasures and suggestions were put forward.

Keywords：Professional and Technical Personnel；Talent Head Goose Effect；
Talent Structure Characteristics

B.9　Analysis of The Situation of Education and Management of
　　　Mobile Party Members and Countermeasures

　　　　　　　　　　Liu Xiaobo, *Li Ming and Wu Yahui* / 077

Abstract：The management of mobile party members is the focus and difficulty of the education and management of party members in the new era. Strengthening and improving the management and service mode of mobile party members is conducive to promoting the development of comprehensive and strict party governance to the depth, and giving full play to the vanguard role of party members. Through visiting Shanghai, Hangzhe and other places, this study deeply learned the local experience and practice in the party building work of foreign enterprises and the successful investigation and disposal of talented missing party members, and fully analyzed the basic situation and shortcomings of the management of mobile party members in provincial employers. Suggestions are put forward from the aspects of strengthening the fund guarantee of education management, the disposal of lost party members, and increasing the work of "slimming down and reducing the burden" of mobile party members for decision-making reference.

Keywords: Mobile Party Members; Education Management; Missing Party Members; Sichuan Province

IV   Social Insurance

B.10   Analysis and Countermeasure Suggestions on the Situation of the Postponement of Multiple Benefits of Unemployment Insurance

Liu Min, *Xu Hongjiang*, *Wang Leisheng*, *Xiao Zhiwen*, *Gong Tao and Xiao Yu* / 085

Abstract: The payment of unemployment insurance benefits concerns the vital interests of the people and is of profound significance. In recent years, with the development of technology and policy changes, there have been more cases of multiple benefits and wrong issuance in the payment of benefits. In order to further promote the repayment of multiple benefits of unemployment insurance and protect the "life-saving money" and "emergency money" for the rescue and

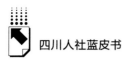
development of insured personnel and insured enterprises, Panzhihua Human Resources and Social Security Bureau carried out special rectification work research on the issue of unemployment insurance benefits, effectively solved the problem of multiple benefits to ensure the safe and efficient operation of unemployment insurance funds.

Keywords: Unemployment Insurance; Refund of Benefits; Panzhihua City

V Labor Relations

B.11 Study on the Construction Path of Harmonious Labor
Relations Ecosystem in Sichuan   *Chen Jin* / 095

Abstract: This report focuses on the Pilot Plan for the High-Quality Development and Reform of Regional Harmonious Labor Relations issued by the Ministry of Human Resources and Social Security, focusing on the three dimensions of Sichuan's exploration of theoretical innovation, practical innovation and institutional innovation to build harmonious labor relations in the new era, and further researching, enriching and improving the new chapter of China's labor relations theoretical research in Sichuan.

Keywords: Labor Relations; Collaborative Governance; Sichuan Province

B.12 Investigation and Analysis of the Implementation of Labor
Standards in Sichuan Province

Han Qi, Zhao Huawen / 100

Abstract: Labor benchmark refers to the minimum standards set by laws and regulations in the aspects of wages, working hours, welfare, rest and leave, protection of female employees and underage workers, labor safety and health, etc. It is an important part of the labor relations adjustment system and plays a basic role in the adjustment of labor relations. To carry out investigation and research on the implementation of labor standards in our province, analyze the main problems and influencing factors in the process of labor protection, and put forward realistic and targeted countermeasures and suggestions, which have positive promoting significance for improving labor laws and regulations in our province, improving the coordination mechanism of labor relations, and strengthening the protection of workers' rights and interests.

Keywords: Labor Standard; Labor Relations; the Profeotion on Workers' Rights and Interests; Sichuan Province

B. 13 Analysis and Countermeasures of Mediation and Arbitration of Labor Disputes in Luzhou City

Zhang Guohua, Wang Ping, Ma Xiaolin,
Zhu Xiaoyong and Gao Jie / 106

Abstract: Labor personnel dispute arbitration is based on the application of the parties to the dispute, by labor personnel dispute arbitration organization in the middle to make mediation opinions or arbitration award a quasi-judicial system, the exercise is the state public power, is adapted to our country's national conditions to establish a unique labor rights relief system. In order to continuously improve the quality and efficiency of dispute mediation and arbitration work, better conform to the diversified resolution mechanism of conflicts and disputes in the new era, and contribute to the harmonious labor relations force for the modernization of Luzhou City, we conducted research and analysis on the work situation, situation and existing problems of labor dispute arbitration in Luzhou City from 2018 to 2023, and put forward countermeasures and suggestions, forming the following research report.

Keywords: Labor Disputes; Mediation and Arbitration; Luzhou City

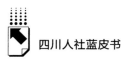四川人社蓝皮书

VI Migrant Workers

B.14 The Report of "Returning to the Countryside to Start
Businesses" at Sichuan Province *Migrant Workers' Office* / 111

Abstract: Employment is the most basic livelihood. To encourage migrant workers and other key groups to return to their hometowns and start their own businesses is an important measure to promote the implementation of the strategy of rural revitalization and employment priority and the integrated development of urban and rural areas. It is an important way to stimulate employment and entrepreneurship, expand channels for employment and income, and achieve common prosperity. In 2018, since the General Office of the Provincial Government issued the Notice on the issuance of 22 Measures to Promote Returning to the Countryside to Start Businesses (Chuanshuofa [2018] No. 85, hereinafter referred to as the "22 Measures"), the province's migrant workers and other key groups have returned to the countryside to start businesses rapidly, the entrepreneurial momentum has significantly increased, and the scale of entrepreneurship has continued to increase. The increasing employment capacity has injected strong momentum into the development and growth of Sichuan's "migrant worker economy", but it also faces practical problems such as weakening policy effect, inaccurate policy supply, insufficient cohesion of policies and low awareness of policies. Coupled with the changes in the current international and domestic situation, the increasing downward pressure on the economy, the in-depth adjustment of the economic structure, and the changes in the entrepreneurial needs and entrepreneurial concepts of entrepreneurs, it is necessary to carry out policy performance evaluation and targeted adjustment and optimization of the 22 Measures. In order to objectively evaluate the work, the research group went to Chengdu, Mianyang, Deyang, Guangyuan, Yibin and other places to carry out field research, sent letters and interviews to 19 provincial departments, and distributed 8,574 questionnaires to entrepreneurs in 21 cities (prefectures) in the

262

province. The research and analysis were conducted from five aspects: policy effectiveness, problems faced, policy comparison, policy suggestions and work suggestions. Form the following evaluation report.

Keywords: Returning to the Countryside to Start Businesses; Policy Performance Evaluation; Sichuan Province

B.15 The Basic Public of Migrant Workers in Sichuan Province under the Background of Urban-rural Integration about Service System Construction

Zhao Huawen, Huang Wen, Han Qi and Wang Hanpeng / 132

Abstract: Improving the basic public service system for migrant workers is an inevitable requirement for implementing the people-centered development thought, and it is also an important measure to promote the realization of Chinese-style modernization. In recent years, the Sichuan Provincial Party Committee and the provincial government have attached great importance to the construction of the basic public service system, focusing on migrant workers' equal access to urban basic public services, strengthening standardization construction, strengthening equal supply, and improving convenient services, and the people's sense of gain, happiness and security have been significantly enhanced. However, we also face problems such as inconsistent standards, unbalanced supply, inadequate enjoyment, low level of security, poor mechanisms, and imperfect systems. We need to adhere to a problem-oriented and experience-oriented approach, conduct in-depth research, and promote solutions.

Keywords: Sichuan Migrant Workers; Basic Public Service System; Sichuan Province

四川人社蓝皮书

B.16 Analysis on the Employment Situation of Rural Migrant
Workers in Sichuan Province in 2023

Migrant Workers' Office / 139

Abstract: In 2023, the total number of migrant workers in our province reached 26. 32 million, and the labor income exceeded 700 billion yuan. According to the monitoring and analysis of the provincial Agricultural and Rural Economic Research Center, the income of migrant workers accounts for 63% of rural household income. Migrant workers seeking employment outside the home is the most durable and reliable source of power for the majority of farmers to get rich and increase their incomes and for the sustainable development of the vast rural areas. In order to further deepen the service and guarantee the working quality of farmers, based on the fact that the vast number of migrant workers generally use mobile phones, we rely on the Human Society Big Data laboratory and use China Unicom mobile signaling big data. This paper makes a full-dimensional accurate portrait of the employment scale, spatial distribution, migration, employment duration, employment income, industry changes, return to the countryside, and county migrant workers in 2023, and provides decision-making support for the implementation of the special action of high-quality full employment for migrant workers.

Keywords: Migrant Workers; Employment; Sichuan Province

B.17 Exploring Ways and Means of Migrant Workers' Employment

Zhao Huawen, Wang Hanpeng and Han Qi / 171

Abstract: Sichuan is a big province of migrant workers. The transfer and export of rural labor force increased from 1. 1879 million in 1978 to 26. 13 million in 2021, accounting for 9% of the country's total transfer and export. Since the reform and opening up, Sichuan migrant workers have experienced five stages of development, such as "leaving the soil and not leaving the hometown, entering the factory on the ground", "leaving the soil and leaving the hometown, entering the city and entering the factory", "entering the city is controlled, and the work is restricted", "blood casting 'army', tide between the world", "service guarantee, and a new journey". At present, the employment of migrant workers is facing changes in paths, aspirations and industries, so it is necessary to accelerate the construction of local characteristic labor service brands, build a dynamic monitoring mechanism for migrant workers' employment, and comprehensively strengthen the training and improvement of migrant workers' employment quality.

Keywords: Migrant Workers; Labor Service Brand; Employment Quality

B.18　In the New Era, Deepened Labor Cooperation of
　　　　Hangzhou and Guangyuan to Promote Migrant
　　　　Workers High Quality Full Employment Research

Li Ping, Zhao Huawen and Wang Hanpeng / 181

Abstract: Labor cooperation is an important means to promote the coordinated development of regional employment, and plays a key role in promoting high-quality and full employment, promoting rural revitalization, and promoting urban-rural integrated development. This report uses questionnaire surveys, focus group interviews and field visits to carry out investigation, research and analysis to summarize the experience and effectiveness of Hangzhou-Guangyuan east-west labor service cooperation, sort out problems and gaps, analyze the situation and tasks, and put forward policy suggestions.

Keywords: Full Employment; Labor Cooperation between the East and the West; Personnel Exchange

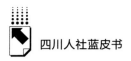四川人社蓝皮书

VII   Social Insurance

B.19   Sichuan Province Public Welfare Post Policy Performance
Evaluation and Improvement Suggestions

Zhao Huawen , Ma Jie / 190

Abstract: The Party's 20th National Congress report pointed out that
"improve the employment public service system, improve the employment support
system for key groups, and strengthen the employment of difficult groups." As an
employment security system with Chinese characteristics, the public welfare post
system has been implemented for many years, and is an important part of China's
active employment policy system. In 2021, our province issued the "Management
Measures for the Development of Public Welfare Posts in Sichuan Province",
which played an important role in protecting the employment of disadvantaged
groups, maintaining social stability, and guaranteeing basic public services. At the
same time, in the process of policy implementation, there are problems such as
excessive job development, inaccurate object identification conditions, lack of
assessment system, and imperfect exit mechanism, which need to further explore
the direction and path of policy optimization.

Keywords: Employment Public Service; Employment Support; Public
Welfare Post

B.20   Liangshan Prefecture Poverty Alleviation Resettlement Site
Research Report on Subsequent Governance

Zhao Huawen , Li Guangfu and Huang Wen / 200

Abstract: Based on the data collection through on-site investigation,
symposium discussion, and household communication, this article analyzes the

basic situation and existing problems of economic development and social governance in the relocation sites for poverty alleviation. It also puts forward many suggestions and opinions that are conducive to consolidating and expanding the follow-up governance of the relocation sites for poverty alleviation to ensure that people "can move out and stay stable".

Keywords: Relocation; Relocation Site; Liangshan Yi Autornomous Prefecture

B.21 Analysis on the Differentiated Status of Wage Income of
Migrant Workers in Lu County *Hong Lin* / 209

Abstract: Luxian County is a major labor export county in Sichuan Province, with over 400, 000 people transferred out annually. Among them, migrant workers are the main group. Issues concerning this group are numerous and complex, and wage issues, which are related to people's livelihood, involve a wide range of departments and fields, thus requiring focused attention and in-depth analysis. To gain a thorough understanding of the wage income situation of migrant workers from Luxian County and analyze its causes, the Luxian Migrant Workers Service Center conducted a survey through online questionnaires and offline research on some of the transferred migrant workers. The survey revealed the wage income situation of the migrant worker group transferred from Luxian County. After analysis, it was found that the main reasons for the wage income disparity among this group are differences in education level, skill level, industry, and region. To further increase the wage income of migrant workers, this article proposes suggestions from three aspects: improving the skill level of migrant workers to stabilize employment and ensure income growth, developing advantageous industries within the county to promote employment and stabilize income, and strengthening labor cooperation between the east and west to expand employment and promote income growth.

Keywords: Migrant Workers; Wage Income; Differentiation

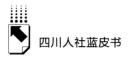四川人社蓝皮书

Ⅷ Digital Human Resources & Social Security

B . 22 Report on the Construction of Sichuan Digital Human Society

Zhao Huawen, Du Yunhan and Deng Binting / 216

Abstract: With the deepening of reform and opening up, on the one hand, the social structure has undergone profound changes and social needs have become increasingly complex; on the other hand, new factors of production and modes of combination and allocation have emerged constantly; and science and technology have made rapid progress, especially the rapid development of digital technologies such as artificial intelligence, big data and cloud computing, which have provided a productive base for promoting innovation and enhancing the effectiveness of government governance. Digital human society refers to the application of digital technology in the field of human social governance. The key to the construction of digital human social society is to carry out the digital reform of human social governance system, better meet the people's expectations for high-quality public services, and lead and support the high-quality development of human social undertakings. In recent years, the construction of digital human society in our province has achieved remarkable results in network security, data sharing, platform construction and other aspects, but it has also exposed problems such as insufficient staffing of informatization teams, insufficient funding for informatization construction and operation and maintenance, and urgent improvement of system anti-risk capability.

Keywords: Government Governance; Digital Human Society; Sichuan Province

B . 23 Analysis and Suggestions on Information Construction of
Financial Management and Internal Control of Sichuan
People's Society (Financial Planning Department)
Research Group on the Construction of Informatization in Financial
Management and Internal Control of Human Resources and
Social Security System / 227

Abstract: In February 2023, the General Office of the CPC Central
Committee and The General Office of the State Council issued the Opinions on
Further Strengthening the Supervision of Finance and Accounting, aiming to
further strengthen the supervision of finance and accounting and better play the
functional role of finance and accounting supervision. In order to investigate and
understand the current situation of the financial and accounting supervision of the
people's social system in the province, draw advanced experience from all over the
country, and accelerate the construction process of the digital people's social
system, from May to September 2023, the research group has been to Deyang,
Mianyang, Panzhihua, Suining and other cities and counties, as well as Hunan,
Ningxia and other provinces and cities for field investigation and research, using
discussions and exchanges, on-site interviews, questionnaires and other methods.
Focus on understanding the experience, practices and problems in the construction
of internal financial institutions in cities, states, districts and counties, the
improvement of financial systems, the development of internal control, the
application of information means, and related supporting policies, and put forward
work suggestions on improving the level of financial and accounting supervision
and management.

Keywords: Financial System; Construction of Internal Control System;
Financial and Accounting Supervision; Sichuan Province

B. 24　Practice and Reflection on Digital Prevention and Control of Public Opinion Risk in Sichuan People's Society

Yuan Tiechen / 241

Abstract: In the digital age, the human resources and social security fields are facing challenges from public opinion risks. Conducting public opinion risk prevention and control in the human resources and social security field can effectively prevent, identify, assess, respond to, and monitor potential public opinion information in the field, thereby effectively responding to various negative situations and bad phenomena and minimizing losses in the event of a crisis. This paper aims to study the situation of digital public opinion risk prevention and control measures in Sichuan Province, analyze the current problems and reflect on them, and then propose relevant countermeasures and suggestions.

First, this paper uses literature review and survey interviews to explain the importance and background of public opinion risk prevention and control work in the human resources and social security field, and conducts targeted special surveys in some areas of Sichuan Province through on-site visits and questionnaire distribution to understand the situation of digital public opinion risk prevention and control measures in some areas of Sichuan Province, including public opinion planning, document issuance, and professional team construction. Second, through the investigation and analysis, it was found that some areas in Sichuan Province have problems in public opinion risk prevention and control, such as delayed monitoring and warning, insufficient information disclosure, low coordination and linkage efficiency, and poor professionalism in public opinion response. Finally, based on the problems found, this paper proposes suggestions such as improving the public opinion monitoring and warning mechanism, continuously promoting information disclosure, strengthening government coordination and linkage from multiple perspectives, and improving the training of public opinion emergency teams, hoping to provide some help for public opinion risk prevention and control work in Sichuan Province.

Keywords: Public Opinion; Digitalization; Risk Prevention and Control; Sichuan Province

社会科学文献出版社

皮 书

智库成果出版与传播平台

❖ 皮书定义 ❖

皮书是对中国与世界发展状况和热点问题进行年度监测，以专业的角度、专家的视野和实证研究方法，针对某一领域或区域现状与发展态势展开分析和预测，具备前沿性、原创性、实证性、连续性、时效性等特点的公开出版物，由一系列权威研究报告组成。

❖ 皮书作者 ❖

皮书系列报告作者以国内外一流研究机构、知名高校等重点智库的研究人员为主，多为相关领域一流专家学者，他们的观点代表了当下学界对中国与世界的现实和未来最高水平的解读与分析。

❖ 皮书荣誉 ❖

皮书作为中国社会科学院基础理论研究与应用对策研究融合发展的代表性成果，不仅是哲学社会科学工作者服务中国特色社会主义现代化建设的重要成果，更是助力中国特色新型智库建设、构建中国特色哲学社会科学"三大体系"的重要平台。皮书系列先后被列入"十二五""十三五""十四五"时期国家重点出版物出版专项规划项目；自2013年起，重点皮书被列入中国社会科学院国家哲学社会科学创新工程项目。

皮书网

（网址：www.pishu.cn）

发布皮书研创资讯，传播皮书精彩内容
引领皮书出版潮流，打造皮书服务平台

栏目设置

◆ **关于皮书**
何谓皮书、皮书分类、皮书大事记、
皮书荣誉、皮书出版第一人、皮书编辑部

◆ **最新资讯**
通知公告、新闻动态、媒体聚焦、
网站专题、视频直播、下载专区

◆ **皮书研创**
皮书规范、皮书出版、
皮书研究、研创团队

◆ **皮书评奖评价**
指标体系、皮书评价、皮书评奖

所获荣誉

◆ 2008年、2011年、2014年，皮书网均
在全国新闻出版业网站荣誉评选中获得
"最具商业价值网站"称号；
◆ 2012年，获得"出版业网站百强"称号。

网库合一

2014年，皮书网与皮书数据库端口合
一，实现资源共享，搭建智库成果融合创
新平台。

皮书网

"皮书说"
微信公众号

权威报告·连续出版·独家资源

皮书数据库
ANNUAL REPORT(YEARBOOK)
DATABASE

分析解读当下中国发展变迁的高端智库平台

所获荣誉

- 2022年，入选技术赋能"新闻+"推荐案例
- 2020年，入选全国新闻出版深度融合发展创新案例
- 2019年，入选国家新闻出版署数字出版精品遴选推荐计划
- 2016年，入选"十三五"国家重点电子出版物出版规划骨干工程
- 2013年，荣获"中国出版政府奖·网络出版物奖"提名奖

皮书数据库　　"社科数托邦"
　　　　　　　微信公众号

成为用户

　　登录网址www.pishu.com.cn访问皮书数据库网站或下载皮书数据库APP，通过手机号码验证或邮箱验证即可成为皮书数据库用户。

用户福利

- 已注册用户购书后可免费获赠100元皮书数据库充值卡。刮开充值卡涂层获取充值密码，登录并进入"会员中心"—"在线充值"—"充值卡充值"，充值成功即可购买和查看数据库内容。
- 用户福利最终解释权归社会科学文献出版社所有。

数据库服务热线：010-59367265
数据库服务QQ：2475522410
数据库服务邮箱：database@ssap.cn
图书销售热线：010-59367070/7028
图书服务QQ：1265056568
图书服务邮箱：duzhe@ssap.cn

社会科学文献出版社 皮书系列
SOCIAL SCIENCES ACADEMIC PRESS (CHINA)
卡号：582542771951
密码：

中国社会发展数据库（下设 12 个专题子库）

紧扣人口、政治、外交、法律、教育、医疗卫生、资源环境等 12 个社会发展领域的前沿和热点，全面整合专业著作、智库报告、学术资讯、调研数据等类型资源，帮助用户追踪中国社会发展动态、研究社会发展战略与政策、了解社会热点问题、分析社会发展趋势。

中国经济发展数据库（下设 12 专题子库）

内容涵盖宏观经济、产业经济、工业经济、农业经济、财政金融、房地产经济、城市经济、商业贸易等 12 个重点经济领域，为把握经济运行态势、洞察经济发展规律、研判经济发展趋势、进行经济调控决策提供参考和依据。

中国行业发展数据库（下设 17 个专题子库）

以中国国民经济行业分类为依据，覆盖金融业、旅游业、交通运输业、能源矿产业、制造业等 100 多个行业，跟踪分析国民经济相关行业市场运行状况和政策导向，汇集行业发展前沿资讯，为投资、从业及各种经济决策提供理论支撑和实践指导。

中国区域发展数据库（下设 4 个专题子库）

对中国特定区域内的经济、社会、文化等领域现状与发展情况进行深度分析和预测，涉及省级行政区、城市群、城市、农村等不同维度，研究层级至县及县以下行政区，为学者研究地方经济社会宏观态势、经验模式、发展案例提供支撑，为地方政府决策提供参考。

中国文化传媒数据库（下设 18 个专题子库）

内容覆盖文化产业、新闻传播、电影娱乐、文学艺术、群众文化、图书情报等 18 个重点研究领域，聚焦文化传媒领域发展前沿、热点话题、行业实践，服务用户的教学科研、文化投资、企业规划等需要。

世界经济与国际关系数据库（下设 6 个专题子库）

整合世界经济、国际政治、世界文化与科技、全球性问题、国际组织与国际法、区域研究 6 大领域研究成果，对世界经济形势、国际形势进行连续性深度分析，对年度热点问题进行专题解读，为研判全球发展趋势提供事实和数据支持。

法律声明

"皮书系列"（含蓝皮书、绿皮书、黄皮书）之品牌由社会科学文献出版社最早使用并持续至今，现已被中国图书行业所熟知。"皮书系列"的相关商标已在国家商标管理部门商标局注册，包括但不限于 LOGO（）、皮书、Pishu、经济蓝皮书、社会蓝皮书等。"皮书系列"图书的注册商标专用权及封面设计、版式设计的著作权均为社会科学文献出版社所有。未经社会科学文献出版社书面授权许可，任何使用与"皮书系列"图书注册商标、封面设计、版式设计相同或者近似的文字、图形或其组合的行为均系侵权行为。

经作者授权，本书的专有出版权及信息网络传播权等为社会科学文献出版社享有。未经社会科学文献出版社书面授权许可，任何就本书内容的复制、发行或以数字形式进行网络传播的行为均系侵权行为。

社会科学文献出版社将通过法律途径追究上述侵权行为的法律责任，维护自身合法权益。

欢迎社会各界人士对侵犯社会科学文献出版社上述权利的侵权行为进行举报。电话：010-59367121，电子邮箱：fawubu@ssap.cn。

社会科学文献出版社